Stephan Petersen

Vogesen

Wandern für die Seele

20 Wohlfühlwege

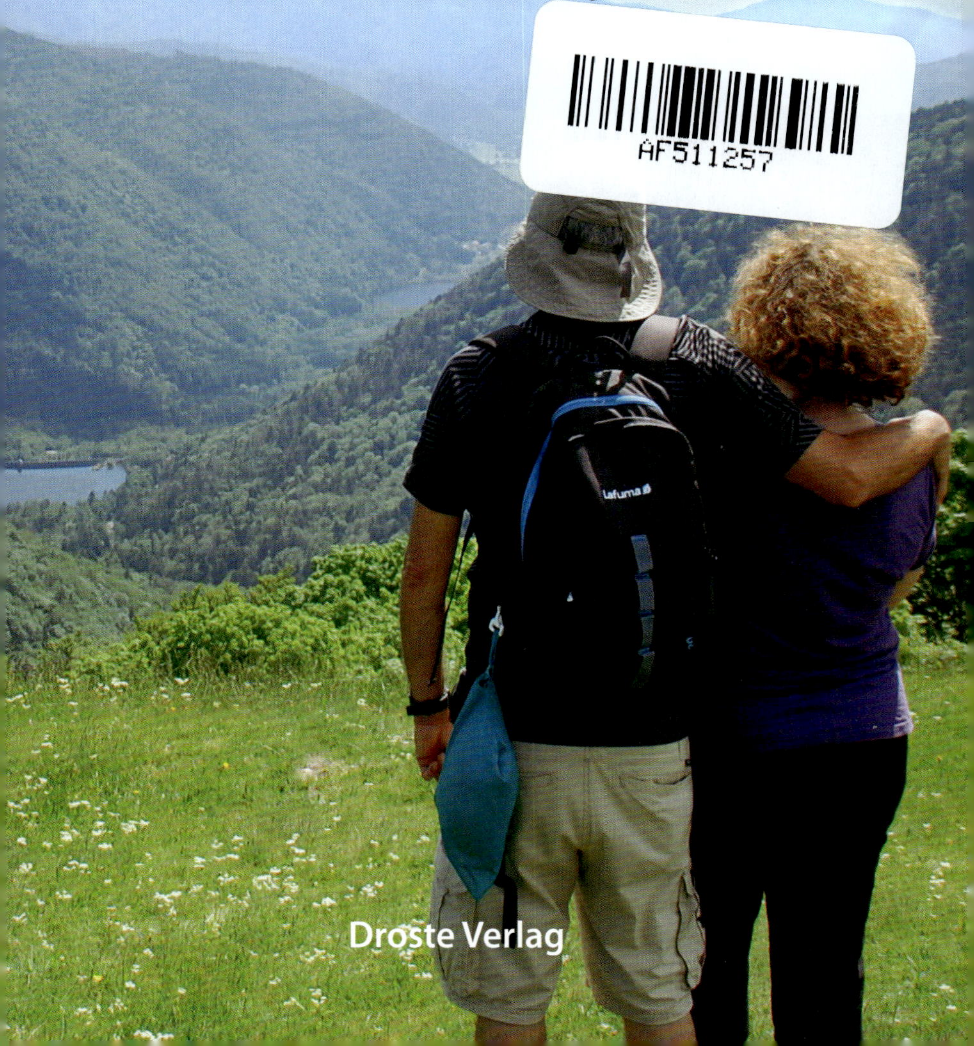

Droste Verlag

ALLE WANDERUNGEN AUF EINEN BLICK

TOUR 1: MYSTISCHER BERG 7
Auf dem Mont Sainte Odile
7,7 km | 230 Hm | 3 Std. | Rundweg

TOUR 2: SPORTLICHE AUSZEIT 17
Der Rocher de Mutzig
14 km | 610 Hm | 5,5 Std. | Rundweg

TOUR 3: ALPINES FEELING 27
Der Sentier des Roches
6,2 km | 310 Hm | 3 Std. | Rundweg

TOUR 4: MAGISCHES PLATEAU 37
Auf dem Taennchel
9,7 km | 300 Hm | 3,5 Std. | Rundweg

TOUR 5: MITTENDRIN 47
Über den Ballon d'Alsace
7,5 km | 230 Hm | 2,5 Std. | Rundweg

TOUR 6: GANZ OBEN 57
Der Grand Ballon
9,2 km | 380 Hm | 3,5 Std. | Rundweg

TOUR 7: ÜBER DEN SEEN 67
Vom Lac Blanc zum Gazon du Faing
11 km | 290 Hm | 4 Std. | Rundweg

TOUR 8: PANORAMAGLÜCK 77
Über Kastelberg und Hohneck
10,2 km | 360 Hm | 3,5 Std. | Rundweg

TOUR 9: IM KÄSETAL 87
Kulinarisches Munster
5,6 km | 170 Hm | 2 Std. | Rundweg

TOUR 10: AUBERGE-PARADIES 97
Schlemmertour auf dem Lauchenkopf
7,4 km | 170 Hm | 2,5 Std. | Rundweg

TOUR 11: BURGROMANTIK 105
Aufstieg zur Haut-Koenigsbourg
13,2 km | 530 Hm | 5 Std. | Rundweg

TOUR 12: BLICK AUFS MITTELALTER 115
Ribeauvillé und seine Burgen
9 km | 440 Hm | 3,5 Std. | Rundweg

TOUR 13: GECHILLTE ZEITREISE 125
Der Klosterweg am Odilienberg
8,2 km | 280 Hm | 3,5 Std. | Rundweg

TOUR 14: ZAUBERHAFT 133
Auf dem Feenweg
4,7 km | 220 Hm | 2 Std. | Rundweg

TOUR 15: RUINEN IM WALD 141
Andlau und Spesbourg
7,6 km | 190 Hm | 3 Std. | Rundweg

TOUR 16: ENTSCHLEUNIGTE REISE 151
Von Cernay nach Lauw
8,5 km | 90 Hm | 2,5 Std. (ohne Zugfahrt) | Rundweg

TOUR 17: BEI DEN RIESEN 161
Burgruine und Wasserfall Nideck
6,7 km | 280 Hm | 2,5 Std. | Rundweg

TOUR 18: BERUHIGENDE NATUR 169
Lac de Kruth und Wasserfälle
8,1 km | 260 Hm | 3 Std. | Rundweg

TOUR 19: RELAXEN AM SEE 177
Die beiden Lacs du Neuweiher
8,3 km | 400 Hm | 3 Std. | Rundweg

TOUR 20: WILDE NATUR 185
Der Lac de Gérardmer
5,4 km | 240 Hm | 2,5 Std. | Rundweg

Hochebene des Naturschutzgebiets
Tanet-Gazon du Faing

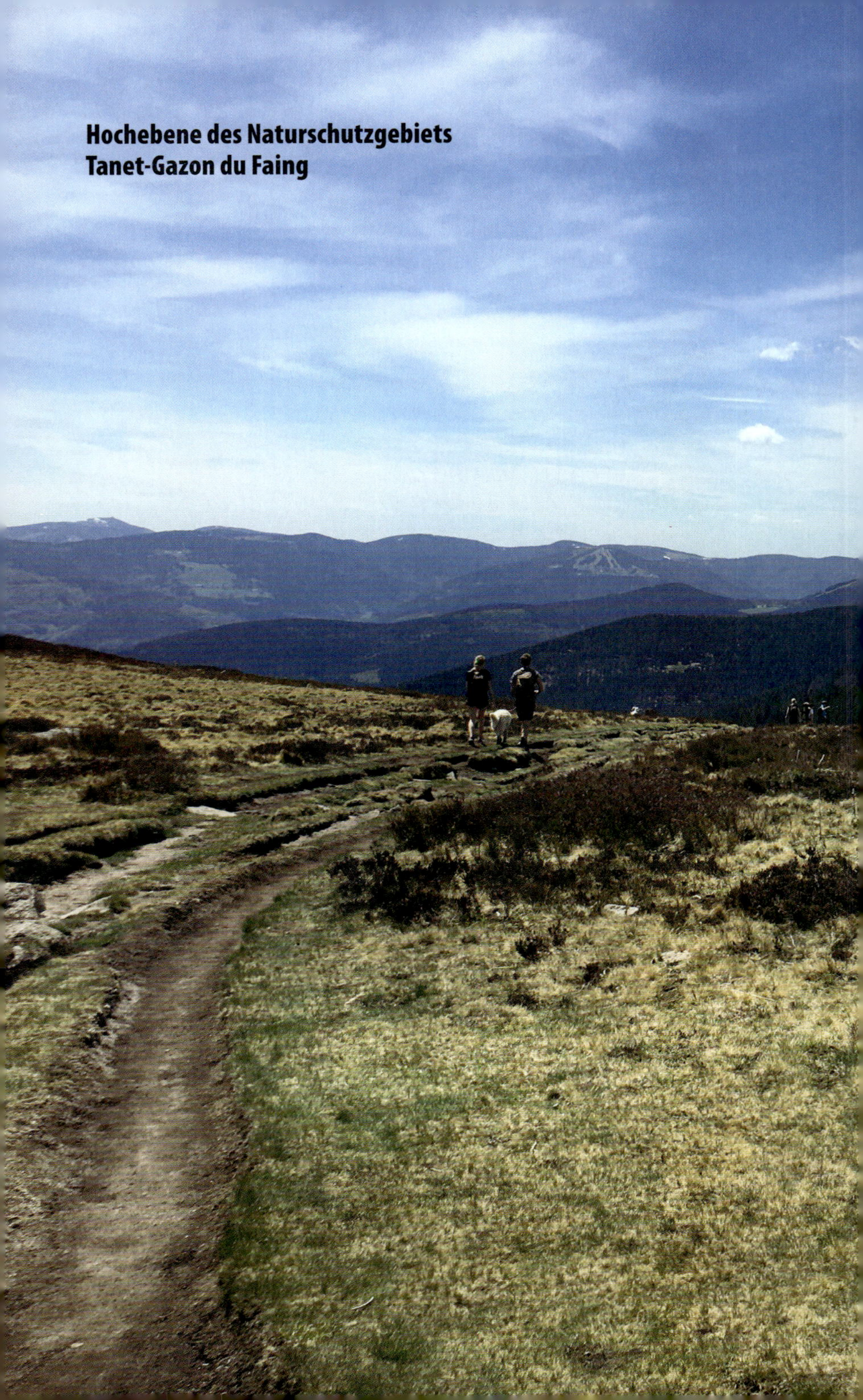

Liebe Leserinnen, liebe Leser,

nichts wie raus! Dieser Gedanke ging mir während der Entstehung dieses Buches oftmals durch den Kopf. Die Vogesen, in deren Sichtweite ich lebe, schienen manchmal ganz weit weg. Umso mehr habe ich es genossen, mit meiner Familie, mit Freunden oder einfach auch einmal allein draußen in die Erhabenheit der Natur einzutauchen, Energie zu tanken und weitgehend frei zu sein von sozialen Zwängen und Regeln.

Seit 2007 lebe ich in meiner Wahlheimat Elsass. Als Geschichtsbegeisterter und gelernter Historiker war ich sofort von der großen Anzahl an Burgruinen in den Vogesen fasziniert. Daraus entstand die Begeisterung, die Vogesen wandernd zu erforschen. Ich entdeckte keltische und römische Spuren, mysteriöse Kloster- und Burgruinen, magische Wiesen- und Waldlandschaften, wunderschöne Seen und Wasserfälle sowie herrliche Bergpanoramen. Zu erkunden, frei zu sein sowie in der Stille und Schönheit der Natur innerlich zur Ruhe zu kommen, das macht für mich den großen Reiz am Wandern in den Vogesen aus. Ich würde mich freuen, wenn Sie mit diesem Buch und den darin beschriebenen Touren ebenso viel Freude daran haben sollten.

Viele entspannte und spannende Wanderungen wünscht Ihnen

Stephan Petersen

NATUR-INFO

KULTUR-INFO

TOUREN-/EVENT-INFO

GENUSS-INFO

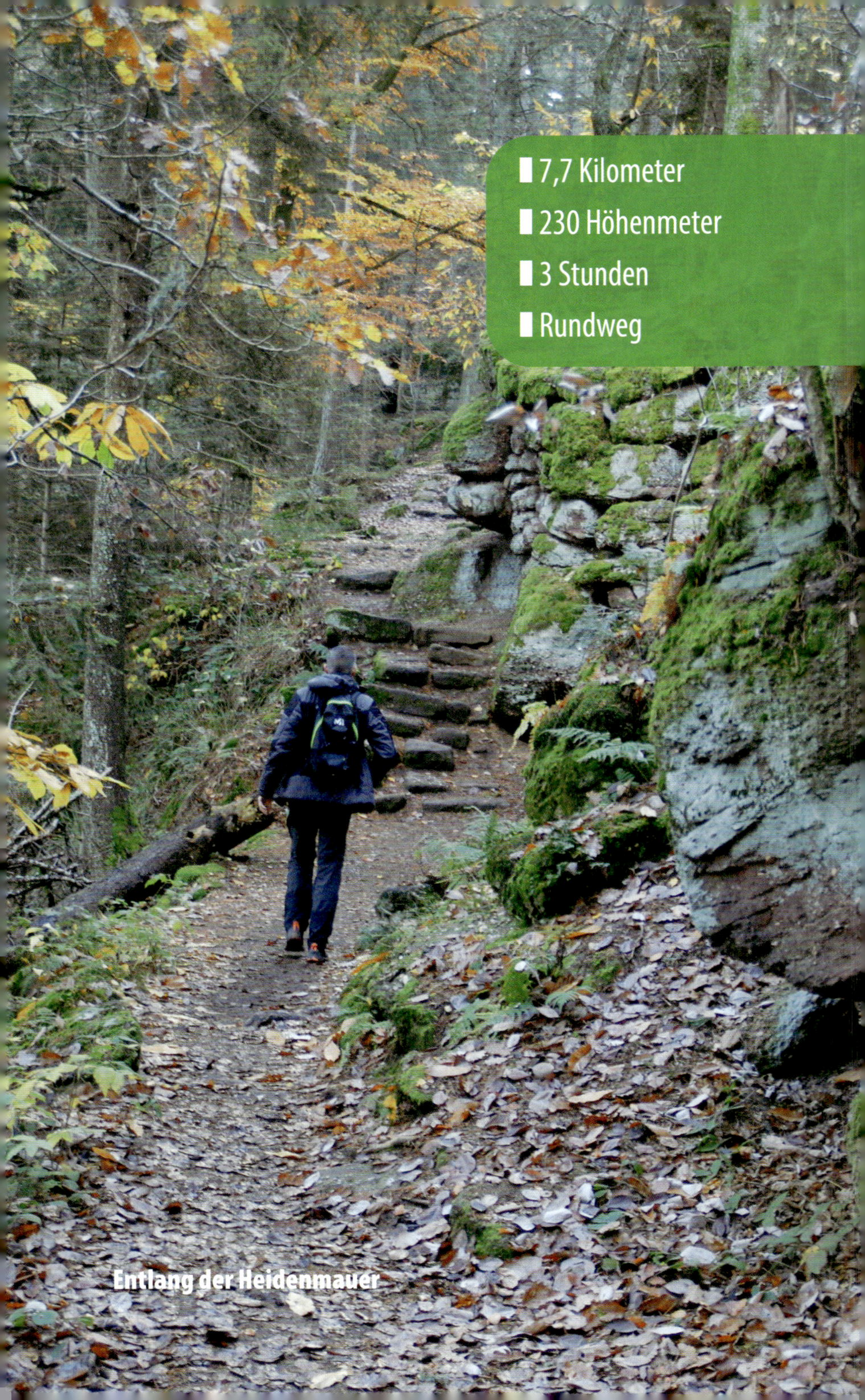

- 7,7 Kilometer
- 230 Höhenmeter
- 3 Stunden
- Rundweg

Entlang der Heidenmauer

Mystischer Berg

Auf dem Mont Sainte Odile

Unsere Wanderung beginnt auf dem **Mont Sainte Odile** (Berg der Heiligen Odilie). Wir gehen in Richtung des **Klosters Hohenburg.** Unmittelbar vor dem Eingang nehmen wir rechts die Treppe hinunter und halten uns weiter rechts **(gelbes Kreuz, Circuit Mur Païen).** Neben uns ragen mit Moos und Efeu bewachsene Felswände in die Höhe. Keramikbilder sind auf ihnen angebracht. Diese stammen vom elsässischen Künstler Leon Elchinger und zeichnen den Leidensweg Jesu nach. Links unten befinden sich irgendwo die Ruinen des **Klosters Abbaye de Niedermunster.** Sehen können wir sie aufgrund der hohen Bäume (noch) nicht.

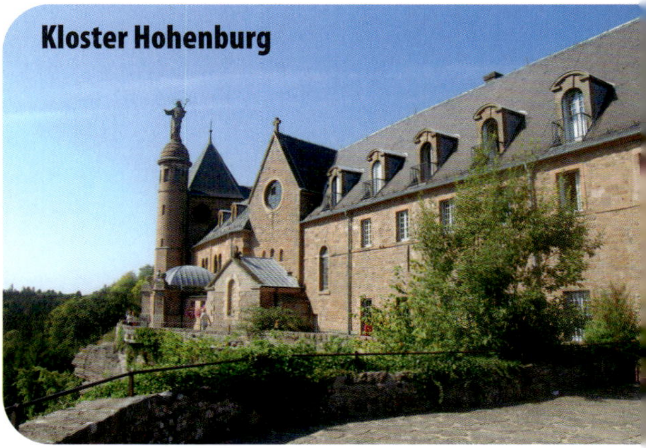
Kloster Hohenburg

Langsam schlendern wir über den **Kreuzweg** und erreichen nach rund 250 Metern eine Gruppe großer Felsblöcke mit einer nahezu flachen Oberseite. Sitzbänke laden auf dieser herrlichen Terrasse zum Verweilen ein. Kurz darauf treffen wir auf den **Beckenfels** ❶. Die Felsformation sieht so aus, als ob jemand riesige steinerne Frisbees übereinandergestapelt hätte. Wir klettern hinauf. Auf der Oberseite befindet sich eine runde, mit Wasser gefüllte Vertiefung. Wir verweilen einen Moment, steigen dann wieder hinab und gehen weiter.

*Der **Beckenfels** trägt seinen Namen aufgrund ebenjener Vertiefung, die wie ein kleines Becken aussieht.*

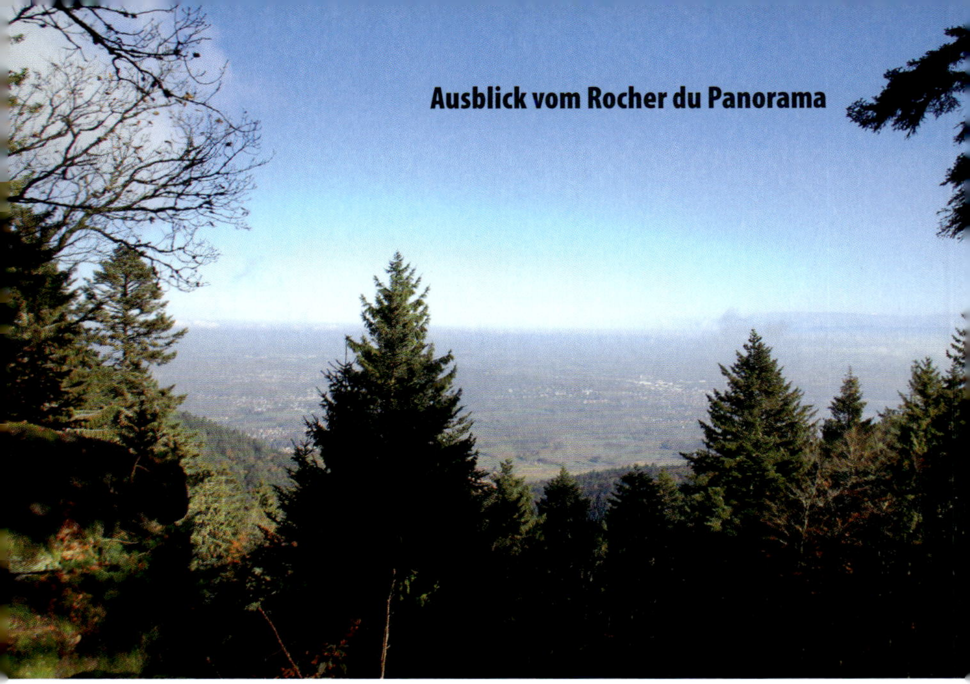

Zwischen den Felsen am Wegesrand befinden sich von Menschenhand hinzugefügte und bearbeitete Gesteinsbrocken. Dort, wo keine natürlichen Felsen zur Verfügung standen, besteht die sogenannte **Heidenmauer (Mur Païen)** ❷ ausschließlich aus behauenen Quadern. Der Mur Païen haftet etwas Mystisches an – insbesondere am frühen Morgen, wenn Nebel über dem Wald liegt und man lediglich den Wind in den Baumkronen hört. Wer hat diese Mauer erbaut? Und zu welchem Zweck? Das bleibt für uns ebenso wie für die Archäologie ein Rätsel.

*Die **Heidenmauer** umfasst nahezu den gesamten oberen Teil des Bergs, auf einer Länge von 11 Kilometern. Sie besteht aus etwa 300.000 Steinblöcken, ist zwischen 1,60 und 1,80 Metern dick und erreicht teilweise eine Höhe von 3 Metern.*

Grübelnd setzen wir unseren Weg entlang der Heidenmauer fort. Eine steinerne Treppe schlängelt sich nach oben. Auf der linken Seite ist eine Büste von Carl Mündel (Autor eines erstmals 1881 veröffentlichten Vogesenführers) zu sehen. Oben angekommen, stehen wir vor dem **Rocher du Panorama** ❸. Der Name ist Programm. Von dem Felsen aus bietet sich ein wunderschöner Ausblick auf die oberrheinische Tiefebene und den Schwarzwald. Wir setzen unseren Weg fort – vorbei an Tannen, Heidelbeersträuchern und der Heidenmauer. Nur einige Vögel sind zu hören – und die

Für die Seele

Die Wanderung führt uns auf dem Mont Sainte Odile an der mystischen Heidenmauer und beeindruckenden Felsformationen entlang. Eine herrliche Tour zum Abschalten und Träumen.

zur vollen Stunde schlagenden Kirchenglocken des rund einen Kilometer entfernten Klosters.

Wir gehen an den folgenden Abzweigungen vorbei und orientieren uns an den Schildern mit dem **gelben Kreuz.** Schließlich erreichen wir den **Maennelstein ❹.** Das Felsplateau mit seiner tollen Aussicht bietet eine erholsame Gelegenheit für eine Picknickpause. Aber bitte vorsichtig: Ein großer Teil besteht aus sehr steilen, ungesicherten Abgründen. Die Aussichtsplattform ist hingegen eingezäunt und bietet einen Ausblick auf den Schwarzwald und die oberrheinische Tiefebene. Unmittelbar neben dem Maennelstein befindet sich zudem ein Platz mit Sitzbänken und einer Schutzhütte.

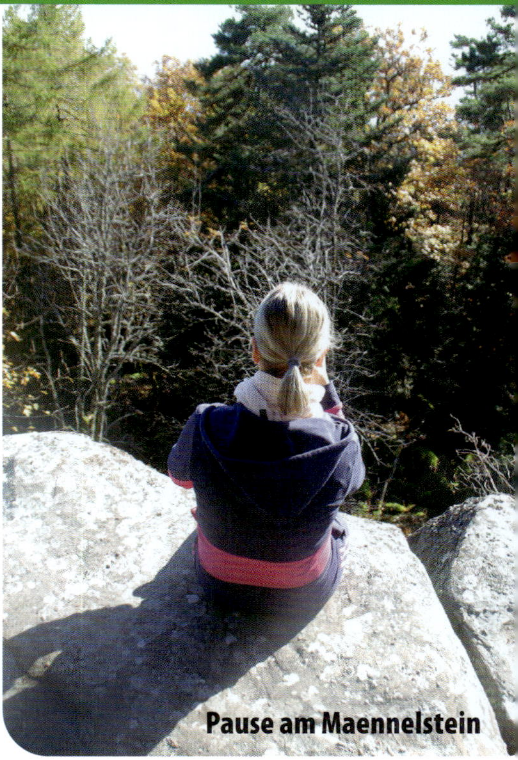

Pause am Maennelstein

Nach der kleinen Auszeit setzen wir unseren Weg auf dem **Circuit du Mur Païen (gelbes Kreuz)** fort. Wir erreichen das Felsplateau des **Schafsteins ❺,** treten vorsichtig an die ungesicherte Kante und blicken in den Abgrund. 15 Meter geht es steil nach unten. Die riesigen Tannen überragen uns dennoch um mehrere Meter. Direkt nach dem Schafstein biegen wir an einer Lücke in der Heidenmauer links ab. Der Weg führt

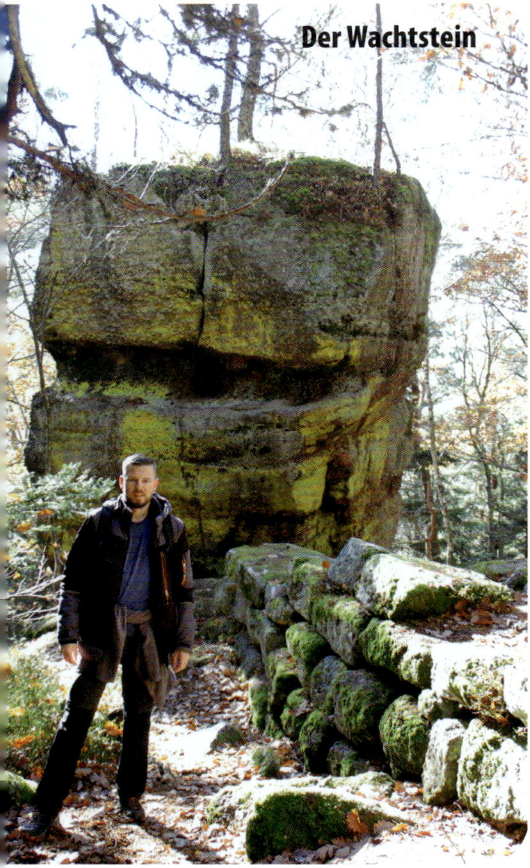
Der Wachtstein

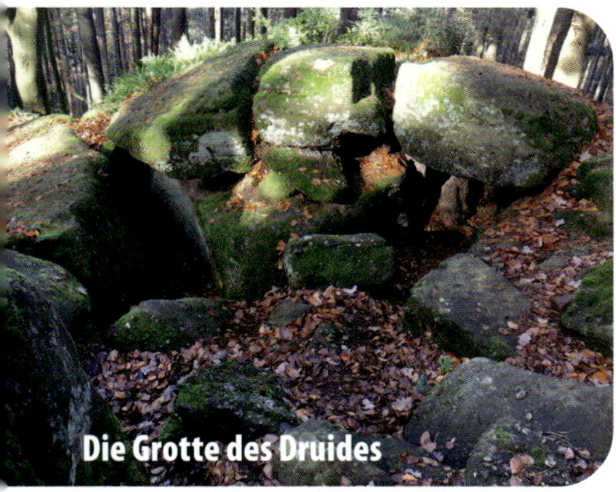
Die Grotte des Druides

einige Meter nach unten. Dort steht der beeindruckende, 10 Meter hohe **Wachtstein ⑥,** der in der Vergangenheit vermutlich als Observationsposten diente. Die einzigen Wächter darauf sind heute allerdings nur noch einige kleine Bäume.

Wir gehen nach dem kurzen Abstecher wieder nach oben auf den Weg und setzen unsere Wanderung auf dem **Circuit du Mur Païen** fort. Nach rund 500 Metern erblicken wir die **Grotte des Druides ⑦.** Die megalithischen Steinblöcke sind äußerst beeindruckend. Ob wohl die „Druidenhöhle" einst ein kultischer Ort der Kelten war? Was ist natürlichen Ursprungs und was von Menschenhand geschaffen? Wir nehmen auf einer der Sitzbänke Platz und genießen die entspannte Atmosphäre dieses tollen Ortes.

Danach geht es wieder auf den **Circuit du Mur Païen.** Als Orientierung dient uns wie zuvor das **gelbe Kreuz.** Die folgenden Abzweigungen ignorieren wir. Schließlich erreichen wir eine Weggabelung. Wir halten uns links und steigen den schmalen, mit Baumwurzeln übersäten Pfad hinunter. Kurz darauf wird der Weg wieder breiter. Wir gehen entlang – und teilweise auch auf – der Heidenmauer weiter

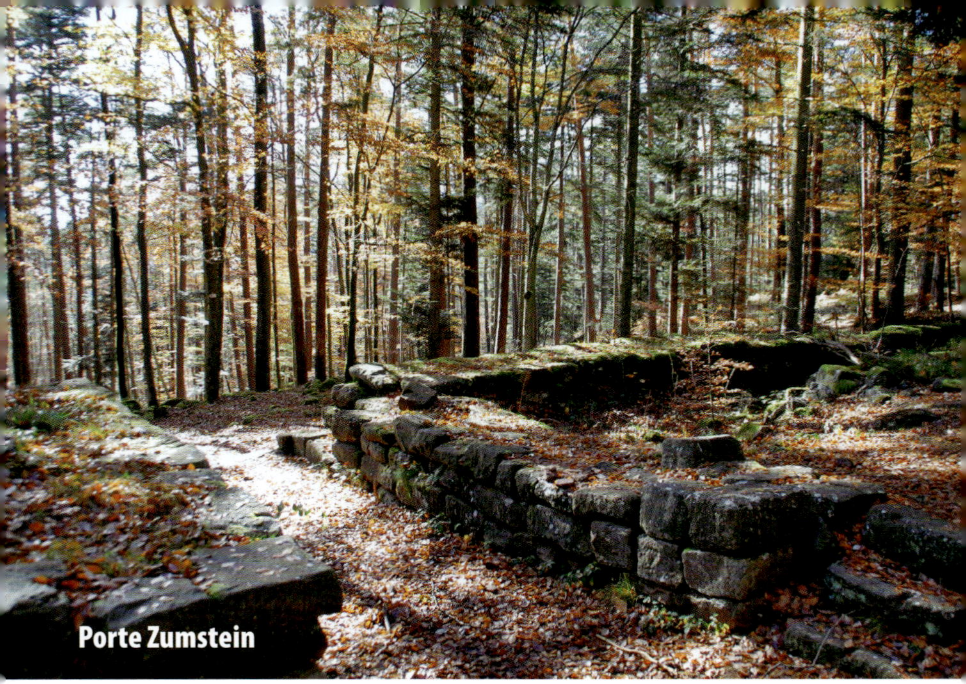

Porte Zumstein

nach unten. Dann überqueren wir die Straße und setzen auf der anderen Seite unsere Wanderung fort, weiterhin dem gelben Kreuz folgend. Dort treffen wir auf die **Porte Zumstein** **8**, die Reste eines ehemaligen Tores inmitten der Heidenmauer. Das Kopfkino setzt wieder ein. Wer hat all dies erbaut? Wer ist hier schon auf dem Weg nach oben zum **Odilienberg** hindurchgeschritten? Kelten? Römer?

Wir bleiben weiter auf dem **Circuit du Mur Païen** und nehmen einen kleinen Pfad nach oben. Tannen, Farne, Heidelbeersträucher, die Sonne, die einzelne Lichtstrahlen auf den Waldboden wirft, und die mit Moos überzogenen Quader der Heidenmauer – die Mischung aus Natur und mystischen Überresten vergangener Epochen übt eine große Faszination aus und macht diesen Ort zu etwas Besonderem.

Nach einigen Minuten Gehzeit überqueren wir wieder die asphaltierte Straße und den **Parkplatz P3.** Die Fortsetzung des Wanderweges befindet sich am anderen Ende des Parkplatzes auf der rechten Seite (weiterhin **gelbes Kreuz**). Wir schlendern in den Wald hinein, biegen sofort links und dann rechts ab. In den

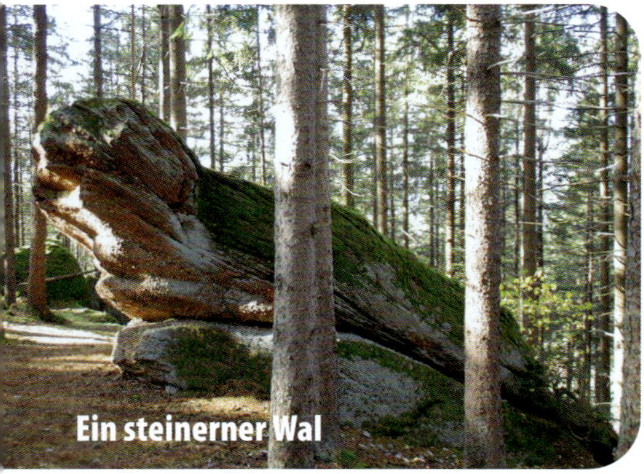

Ein steinerner Wal

nächsten rund 25 Minuten geht es fast ausschließlich abwärts – zwischen den Bäumen mit ihrem wunderschön gefärbten Herbstlaub entlang. Unter unseren Wanderschuhen rascheln die niedergefallenen Blätter. Die **Heidenmauer** ist hier auf der nördlichen Seite teilweise noch besser erhalten und beeindruckender als auf der südlichen. An einem Abschnitt entdecken wir den **Rocher Robert Forrer ⑨.** Auf der Oberseite befinden sich eine runde Vertiefung und eingeritzte Linien.

Kurz darauf ändert sich die Vegetation. Dominierten zuvor Rotbuchen, wachsen nun überwiegend Kiefern um uns herum. Wir lehnen uns gegen die Heidenmauer und schließen für einen Moment die Augen. Der Kiefernduft steigt in unsere Nase. Die Sonne scheint auf unser Gesicht. Entspannung pur.

Kurze Zeit später entdecken wir in einer Rechtskurve neben uns einen Felsen, der wie ein **gestrandeter Wal** aussieht. Ein Lächeln huscht spontan über unsere Gesichter. Unmittelbar danach verlassen wir zunächst die Heidenmauer. Der Weg führt direkt über sie beziehungsweise ihre Reste hinweg. Wir gelangen an eine Kreuzung. Der Weg nach rechts (rotes Kreuz, Stollhafen) wird später für uns relevant.

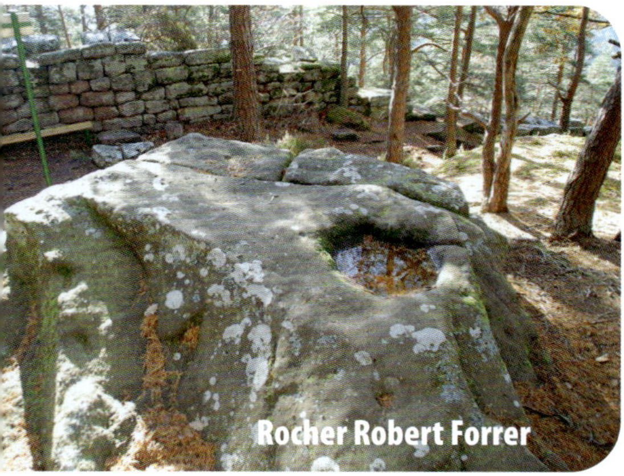

Rocher Robert Forrer

Wir biegen jedoch zunächst links ab (rotes Kreuz, Château de Dreistein) und machen einen kurzen Abstecher zum **Château de Dreistein ⑩.** Wir steigen den Pfad

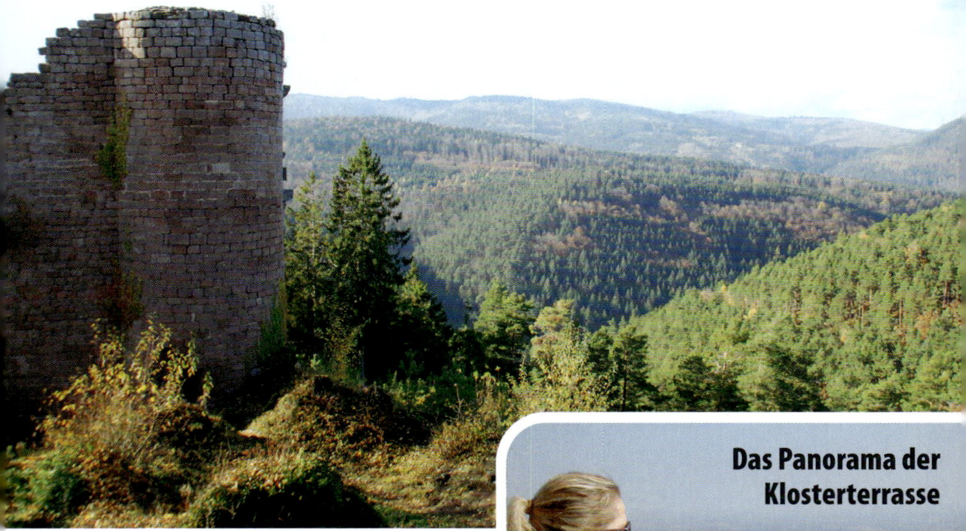

Der Ausblick von der Burgruine

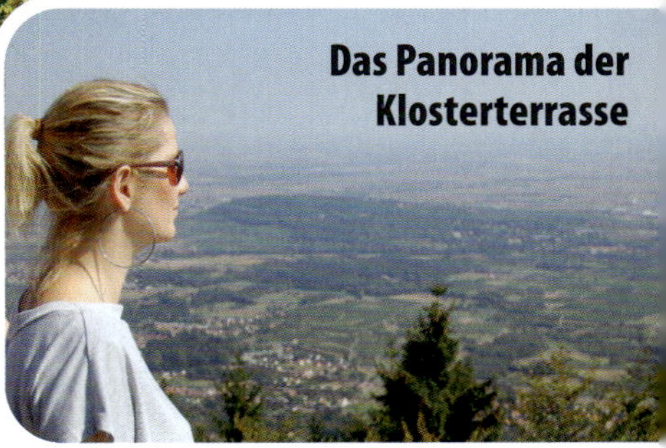

Das Panorama der Klosterterrasse

hinab, überqueren einen Feldweg und erreichen nach rund 10 Minuten die verfallene Burganlage. Die Natur hat sich große Teile des Ortes zurückerobert. Tannen und Sträucher wachsen dort, wo einst Edeldamen und -männer lebten. Efeu klettert an den Türmen und Mauern empor. Wir erklimmen eine dieser Mauern und setzen uns für einen Augenblick, um den herrlichen Ausblick auf die Natur zu genießen.

Nach unserem Abstecher kehren wir zu der Kreuzung zurück und gehen nun bergaufwärts in Richtung **Stollhafen (rotes Kreuz).** An der kurz darauffolgenden Weggabelung führt unser Weg nach rechts (rotes Kreuz, Mt Ste Odile). Erneut überqueren wir die Reste der Heidenmauer. Wir blicken zur Seite: Felsen, Heidelbeersträucher, Tannen. Dann erreichen wir den **Rocher Oberkirch** ⑪ beziehungsweise **Saufelsen.** Von dem Felsvorsprung aus hat man einen tollen Ausblick in Richtung des Dorfes Saint Nabor.

Rund 150 Meter nach dem Saufelsen verlassen wir den Wald. Der Weg führt über eine Wiese. Vor uns ist

*Das **Château de Dreistein** gehört zu einer Gruppe von neun Burgen rund um den Odilienberg und diente vermutlich dazu, die Abtei Hohenburg zu schützen. Als Baumaterial wurden teilweise Steine aus der Heidenmauer benutzt.*

*Der **Saufelsen** trägt seinen Namen aufgrund einer eingeritzten Wildschwein-Zeichnung. Stammt sie aus der keltischen Zeit? Bei den Kelten hatte das Wildschwein eine große Bedeutung, es war unter anderem ein Symbol für Kampf, Mut und Fruchtbarkeit.*

bereits die Spitze des **Klosters** zu sehen. Wir überqueren die Wiese und betreten erneut ein Waldstück. Nun führt der Weg relativ steil nach oben. Wer genug Zeit hat, sollte unbedingt noch das **Kloster Hohenburg** ⓬ besichtigen. Sehenswert sind vor allem die **Tränenkapelle** mit ihren wunderschönen Mosaiken sowie die einzigartige **Sonnenuhr im Klostergarten.** Das Highlight ist aber der großartige Ausblick auf der **Panoramaterrasse.** Hier glaubt man fast, die gesamte oberrheinische Tiefebene überblicken zu können – und natürlich auch das **Abbaye de Niedermunster.** Hungrige Wanderer können übrigens im kleinen Imbiss oder im **Restaurant Saint Leon IX.** ⓭ ihre Energiereserven wieder aufladen.

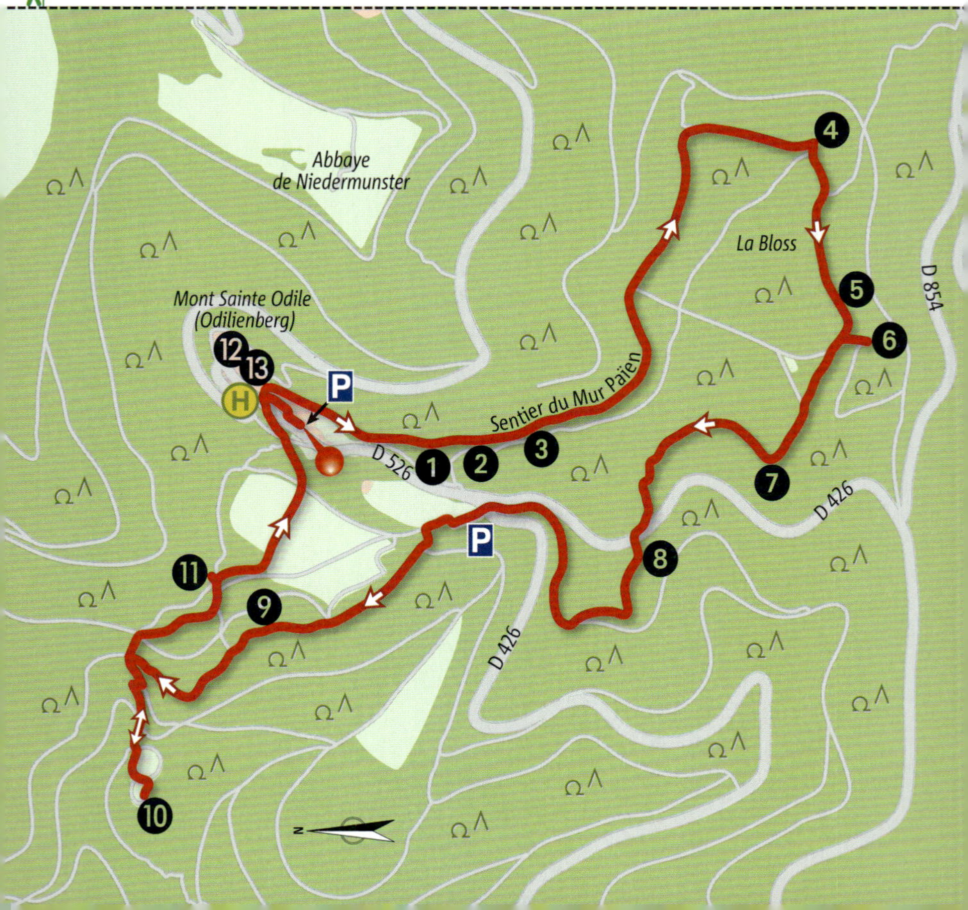

Alles auf einen Blick

Entspannung ★★★★☆
Genuss ★★★★☆
Romantik ★★★★★

WIE & WANN:
Fast ausschließlich leicht begehbare Waldwege und -pfade. Beste Wanderzeit: ganzjährig. Im Sommer am besten unter der Woche; am Wochenende frühmorgens, da an sonnigen Wochenenden sehr viele Menschen das Kloster besuchen.

HIN & WEG:
Auto: Parkplatz neben dem Kloster Hohenburg, 67530 Ottrott (GPS: 48.43653, 7.40361). Falls dieser voll ist, stehen unten weitere Parkplätze zur Verfügung.
ÖPNV: Bus 257 ab Straßburg (im Herbst und Winter nicht immer bedient), Haltestelle Mont Ste-Odile Couvent

ESSEN & ENTSPANNEN:
Restaurant Saint Leon IX. ⓭ Mont Sainte Odile, 67530 Ottrott, Tel. +33 (3) 88 95 80 53, www.mont-sainte-odile.com/restauration

ENTDECKEN & ERLEBEN:
Beckenfels ❶
Heidenmauer ❷
Rocher du Panorama ❸
Maennelstein ❹
Schafstein ❺
Wachtstein ❻
Grotte des Druides ❼
Porte Zumstein ❽
Rocher Robert Forrer ❾
Château de Dreistein ❿
Rocher Oberkirch ⓫
Kloster Hohenburg ⓬

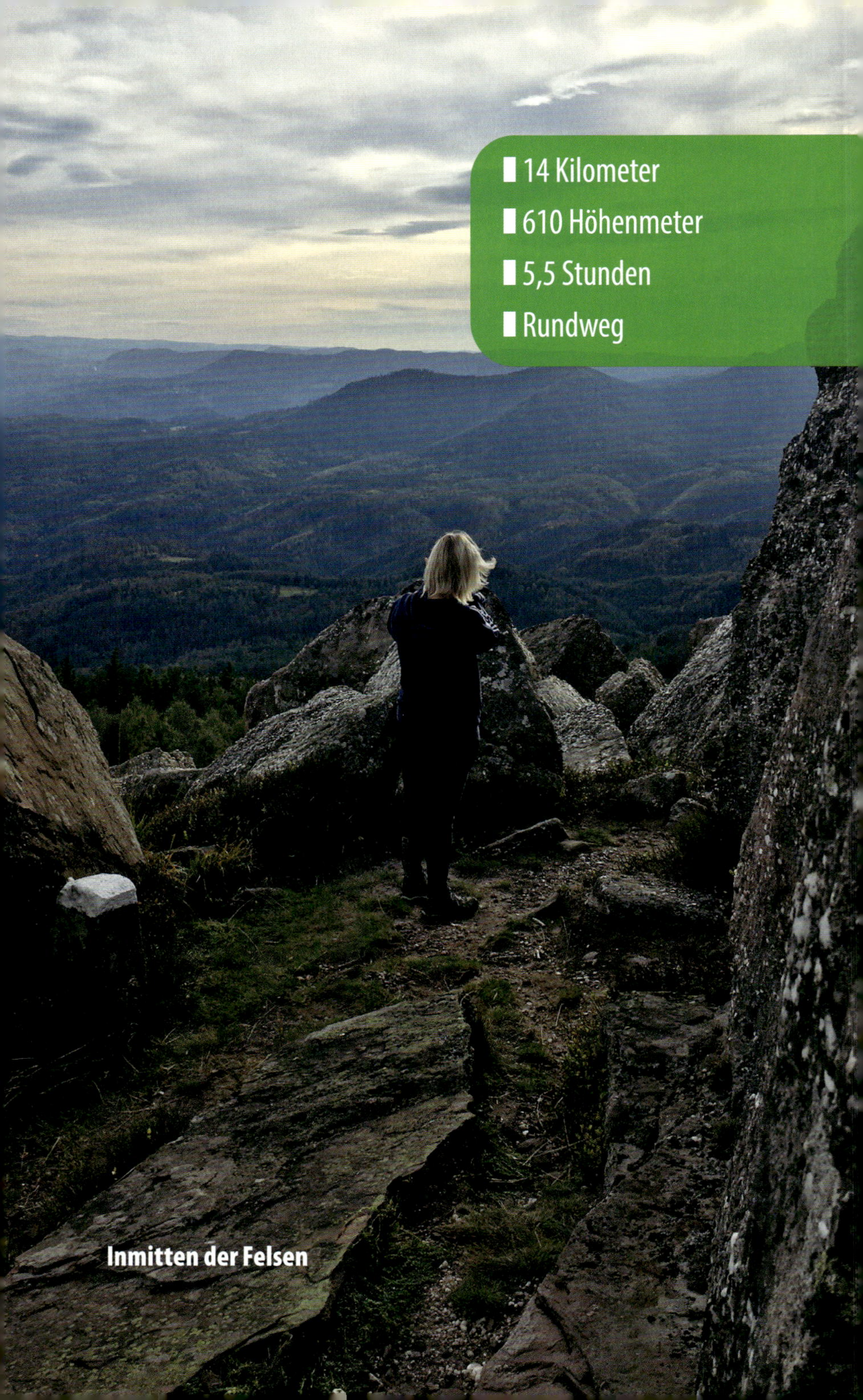

- 14 Kilometer
- 610 Höhenmeter
- 5,5 Stunden
- Rundweg

Inmitten der Felsen

Sportliche Auszeit

Der Rocher de Mutzig

Ausgangspunkt unserer Wanderung ist der in der Nähe von Lutzelhouse gelegene Parkplatz **Place des Musiciens.** Wir steigen aus dem Auto und blicken noch einmal den Feldweg zurück, auf dem wir hierhergekommen sind. Auf einer Wiese neben dem Straßenrand ragt eine kegelförmige Sequoia empor. Wir schauen uns weiter um. Neben dem Platz stehen ein Unterstand sowie eine größere Schutzhütte. Tische und Bänke laden zum Verweilen ein. Doch dafür ist es für uns noch viel zu früh. Schließlich sind wir gerade erst angekommen.

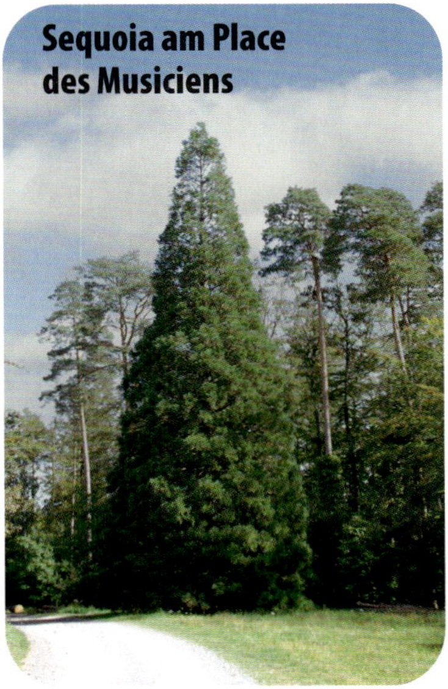

Sequoia am Place des Musiciens

Nach einem kurzen Blick auf die Orientierungstafel des Club Vosgien nehmen wir den Pfad bergauf in den Wald hinein **(gelber Kreis).** Ganz entspannt schlendern wir an Eichen, Rotbuchen, Tannen und Kiefern vorbei. An der ersten Abzweigung gehen wir weiter geradeaus und nehmen kurz darauf den Weg nach links **(grüner Kreis)** – weiter bergauf. Immer wieder halten wir kurz inne, lauschen dem Wind in den Baumkronen und genießen die Stille des Waldes. Neben einem Maronenbaum entdecken wir einen von Wanderern errichteten Unterstand aus Baumstämmen und Ästen. Sogar einen Teppich und Sitzgelegenheiten bietet das kleine grüne Heim. Ein Lächeln

*In den Vogesen dominieren in den höheren Lagen **Rotbuchen** und Tannen, unten hingegen Rotbuchen und Eichen.*

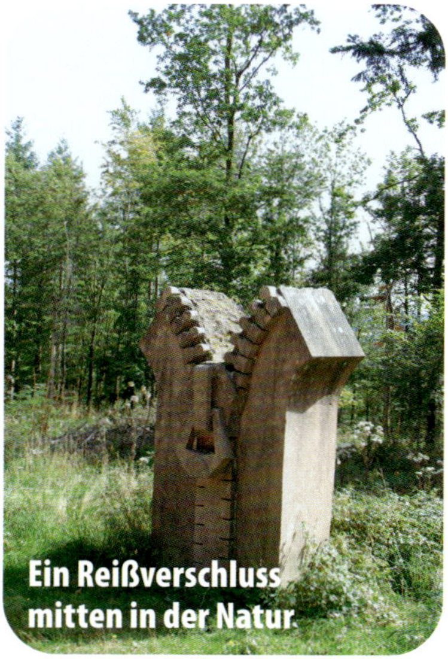

Ein Reißverschluss mitten in der Natur

huscht über unser Gesicht. Wir setzen unseren Weg fort, kommen an der **Chêne de la Vierge** ❶, einer Eiche mit einer Marienstatue, vorbei und erreichen inmitten einer auffällig bunt gemischten Flora die Skulptur **Les têtes** ❷ des Bildhauers Mircéa Puscas.

Nachdem wir zuvor ausschließlich aufgestiegen sind, führt der Weg nun für einen kurzen Moment bergab. Wir gelangen an den **Kegelplatz.** Hier halten wir uns rechts und biegen dann sofort links in den Wald ab **(grüner Kreis).** Ein relativ steiler Serpentinenweg schlängelt sich nach oben. Dort angekommen, holen wir kurz Luft und betrachten die Felsen um uns herum. Kurz darauf gelangen wir an eine Kreuzung, an der wir links auf den forstwirtschaftlichen Weg (Schild **Porte de Pierre**) abbiegen. 150 Meter danach erreichen wir den Platz **Carrefour du Partage**. Hier steht eine weitere **Skulptur** (ein überdimensionaler Reißverschluss) – und eine verlockende Sitzbank, die zu einer kurzen Verschnaufpause einlädt.

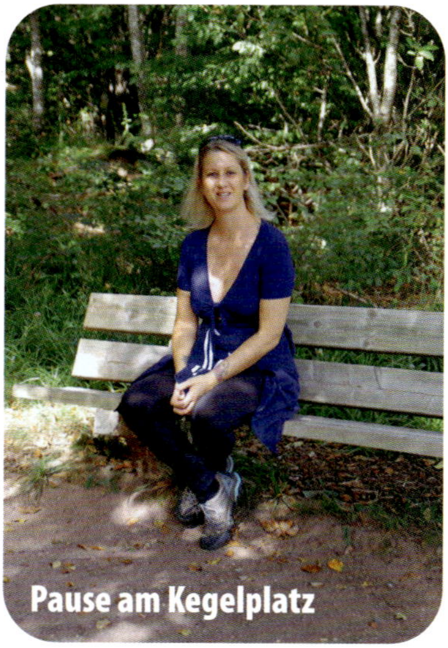

Pause am Kegelplatz

Wir tanken kurz Kraft für den folgenden Aufstieg. Im Anschluss gehen wir geradeaus (den linken der beiden Wege, **roter Kreis**) und wandern über einen weichen, sandigen Weg, der recht steil bergauf führt. Der Wald wirkt nun zunehmend sich selbst überlassen, natürlicher, ursprünglicher. Wir schauen uns um. Skurrile Baumwesen scheinen jeden unserer Schritte zu beobachten. Wir steigen weiter hinauf. Schließlich trifft von links ein Weg auf den unseren. Wir gehen jedoch weiter geradeaus nach oben. Schritt für Schritt. Ganz ruhig und entspannt. Die Sonne scheint durch das Blätterdach hindurch auf unser Gesicht.

Für die Seele

Während dieser sportlichen Wanderung werden wir mit herrlichen Panoramablicken belohnt und genießen die Einsamkeit in der wunderschönen Natur.

Dann kommen wir in einen **düsteren Märchenwald,** der einem Grimm'schen Märchen entstammen könnte. Auf dem Boden finden wir zwar keine Brotkrumen. Dafür entdecken wir jedoch einen Waldmistkäfer, der seine Aufmerksamkeit einem Pilz widmet. Kurz darauf lichtet sich der Wald wieder und gibt den Blick auf die umliegenden Vogesengipfel frei. Wir wandern weiter, vorbei an saftig grünem Sternchenmoos und gelben Dunkel-Königskerzen, und biegen bei der nächsten Möglichkeit links ab. Zur Orientierung: Ein Schild fehlt hier. Genau gegenüber der Abbiegung liegt ein rund ein Meter hoher Felsbrocken am Waldrand.

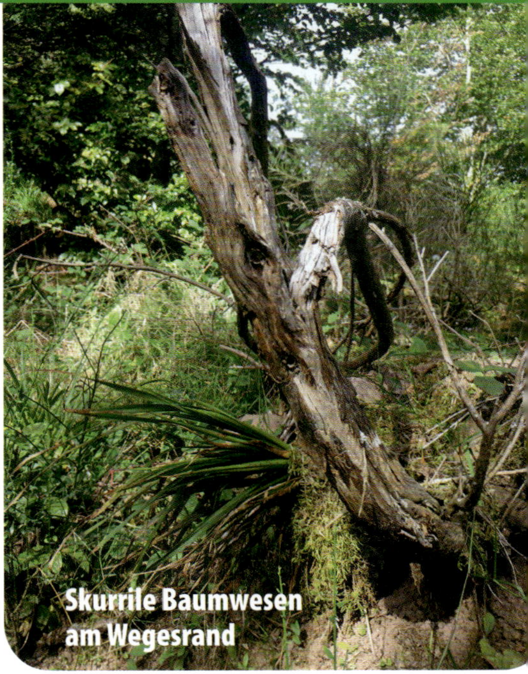

Skurrile Baumwesen am Wegesrand

Wir gehen weiter bergauf, vorbei an mit Moos bewachsenen Baumstämmen und Felsen, und erreichen einen Feldweg. Hier biegen wir links ab. Auf der nahezu ebenen Strecke kann der Puls nun etwas runterfahren. Nach rund 400 Metern verlassen wir den Feldweg und biegen rechts in den dichten Wald ab. Auf der linken Seite erblicken wir zwischen den Bäumen einzelne Häuser des Dörfchens **Lutzelhouse.** 100 Meter später biegen wir rechts ab **(gelber Kreis)**. Der Wald ist hier sehr dicht. Nur vereinzelt dringen Lichtstrahlen hin-

*Die kleinen schwarzen **Waldmistkäfer** ernähren sich nicht nur vom namensgebenden Dung, sondern auch von Pilzen, Obst und Humus. Als Entsorgungsspezialisten sind sie von großer ökologischer Bedeutung.*

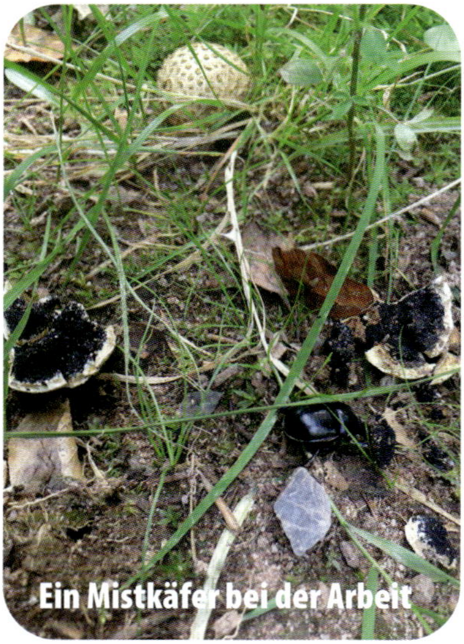
Ein Mistkäfer bei der Arbeit

durch, beleuchten einzelne Hotspots wie auf einer Theaterbühne. Kurz darauf überqueren wir einen Feldweg **(Chemin de la Grande Côte)** und wandern weiter bergauf (gelber Kreis).

Der anschließende Pfad schlängelt sich über Baumwurzeln und an Felsen vorbei nach oben zum **Jardin des Fées ❸.** Inmitten einer Lichtung befinden sich zwischen Farnen und Heidelbeersträuchern mehrere teils stehende, teils umgefallene Menhire sowie Felsen mit prähistorischen Eingravierungen. Wir nehmen auf einem der Gesteinsbrocken Platz. Auch die einst hier lebenden Kelten haben bereits diesen Ausblick auf die umliegenden Vogesengipfel genossen.

Wenn wir nach rechts oben in die Ferne blicken, sehen wir den höchsten Punkt unserer Wanderung, den **Rocher de Mutzig.** Nun geht es aber zunächst ein kleines Stück nach unten und dann sofort nach rechts **(gelber Kreis)** auf einen schmalen Pfad. An der folgenden Kreuzung wandern wir weiter geradeaus nach unten und nach einigen Metern wieder bergauf. Während des Aufstiegs geben die Bäume den Blick auf die **oberrheinische Tiefebene** frei. In der Ferne entdecken wir die beiden Orte **Ober- und Niederhaslach.**

Lockeren Schrittes schlendern wir durch den Wald. An der nächsten Kreuzung biegen wir links (neben dem grünen Schild **Route Forestière du Jardin des Fées**) und kurz darauf rechts in den Feldweg ab. Entspannt wandern wir an Heidekräutern, Tannen und Fliegenpilzen vorbei. Immer wieder geht unser Blick nach links, in Richtung des schönen Vogesenpanoramas. Was für eine herrliche Landschaft. Doch selbst solch ein paradiesischer Ort ist nicht vor menschlicher Barbarei gefeit. In der Ferne erblicken wir die Umrisse der Gedenkstätte des KZ Natzweiler-Struthof.

*Mit den **Kelten** verbindet man heute oftmals die Bretagne und die Britischen Inseln. Das Gebiet zwischen Ostfrankreich (inklusive der Vogesen) und Österreich gehörte jedoch zu den frühesten bekannten Siedlungsgebieten der Kelten.*

Wir gehen weiter bergauf und erreichen an einer Kreuzung eine Schutzhütte. Nun halten wir uns rechts **(Rocher de Mutzig, rotes Rechteck, roter Kreis)** und wandern über einen nahezu ebenen, sandigen Pfad. Kurz darauf biegen wir erneut rechts ab (rotes Rechteck, roter Kreis). Unser Pfad führt an einer alten, teilweise in sich zusammengefallenen Steinmauer vorbei. Jetzt ändert sich der Weg – von weichem Waldboden zu einem felsigen Pfad. Wir kraxeln über die Gesteinsbrocken. Der höchste Punkt unserer Wanderung ist nicht mehr weit.

An der folgenden Weggabelung kann man sowohl den kurvigen Weg links (rotes Rechteck, roter Kreis) als auch den direkten Aufstieg geradeaus nehmen. An der nächsten Kreuzung führt der relativ steile Weg weiter nach oben zum Rocher de Mutzig. Schöner ist jedoch der Pfad rechts herum. Nach wenigen Schritten liegt eine Landschaft aus beeindruckenden Felsen, einem dichten Heidelbeerstrauch-Teppich und einzelnen Tannen vor uns. Während wir weiter nach oben steigen, richten wir unseren Blick immer wieder nach

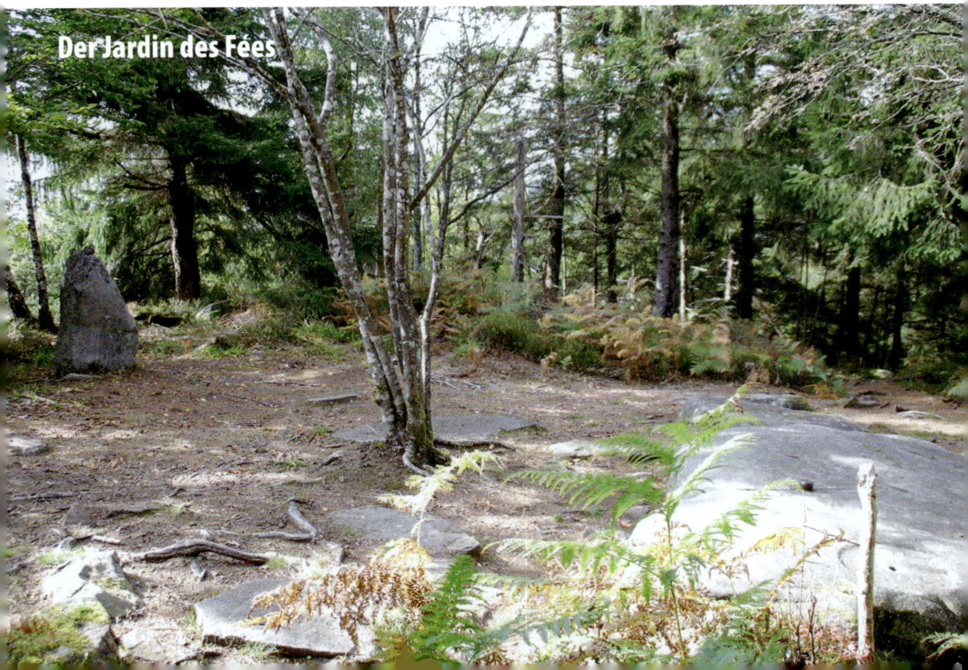
Der Jardin des Fées

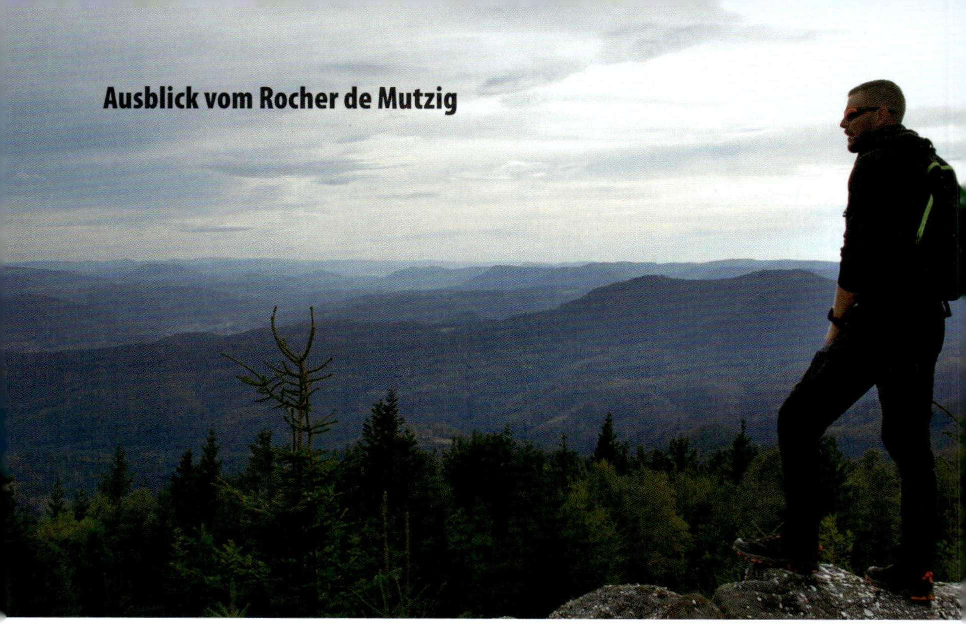

Ausblick vom Rocher de Mutzig

Süden. Dort schauen wir auf ein wunderschönes Panorama – grüne Vogesengipfel und Täler mit winzigen Häusern. Ein Postkartenmotiv! Nur noch wenige Meter, dann ist der **Rocher de Mutzig** ❹ auf 1009 Metern Höhe erreicht. Wir klettern auf den Felsen, lehnen uns zurück und genießen entspannt die tolle Aussicht.

*Der **Rocher de Mutzig** ist neben dem ebenfalls 1009 Meter hohen Donon der höchste Berg der nördlichen Vogesen.*

Nach unserer Ruhepause nehmen wir den Weg nach Osten **(rotes Rechteck, roter Kreis).** Der schmale Pfad führt vorbei an Tannen, Farnen, Heidelbeersträuchern und Felsen. Nach rund 700 Metern biegen wir rechts ab (rotes Rechteck, roter Kreis). Nun geht es abwärts. Immer wieder richtet sich unser Blick auf das herrliche Panorama. Kurz darauf halten wir uns links und gehen weiter nach unten (rotes Rechteck, roter Kreis). In der Ferne ist die Burgruine **Château du Nideck** zu sehen. Kurz darauf wird der Wald dichter. Ein weicher Moosteppich bedeckt den Boden zwischen den Nadelbäumen. Der Sand knirscht unter unseren Wanderschuhen, während wir über den schmalen Pfad gehen.

Dann lichtet sich der Wald plötzlich, und wir blicken auf die **Porte de Pierre** ❺, eine beeindruckende, 5 Meter hohe und 7 Meter breite Felsformation aus rosafarbenem Sandstein. Wind, Sonne, Wasser und

Frost haben im Laufe der Jahrtausende aus dem roten Sandsteinfelsen ein Naturdenkmal geschaffen, das wie ein riesiges Tor (der elsässische Name ist „Türgestell") beziehungsweise ein Triumphbogen aussieht. Fasziniert betrachten wir diese Laune der Natur, die hier allein auf einer Lichtung im Wald steht. Vermutlich haben auch die Kelten diesen Ort gekannt. Das lassen zumindest die umgestürzten Menhire und Vertiefungen in einigen Felsen vermuten. Ein toller Ort zum Verweilen und Energietanken.

Nach unserer kleinen Auszeit nehmen wir rechts den Weg Richtung Lutzelhouse **(rotes Rechteck, roter Kreis).** Der Pfad führt talwärts über Gesteinsbrocken und Baumwurzeln. An der nächsten Weggabelung biegen wir zunächst links (rotes Rechteck, roter Kreis) und unmittelbar danach rechts auf den Feldweg ab. Hier verbleiben wir nun für rund 150 Meter und gehen dann links hinunter. Wieder führt ein schmaler Pfad über Baumwurzeln und – nun größere – Gesteinsbrocken. Dann überqueren wir einen Feldweg und steigen den felsigen Pfad weiter hinab. Gelegentlich gibt der Wald den Blick auf Ortschaften in der **oberrheinischen**

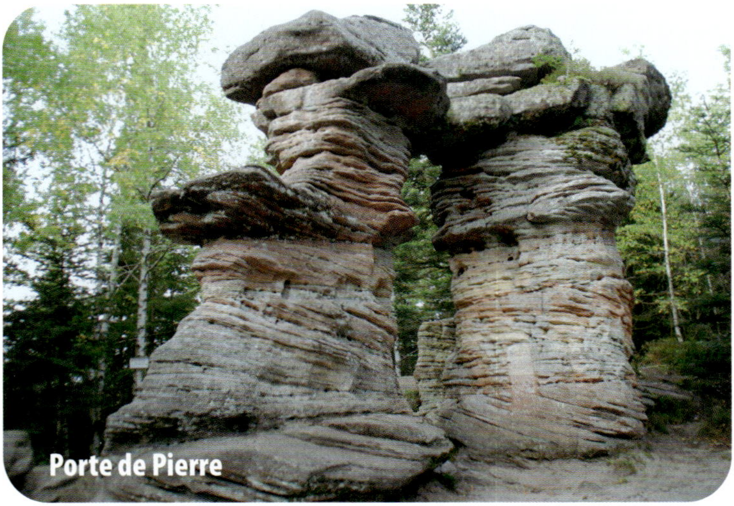

Porte de Pierre

Tiefebene frei. Die Zivilisation scheint hier so weit weg. Um uns herum sind nur Stille und Vogelgezwitscher.

Wir folgen der Serpentine talwärts und erreichen einen Feldweg. Nach 20 Metern biegen wir nach links unten ab (rotes Rechteck, roter Kreis). An den folgenden Abzweigungen gehen wir vorbei und erreichen nach rund 1,2 Kilometern den Platz **Carrefour du Partage.** Noch einmal sehen wir die Reißverschluss-Statue. Dann gehen wir geradeaus auf dem Feldweg **Chemin du Kappelbronn,** lassen sämtliche Abzweigungen links und rechts liegen, überqueren erneut den **Kegelplatz** und gelangen nach rund 1,4 Kilometern an den Ausgangspunkt unserer Wanderung.

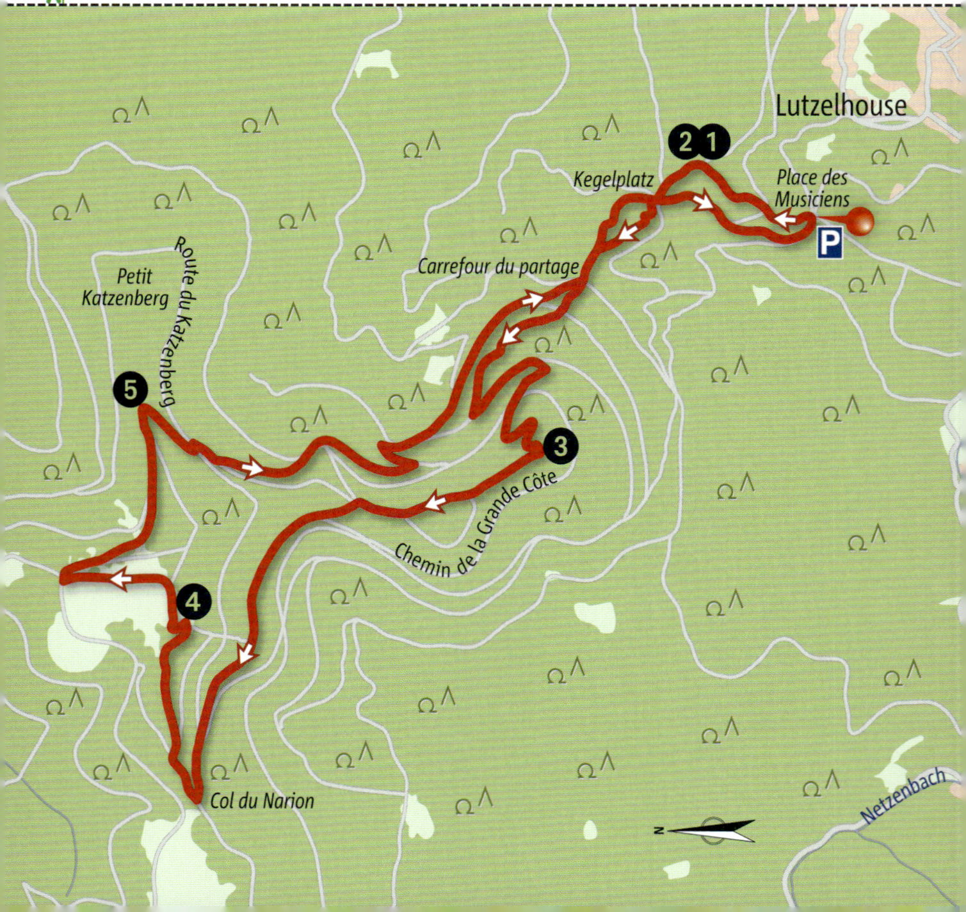

Entspannung ✱✱✱✱✱

Genuss ✱✱✱✱✱

Romantik ✱✱✱✱✱

WIE & WANN:
Überwiegend leicht begehbare Waldwege und -pfade, teilweise ziemlich steil.
Beste Wanderzeit: Frühling bis Herbst.

HIN & WEG:
Auto: Parkplätze auf dem Place des Musiciens, 9 Route du Kegelplatz, 67130 Lutzelhouse (GPS: 48.52205, 7.26545), Anfahrt über einen Feldweg
ÖPNV: keine direkte Anbindung

ESSEN & ENTSPANNEN:
Bitte an Rucksackverpflegung denken!

ENTDECKEN & ERLEBEN:
Chêne de la Vierge ❶
Les têtes ❷
Jardin des Fées ❸
Rocher de Mutzig ❹
Porte de Pierre ❺

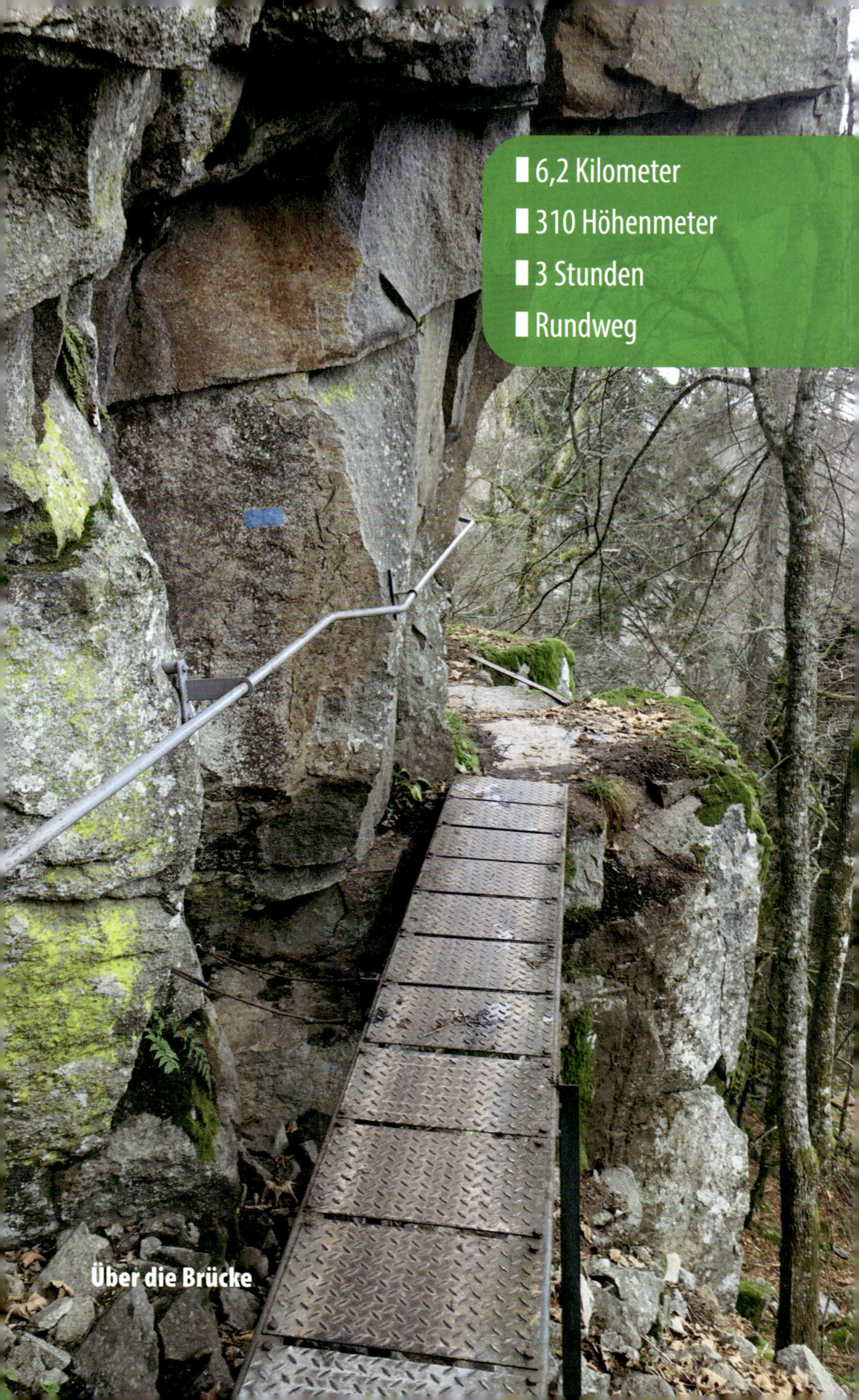

- 6,2 Kilometer
- 310 Höhenmeter
- 3 Stunden
- Rundweg

Über die Brücke

Alpines Feeling

Der Sentier des Roches

Startpunkt unserer Wanderung ist der **Col de la Schlucht** in 1139 Metern Höhe. Oder genauer gesagt in unserem Fall: der Parkplatz neben der **Auberge de la Schlucht** ①. Wir wechseln beim Zebrastreifen die Straßenseite, halten uns auf dem Bürgersteig rechts und gehen in Richtung der Sesselliftstation. Nun folgt ein rund 750 Meter langer Anstieg auf einer Wiese. Langsam, aber mit gleichmäßigen Schritten trotten wir neben den Sesselliften den Berg hinauf. Zwischendurch halten wir kurz inne und drehen uns um. Links schlängelt sich die **Route des Crêtes** durch die Berge, dahinter ragen die bewaldeten Vogesen mit einzelnen Felsen empor, unterhalb von uns liegen die Auberge und die Talstation.

*Der **Col de la Schlucht** verbindet das lothringische Gérardmer im Westen und das elsässische Munster im Osten miteinander. Anfang des 20. Jahrhunderts führten touristische Schmalspurbahnen hier hinauf. Die Trassen dienen heute als Wanderwege.*

Kurz darauf gelangen wir an ein Waldstück, an dem wir rechts vorbeigehen. Neben uns windet sich eine Sommerrodelbahn ins Tal. Wir gehen weiter und erreichen die Bergstation des Sessellifts beziehungsweise den Start der **Rodelbahn.** Hier halten wir uns links und gehen auf dem ebenen Pfad in den Wald hinein. Ein Teppich aus Heidelbeersträuchern überzieht den Boden abseits des Weges. An der Kreuzung mit dem **Flurkreuz** gehen wir weiter geradeaus. Danach führt der Weg leicht abwärts. Links von uns entdecken wir einen alten deutsch-französischen Grenzstein. Heute verläuft

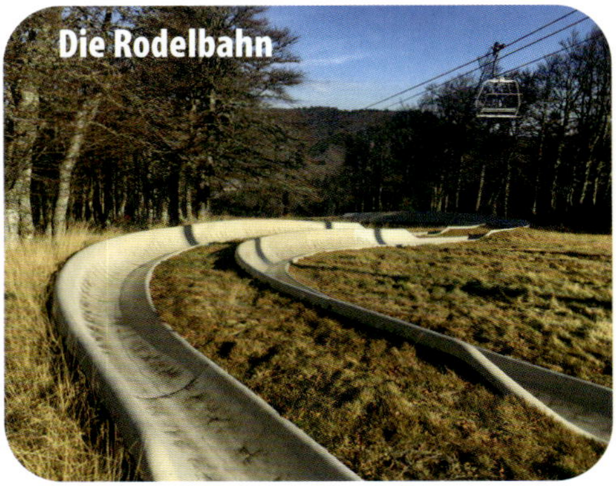
Die Rodelbahn

hier die Grenze zwischen den Départements Haut-Rhin und Vosges.

Kurze Zeit später erreichen wir das Ende des Waldes und eine asphaltierte Straße. Rechts sind in rund 100 Metern Entfernung die **Route des Crêtes** und ein Parkplatz zu sehen. Wir biegen jedoch links ab. Lockeren Schrittes schlendern wir die Straße entlang. In der folgenden Linkskurve verlassen wir sie und biegen rechts auf den Wanderweg **(blaues Dreieck, Sentier des Roches)** ab.

Nach einigen Schritten bleiben wir stehen und bestaunen die wunderschöne Szene vor uns. Links führt die Straße zum Berggasthof **Chalet-Refuge Les Trois Fours.** Unmittelbar vor uns ragen einzelne Vogesengipfel wie Inseln aus einem Nebelmeer. Am Horizont ist deutlich der Schwarzwald zu erkennen. Wir genießen diesen herrlichen Augenblick und gehen gemütlich über den weichen Wiesenweg. An der Weggabelung biegen wir rechts ab. Der Weg führt nun bergauf.

Nach einigen Schritten halten wir erneut inne. Was für ein Ausblick! Steile Felshänge, rechts die **Mar-**

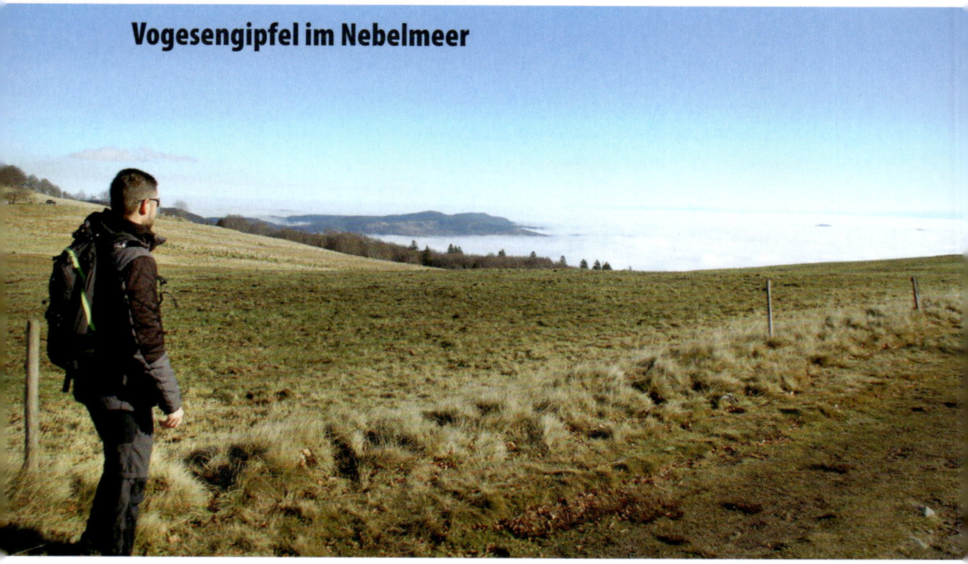

Vogesengipfel im Nebelmeer

Für die Seele

Wilde Natur, herrliche Ausblicke und der anspruchsvolle alpine Sentier des Roches: Diese Wanderung gehört in den Vogesen zu den Wegen mit dem höchsten Fun-Faktor.

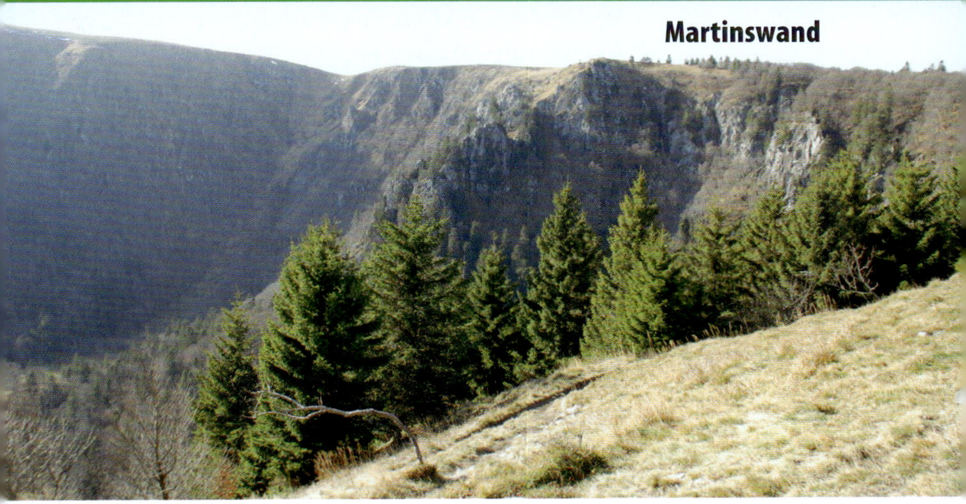

tinswand ②, vor uns der felsige, überwiegend kahle **Hohneck** mit dem Berggasthof **Sommet du Hohneck** und tief darunter das Frankenthal mit der Auberge **La Marcairie du Frankenthal.** Wir glauben fast, uns in einer traumhaften Modelleisenbahnlandschaft zu befinden. Nur die Dampflokomotiven fehlen. Wir verweilen einige Minuten an diesem schönen Ort.

Danach gehen wir weiter geradeaus und steigen über einen steinigen Pfad hinab. An dem großen Felsen halten wir uns links. Der Weg führt nun in den Wald hinein und schlängelt sich auf rund 1,3 Kilometern in Serpentinen nach unten. Dabei treffen wir auf eine bunkerähnliche Behausung. Aus welcher Zeit das Gebäude stammt, ist nicht ersichtlich. Anscheinend wurde es aber aus den umliegenden Gesteinsbrocken

!

*Die Linien 1–8 des Vogesenbusses **Navette des Crêtes** fahren aus unterschiedlichen Orten verschiedene Gipfel und Pässe an. Diese sind wiederum mit der Linie 9 untereinander verbunden. Infos: www.parc-ballons-vosges.fr/navette-des-cretes*

errichtet. Überall im Wald sind größere und kleinere Felsen verteilt. Die mit Moos überzogenen Brocken wirken wie die stummen Bewohner dieses Waldes.

Am Ende des Abstiegs erreichen wir den **Krappenfels** ❸ (1020 Meter Höhe), eine mit hohen Bäumen bewachsene Felsformation. Wir kraxeln über Baumwurzeln und Gesteinsbrocken hinauf. Zwischen den Bäumen kann man bei klarer Sicht einen Blick auf das Tal **Vallée du Munster** erhaschen. Wir nehmen auf einem der Felsen Platz und nutzen die Gelegenheit für eine kurze Pause vor dem Sentier des Roches.

Dann geht es weiter. Wir steigen hinab. Der Weg schlängelt sich nun wieder in Serpentinen nach unten. Aber was ist das? Wir lauschen. Es ist deutlich das Rauschen eines Wasserfalls zu hören. Unten angekommen, bleiben wir kurz stehen. Neben uns ragen große Nadelbäume empor. Ihre zahlreichen grünen Äste und Zweige wachsen in alle Richtungen, fallen fast bis auf unsere Köpfe herab, rahmen den Pfad vor uns nahezu ein. Wir haben das Gefühl, vor einer Pfor-

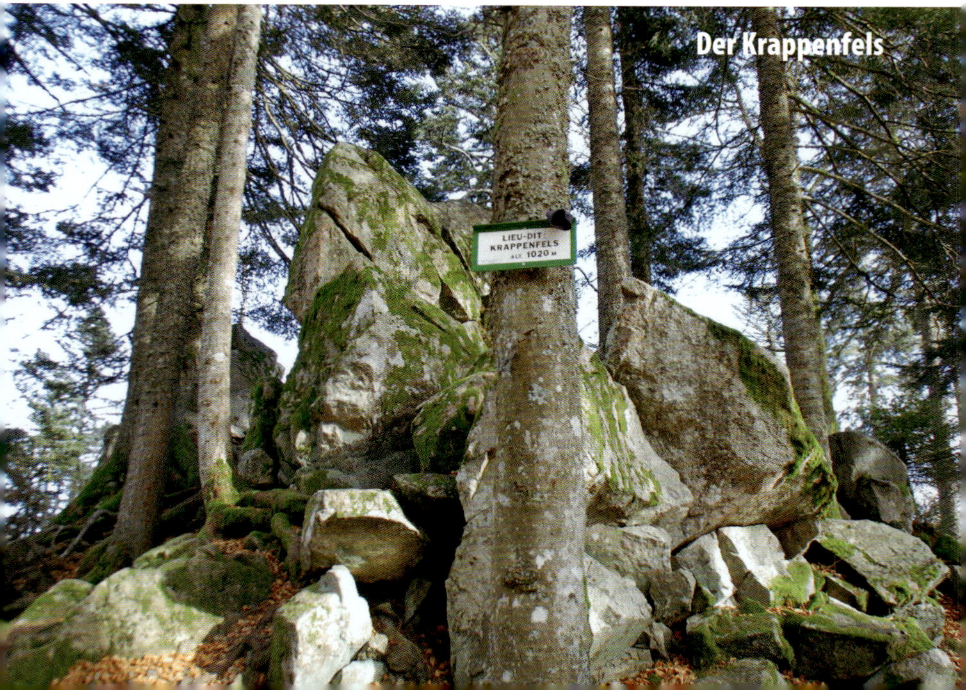

Der Krappenfels

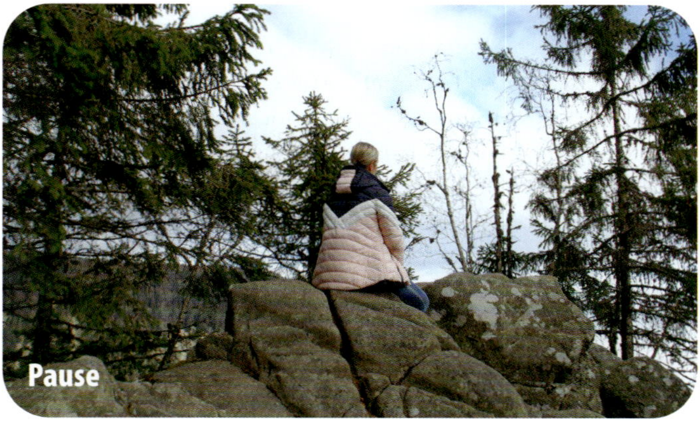

te in eine andere Welt zu stehen. Wir schreiten hindurch. Und tatsächlich: Umgestürzte, mit Moos bewachsene Bäume, Felsen, Farne, Gräser, Pilze, der **Sentier des Roches** wirkt sehr ursprünglich, wie ein Urwald.

Der Weg wird nun deutlich felsiger. Glücklicherweise haben wir unsere Wanderschuhe an. Allerdings sieht man im Sommer auch immer wieder Wanderer, die mit ungeeignetem Schuhwerk unterwegs sind. Der Sentier des Roches ist einer der beliebtesten Wanderwege in den Vogesen, aber leider auch einer mit den meisten Unfällen. Deshalb gehören neben Wanderschuhen (was eigentlich auf jede Wanderung zutrifft) auch Trittsicherheit, Schwindelfreiheit sowie eine gute Kondition zu den Voraussetzungen. Zudem sollte man den Weg auf den teilweise rutschigen Felsen nur bei trockenen Wetterbedingungen gehen.

Wenige Schritte später stehen wir auf einer schmalen Metallbrücke und richten unseren Blick nach oben auf einen **Wasserfall 4.** Sprudelnd stürzt das Wasser in die Tiefe, sammelt sich unter der Brücke und plätschert weiter talwärts. Wir gehen weiter. Gelegentlich geben die Bäume den Blick auf das **Vallée du Munster** frei.

Kurz darauf ist unsere Aufmerksamkeit gefragt. Ab jetzt geht es relativ steil nach oben. Konzentriert

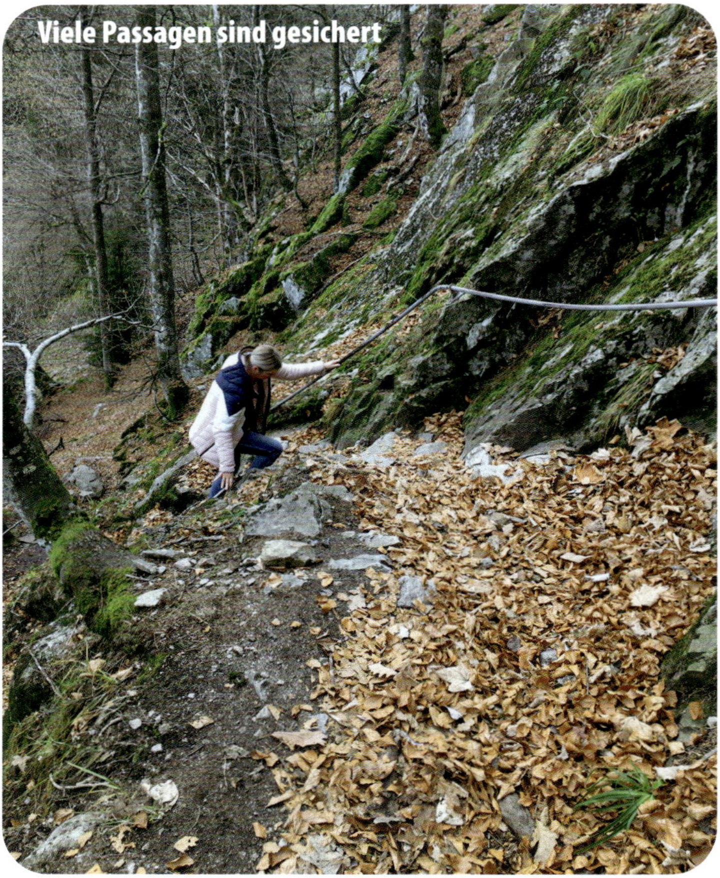

Der rund 3 Kilometer lange ***Sentier des Roches*** *geht auf die Initiative des ehemaligen Vogesenclub-Präsidenten Heinrich Strohmeyer (1908–1914) zurück und ist auch unter dem Namen Strohmeyerpfad bekannt.*

setzen wir einen Fuß vor den anderen und kraxeln über die Felsen. Bereits nach kurzer Zeit stellt sich ein Glücksgefühl ein. Die ursprüngliche Natur, der Ausblick auf das **Vallée du Munster,** die sportliche Herausforderung – der **Sentier des Roches** macht einfach Spaß. Immer wieder halten wir inne, betrachten den Abschnitt vor uns, blicken an den beeindruckenden Felswänden neben uns nach oben und rechts ins Tal. Kurzum: Wir genießen dieses herrliche Stück Natur.

Der Weg führt nach oben, durch eine kurze, schmale Passage zwischen zwei Felsen hindurch und zu einem weiteren Felsen, der einen wunderschönen

Panoramablick auf das Tal bietet. Wir nehmen einen Schluck aus der Wasserflasche und schnaufen kurz durch. Danach führt der Pfad abermals in Serpentinen nach unten. Immer wieder gibt es ausgesetzte, versicherte Stellen. Bei jedem unserer Schritte haben wir eine Hand am im Berg verankerten Geländer. Sollten wir auf dem felsigen Pfad ausrutschen oder mit dem Schuh zwischen den Felsen hängen bleiben und das Gleichgewicht verlieren, hätten wir immer noch die Sicherung durch unsere Hand am Geländer.

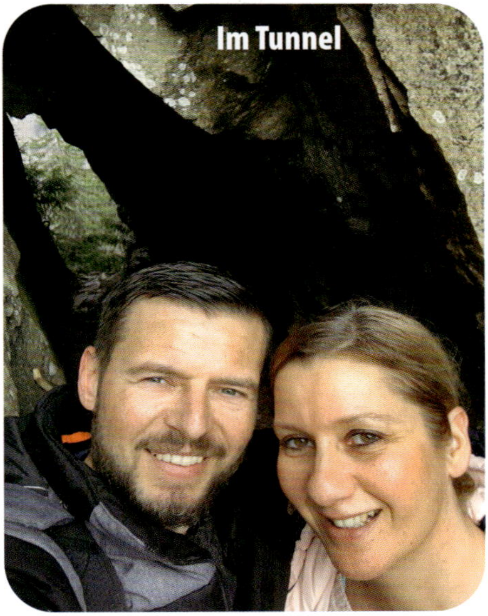
Im Tunnel

Nach dem kurzen Abstieg schlängelt sich der Pfad wieder nach oben. Leise plätschert Wasser unter den Felsen bergabwärts. Wir erreichen eine Metalltreppe und klettern hoch. Um uns herum ragen die imposanten Felswände in die Höhe.

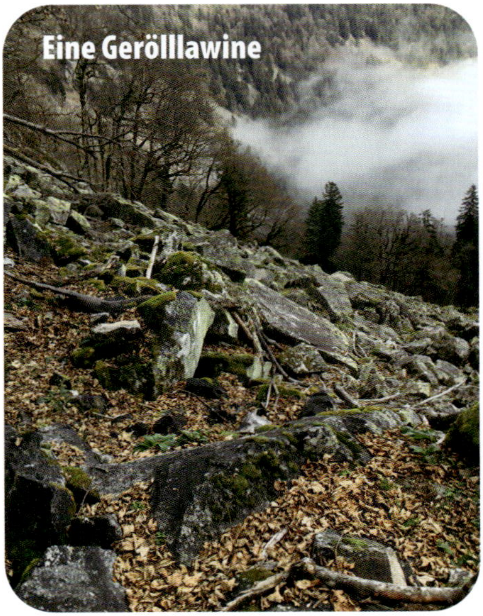
Eine Geröllawine

Dann durchschreiten wir einen **Tunnel.** Erneut führt der Pfad über Felsen hinab. Wir greifen mit einer Hand nach dem Geländer und folgen. Danach gelangen wir an einen Felsvorsprung. Das Plateau darauf ist exakt groß genug für einen Picknicktisch samt Bänken. Ringsherum ist die **Felsplattform** ❺ mit einem Geländer gesichert. Dahinter ist der tiefe Abgrund. Ein großartiger Ort, eine kleine Oase auf diesem Felsen. Und noch dazu mit einem fantastischen Ausblick. Links ist die **Route des Crêtes** zu sehen und direkt vor uns die bewal-

Auszeittour 3

In unmittelbarer Nähe des Col de la Schlucht befindet sich ein „Lost Place", das verlassene ***Sanatorium Altenberg.*** *Zu den Gästen gehörten unter anderem der deutsche Kaiser Wilhelm II. sowie der französische Staatspräsident Raymond Poincaré.*

deten Vogesengipfel, das **Vallée du Munster** und im Hintergrund der **Schwarzwald.** Wir nehmen die Einladung an und auf den Sitzbänken Platz.

Danach schlängelt sich der Weg nach unten. Rechts von uns sehen wir ein beeindruckendes Geröllfeld auf dem Abhang. Wir gehen an einem Felsen vorbei und über eine Metallbrücke. Immer wieder kraxeln wir hinauf und wieder hinab – und pausieren regelmäßig, um die Aussicht zu genießen. Es folgt ein kurzer Abschnitt durch ein Waldstück. Dann gehen wir über eine Holztreppe nach oben und sind wieder in der Zivilisation. Wir überqueren den Parkplatz des Restaurants **Du Chalet ⑥,** gehen an den Boutiquen vorbei und auf die andere Straßenseite zum Parkplatz.

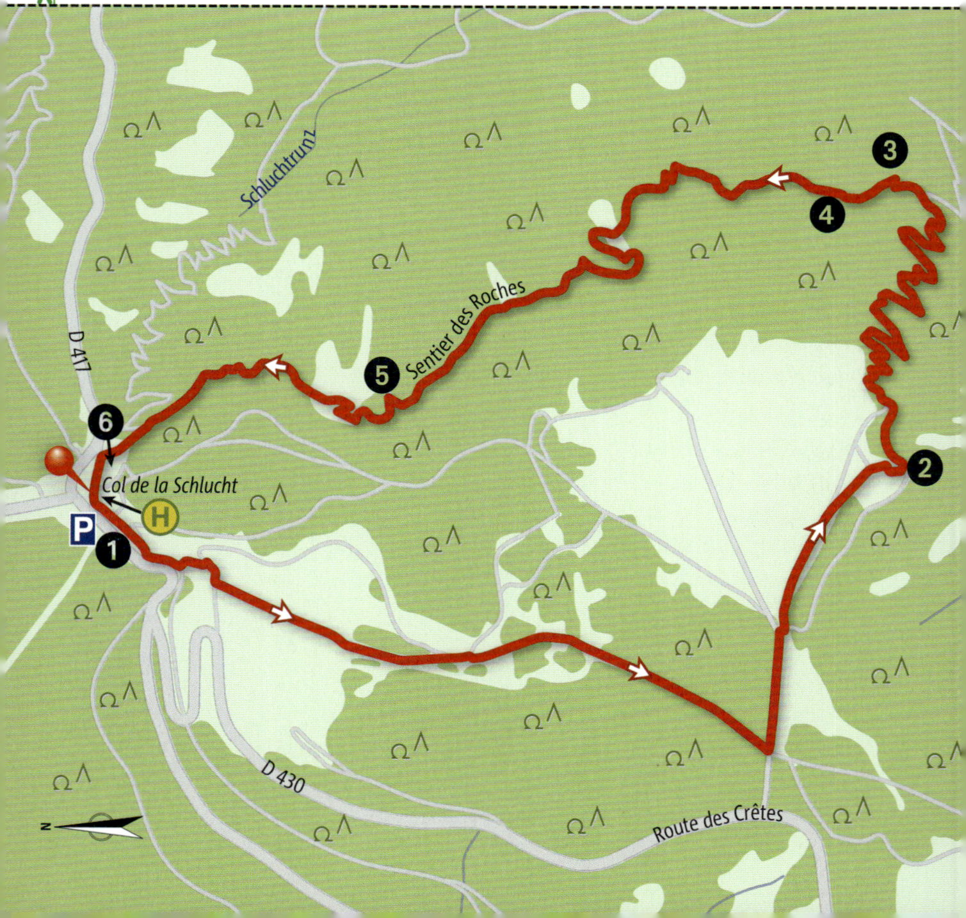

Entspannung ★★☆☆☆
Genuss ★★★★☆
Romantik ★★★★☆

WIE & WANN:
Zunächst leicht begehbare Wiesen- und Waldpfade, dann ein anspruchsvoller, felsiger Pfad, auf dem kein Ausstieg möglich ist. Immer wieder ausgesetzte, versicherte Abschnitte. Beste Wanderzeit: Frühling und Sommer. Nur bei trockenen Wetterbedingungen gehen. Im Winter ist der Sentier des Roches gesperrt. An Wochenenden oftmals sehr überlaufen.

HIN & WEG:
Auto: Parkplatz in der Col de la Schlucht neben der Auberge de la Schlucht, 88230 Le Valtin (GPS: 48.0641, 7.0223)
ÖPNV: Bus 2 Navette des Crêtes ab Munster Gare, Haltestelle Le Valtin/Col de la Schlucht

ESSEN & ENTSPANNEN:
Auberge de la Schlucht ❶ Col de la Schlucht, 88230 Le Valtin, Tel. +33 (3) 29 60 08 26
Du Chalet ❻ Col de la Schlucht, 68140 Stosswihr, Tel. +33 (3) 89 77 04 06, www.hotel-du-chalet.com

ENTDECKEN & ERLEBEN:
Ausblick auf Martinswand und Hohneck ❷
Krappenfels ❸
Wasserfall ❹
Felsplateau mit Picknicktisch ❺

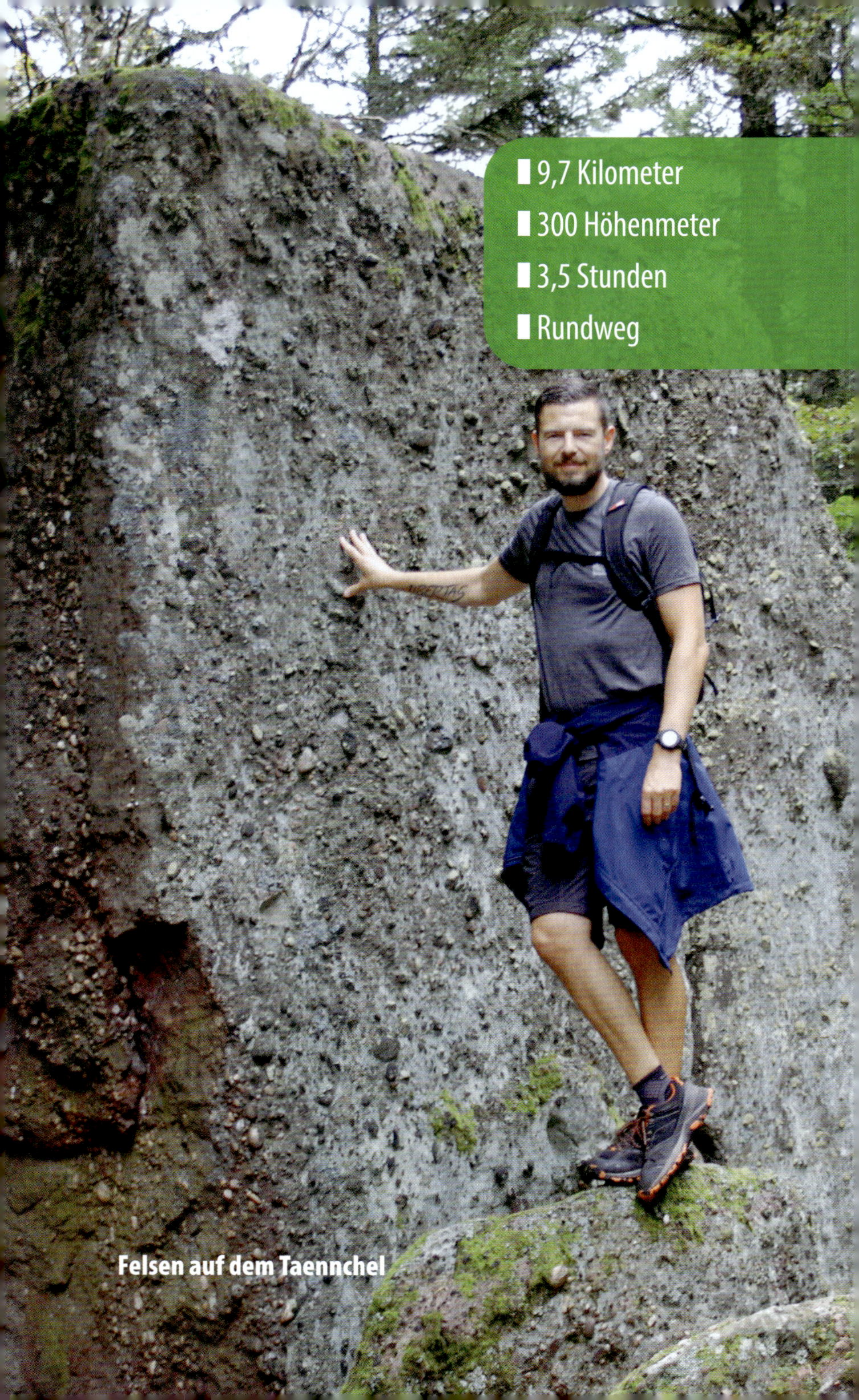

Felsen auf dem Taennchel

Magisches Plateau

Auf dem Taennchel

Wir starten auf dem Parkplatz des **Col Haut de Ribeauvillé.** Weiter geradeaus führt der Feldweg zum **Croix de Ribeauvillé.** Auch dort gibt es einige Parkmöglichkeiten. Wir gehen jedoch den Fußweg dorthin und nehmen dafür den Pfad rechts von uns **(Croix de Ribeauvillé und Sommet du Taennchel, gelbes Rechteck).** Wir wandern über hellen Sand, vorbei an Kiefern, Heidelbeersträuchern und Farnen. An der ersten Weggabelung bleiben wir auf unserem Weg (gelbes Rechteck) und erreichen nach wenigen Minuten den Platz **Croix de Ribeauvillé.** Eine Hütte sowie ein Picknicktisch bieten die Möglichkeit für eine Rast. Für uns kommt das etwas zu früh. Wir werden später auf dem Taennchel eine Ruhepause einlegen.

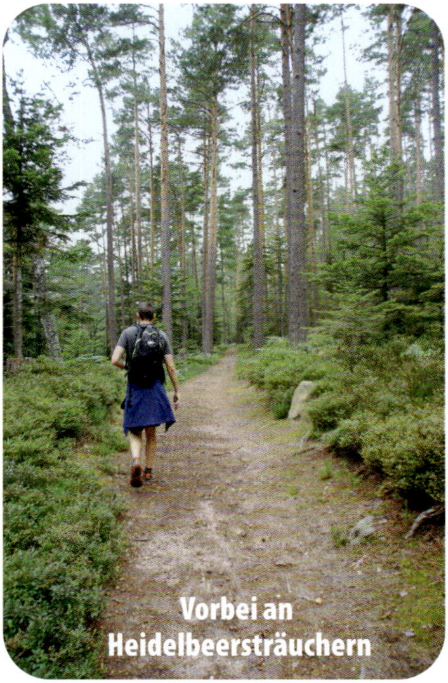
Vorbei an Heidelbeersträuchern

Der landschaftlich sehr reizvolle Pfad (blaues Dreieck) hätte uns ursprünglich dorthin gebracht. Allerdings ist mittlerweile ein großer Teil unterhalb des Taennchel unpassierbares Naturschutzgebiet, sodass dieser Pfad uns von hier aus nicht mehr direkt zum Gipfel, sondern nach rund 30 Minuten in einem großen Bogen wieder nach unten führen würde. Stattdessen orientieren wir uns daher beim Croix de Ribeauvillé weiterhin

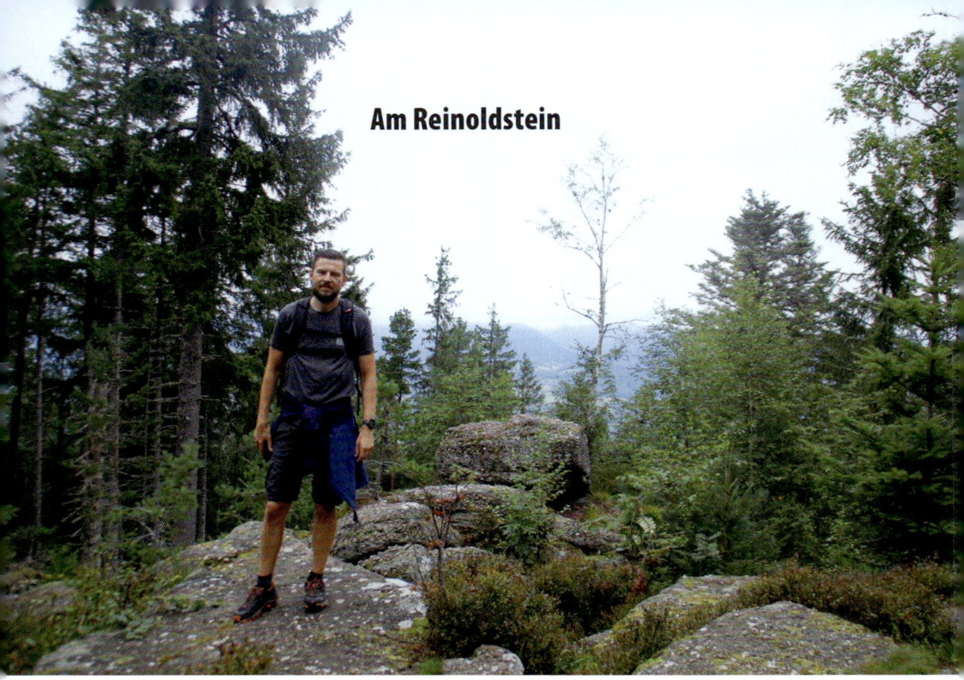

Am Reinoldstein

Auf dem Taennchel-Massiv wächst unter anderem ***Waldmeister.*** *Bereits in mittelalterlichen Quellen wird Waldmeister als Heilpflanze mit Allrounder-Qualitäten beschrieben, insbesondere bei Leberleiden.*

am **gelben Rechteck** (links neben der Hütte). Lockeren Schrittes wandern wir über den weichen Waldweg. Dieser wird nach kurzer Zeit zunehmend schmaler. Dann erreichen wir eine Weggabelung. Nun kommt der anstrengendste Teil der Wanderung, an dessen Ende aber eine tolle Belohnung wartet. Wir biegen rechts ab (gelbes Rechteck) und beginnen den relativ steilen Aufstieg. Ganz locker, ganz ruhig. Wir haben Zeit! Schön: Insgesamt sieben Info-Schilder sorgen auf dem Weg nach oben für unterhaltsame Abwechslung. Darauf erfahren wir spannende Infos über Mythen und Legenden, die Geschichte, Flora und Fauna sowie Geologie des Taennchel. Zwischendurch halten wir immer mal wieder inne und erhaschen zwischen den Bäumen hindurch einen Blick auf die nördlichen Vogesengipfel und das **Val d'Argent.**

Rund 40 Minuten dauert der Aufstieg. Dann erreichen wir eine Rechtskurve. Fast geschafft. Die großen moosüberwachsenen Felsen geben uns einen Vorgeschmack darauf, was uns oben auf dem Plateau des Taennchel erwartet. Noch eine Linkskurve, einige Meter nach oben, und wir erreichen den **Reinold-**

Für die Seele

Auf dem Plateau des Taennchel tauchen wir in eine magische Welt mit kuriosen Felsformationen und friedlicher Natur ein. Hier kommen wir innerlich zur Ruhe.

stein ❶ (980 Meter Höhe). Etwas verschwitzt, aber glücklich klettern wir auf den Felsen.

Nun treten wir in die magische Welt des **Taennchel** ein. Um uns herum grünt der Farn. Dazwischen liegen Felsbrocken mit Vertiefungen. Wasser sammelt sich darin. Eine Moosdecke in verschiedenen Grüntönen überzieht die Felsen. Darauf wachsen kleine Tannen. Und daneben liegen mit Moos bewachsene umgestürzte Bäume und Äste. Sie wirken wie bizarre, wundersame Wesen. Wir sind fasziniert von der Szene und verpassen fast das Schild mit dem Hinweis auf den **Ramelstein** ❷. Dieser befindet sich nur wenige Meter rechts vom Hauptweg. Dort liegen auf einem Platz mehrere Felsen, einige davon haben ebenfalls mit

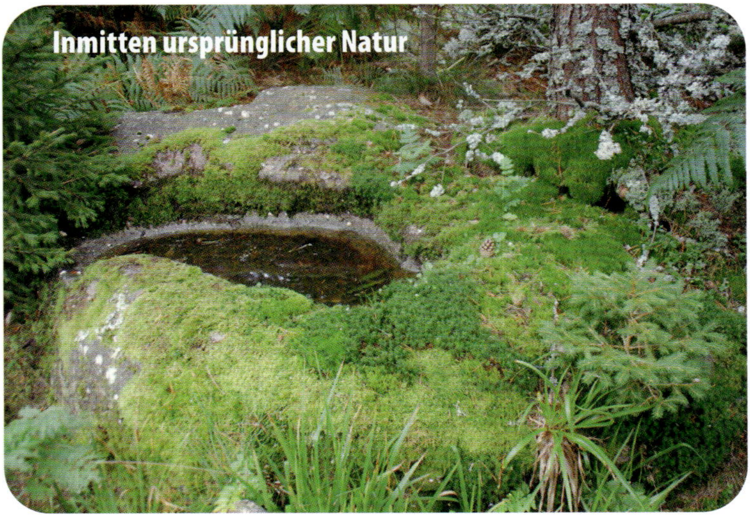

Inmitten ursprünglicher Natur

Wasser gefüllte Vertiefungen. Daneben wachsen kleine Tannen und Heidelbeersträucher. Direkt dahinter befindet sich dichter Wald. Dieser Ort wirkt magisch.

Wir gehen zurück auf den Hauptweg, der uns nun ein kleines Stück abwärtsführt. An der folgenden Weggabelung nehmen wir den Weg nach links oben **(Abri Kuetzigbuech, gelbes Rechteck).** Dort treffen wir auf eine Ansammlung großer Felsen. Das größte Exemplar misst rund 3 Meter. Daneben kommen wir uns ziemlich klein vor. Noch beeindruckender ist jedoch die riesige Felsenformation unmittelbar danach. Aus der Ferne wirkt das Gebilde auf den ersten Blick fast wie ein Betongebäude des Architekten Le Corbusier. Auch die lokalen Einwohner wollten wohl nicht so recht an eine natürliche Entstehung glauben. Der

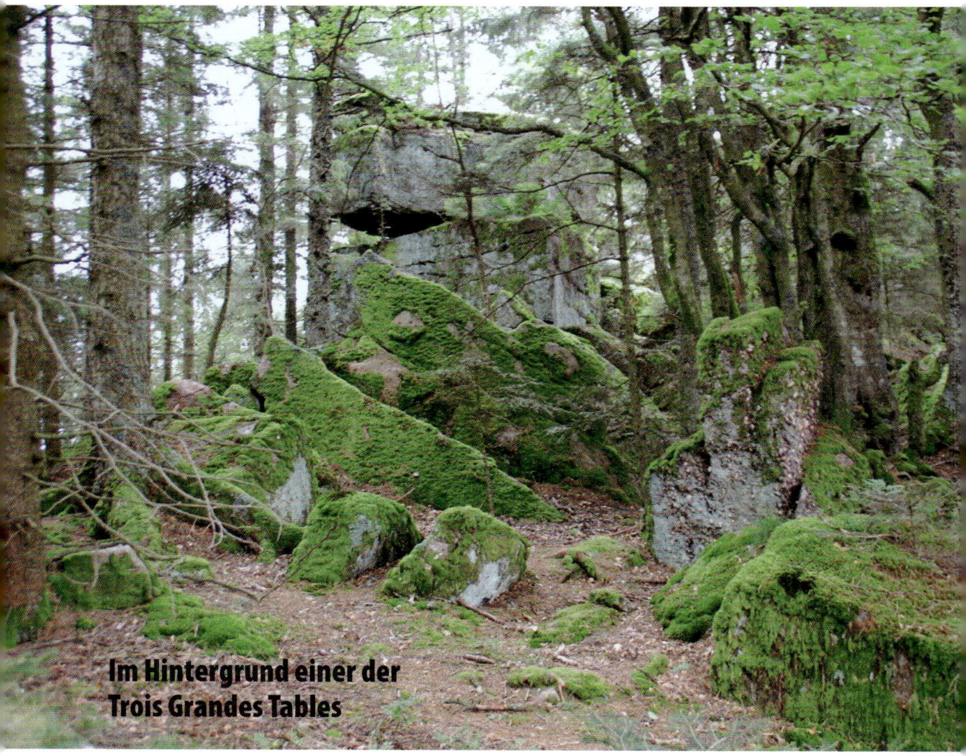

Im Hintergrund einer der Trois Grandes Tables

Legende nach handelt es sich bei den **Les Trois Grandes Tables** ❸ um drei überdimensionale Tische, an denen in grauer Vorzeit Riesen speisten. Für uns ist der Ort ein idealer Platz für ein Picknick. Wir gelangen über eine metallene Treppe sowie einer Leiter auf den mittleren der drei „Tische". Dort breiten wir unseren Proviant aus und machen eine Pause. Unser Blick streift über den Wald und die erstaunlichen Felsenformationen. Ein Wohlfühlmoment!

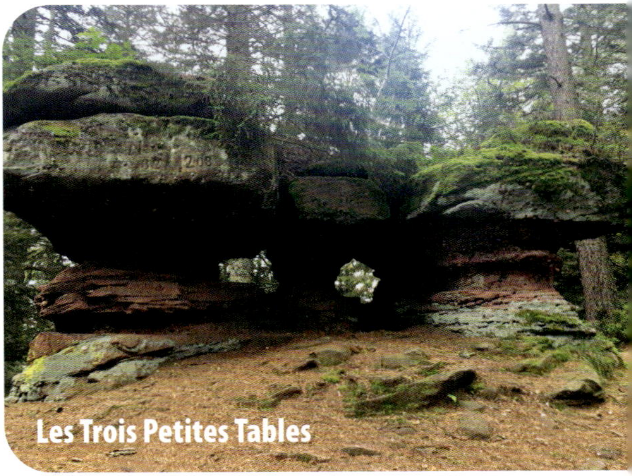

Les Trois Petites Tables

Nach unserer Pause setzen wir den Weg fort und treffen knapp 100 Meter später auf die **Trois Petites Tables** ❹, die drei kleinen „Tische" als Miniatur-Gegenstücke zu den großen Verwandten. Hier hat sich die Natur als Bildhauerin betätigt und durch Wind und Wasser drei Skulpturen erschaffen, die tatsächlich wie Tische aussehen. Wir lassen die felsigen Möbelstücke hinter uns und gehen über einen steinigen, sandigen Pfad abwärts, vorbei an Farnen und Tannen. Mitten auf dem Weg steht ein Felsen. Darauf haben Wanderer unzählige Steinmännchen platziert. Wir machen es ihnen gleich und legen einen Stein dazu. Kurz darauf erreichen wir die **Abri Kuetzigbuech,** einen kleinen Unterstand aus Holz, vor dem diverse Sitzbänke zum Energietanken einladen. Wir gehen geradeaus und halten uns dann rechts **(Rocher de la Paix d'Udine, roter Kreis).**

Bis in die Mitte des 17. Jahrhunderts lebten ***Luchse*** *in den Vogesen. 2021 wurden nach einer Wiederansiedlung erstmals Jungtiere nachgewiesen. Für die Luchse sind Rückzugsgebiete wie das Naturschutzgebiet unterhalb des Taennchel überlebenswichtig.*

Völlig entspannt wandern wir auf weichem Waldboden an den hohen Tannen vorbei. Mittendrin liegt ein riesiger, trockener Baum. Mit seinen langen, verworrenen Ästen sieht er wie ein archaisches Wesen aus, das sich auf der Moosdecke zur letzten Ruhe

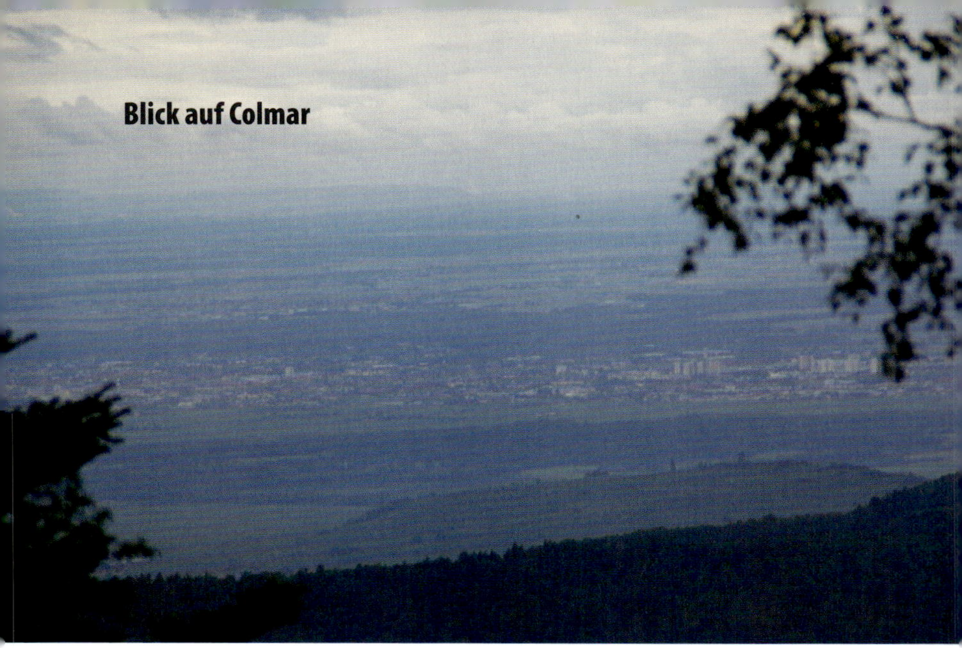
Blick auf Colmar

gebettet hat. Wir setzen den Weg fort und gelangen an ein Felsplateau. Von dort bietet sich ein schöner Ausblick auf die Vogesengipfel südlich des Taennchel sowie im Südosten Colmar, die oberrheinische Tiefebene und den Schwarzwald.

An der folgenden Weggabelung biegen wir links ab (Schild **Rocher des Géants, gelbes Dreieck).** Nach der scharfen Linkskurve erreichen wir kurz darauf den **Rocher des Géants ❺.** Die Felsformationen sind leicht zu erklettern. Wer es macht, der wird feststellen, dass die Felsen mit unzähligen Vertiefungen übersät und viele davon mit Wasser gefüllt sind. Auch diesen Ort umgibt eine Legende. Demnach stand hier einst eine magische Brücke, die auf den gegenüberliegenden Berg **Chalmot** führte. Dort blicken wir nun hinüber, ebenso auf das **Château de Frankenbourg** sowie das Dorf **Lièpvre** unterhalb von uns.

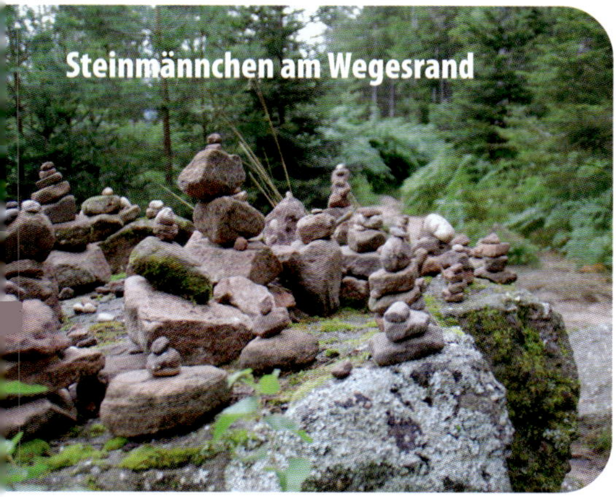
Steinmännchen am Wegesrand

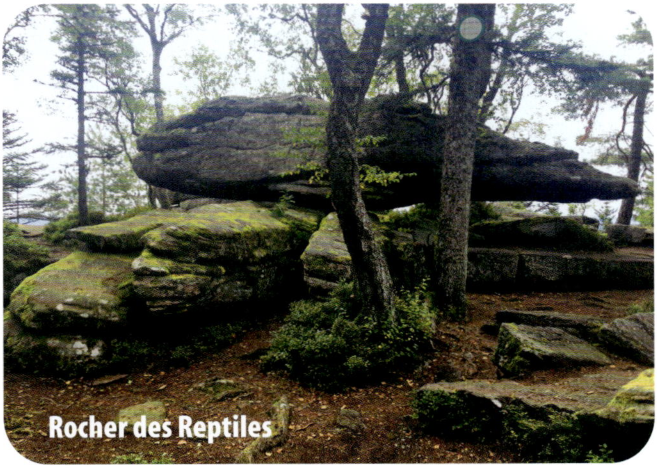

Wir gehen weiter und orientieren uns dabei am Schild **Rocher des Reptiles (gelbes Rechteck).** Nun folgen weitere Felsen und Vorsprünge, die einen Ausblick auf die Vogesengipfel und das Tal darunter bieten. Auch in diesem Bereich spielt der **Taennchel** noch einmal voll seine Ambiente-Karte aus. Tannen, Farn, Heidelbeersträucher, mit Moos bewachsene „Baumwesen", unzählige Felsen, hier oben fühlen wir uns wohl. Dann erreichen wir den **Rocher des Reptils ❻.** Der auch als Rocher du Crocodile bekannte Felsen sieht tatsächlich wie ein Krokodil aus, das auf der Lauer liegt. Wir schmunzeln ob der Launen der Natur und setzen unsere Wanderung fort (gelbes Rechteck).

Der Weg führt uns erneut an der **Abri de Kuetzigbuech** vorbei und zum Felsen mit den Steinmännchen. Hier biegen wir nun zwischen den Tannen rechts auf den nicht gekennzeichneten Pfad ab. Kurz darauf wird der Weg breiter und führt uns abwärts. An der nächsten Weggabelung halten wir uns links (ebenfalls nicht markiert) und gehen nun parallel zu unserem Hinweg. Pilze in unterschiedlichen Farben und Formen sprießen hier aus dem Boden. Schließlich führt der Weg in einen Wald über. Da dieser nicht oft genutzt wird, gibt es auf den letzten Metern keinen ausgetretenen Pfad.

Auszeittour 4

Wir wandern aber einfach geradeaus zwischen den Bäumen hindurch, gehen die Serpentine bergab und erreichen die Rechtskurve vom Anstieg.

Der Rückweg ist nun bedeutend leichter. In sportlichem Tempo gehen wir bergabwärts. Nach dem Abstieg biegen wir links ab **(Croix de Ribeauvillé, gelbes Rechteck),** wandern an Farnen sowie Heidelbeersträuchern vorbei und erreichen den Platz **Croix de Ribeauvillé.** Nun könnten wir den Weg nehmen, den wir auf der Hintour gegangen sind. Wir entscheiden uns jedoch für Weg rechts neben dem namensgebenden Flurkreuz. Mit vielen tollen Eindrücken im Gepäck wandern wir über den Feldweg und erreichen nach 10 Minuten den Parkplatz.

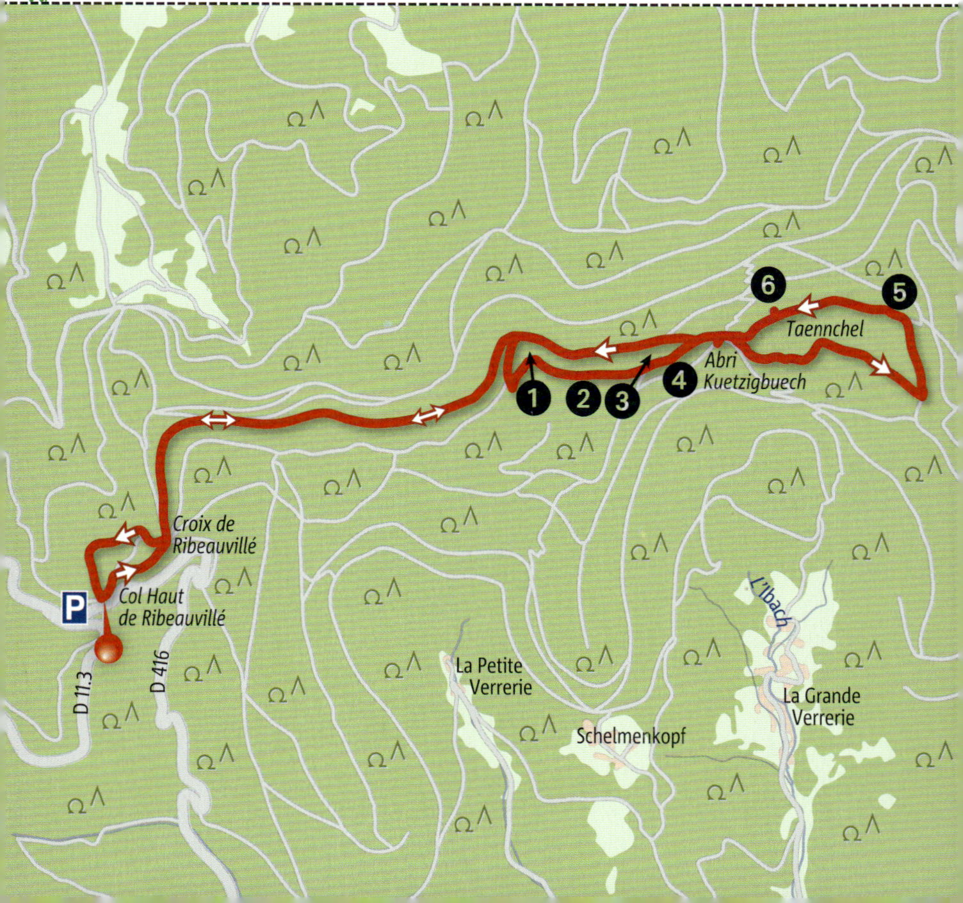

Entspannung ✱✱✱✱✱

Genuss ✱✱✱✱✱

Romantik ✱✱✱✱✱

WIE & WANN:
Überwiegend leicht begehbare Waldwege und -pfade.
Beste Wanderzeit: Frühling bis Herbst.

HIN & WEG:
Auto: Parkplatz Col Haut de Ribeauvillé, 68160 Sainte Croix aux Mines
(GPS: 48.22688, 7.2313)
ÖPNV: keine direkte Anbindung

ESSEN & ENTSPANNEN:
Bitte an Rucksackverpflegung denken!

ENTDECKEN & ERLEBEN:
Reinoldstein ❶
Ramelstein ❷
Les Trois Grandes Tables ❸
Les Trois Petites Tables ❹
Rocher des Géants ❺
Rocher des Reptiles ❻

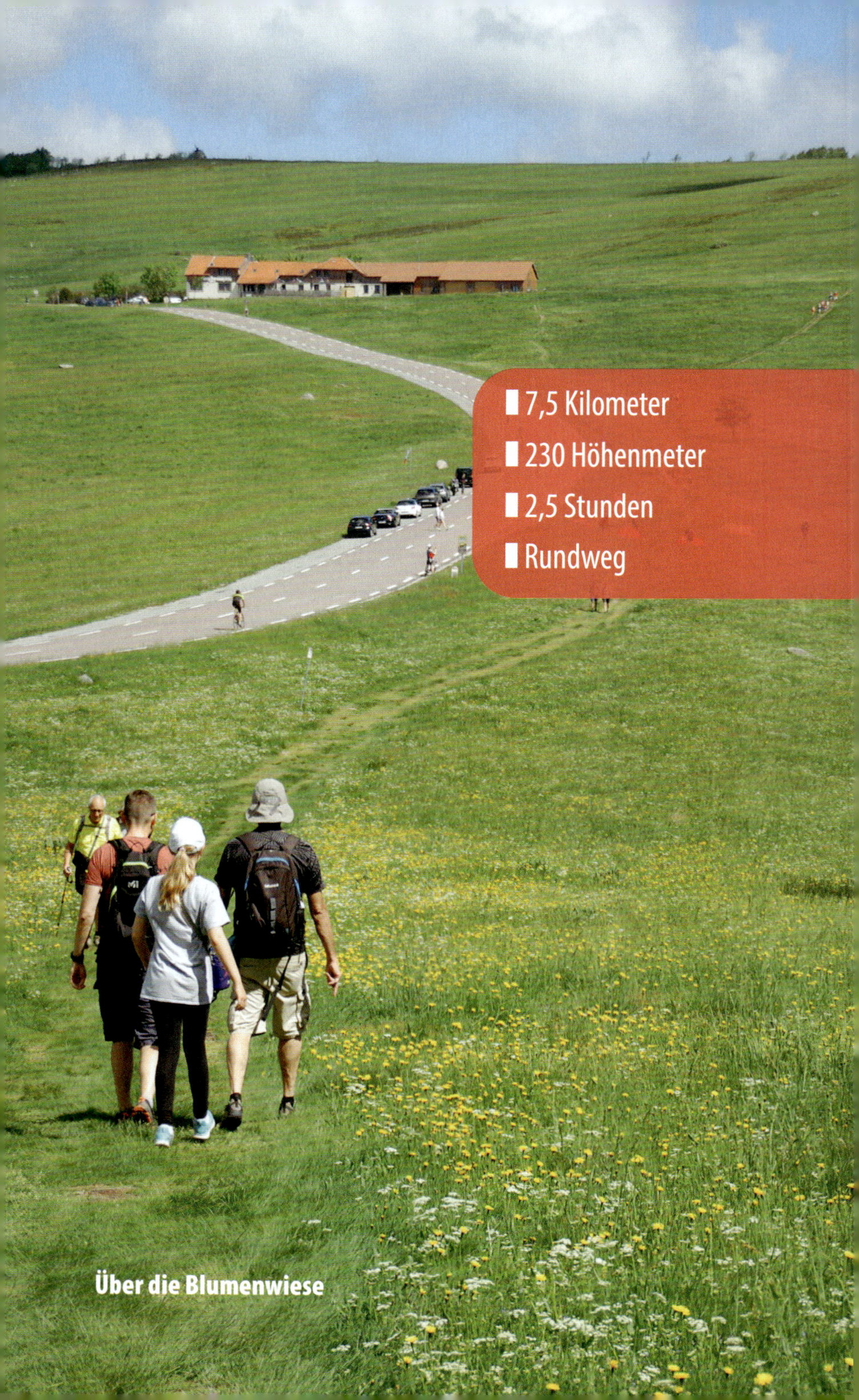

- 7,5 Kilometer
- 230 Höhenmeter
- 2,5 Stunden
- Rundweg

Über die Blumenwiese

Die Wanderung zum **Ballon d'Alsace** (Elsässer Belchen) beginnt nach einer kurvenreichen Anfahrt über teilweise schmale Straßen auf dem Parkplatz vor der **Auberge La Chaumière ①.** Wir überqueren die Straße, schlendern durch den Garten der Auberge und biegen links ab. Es folgt ein steiler Anstieg über eine Skipiste.

Mittendrin

Über den Ballon d'Alsace

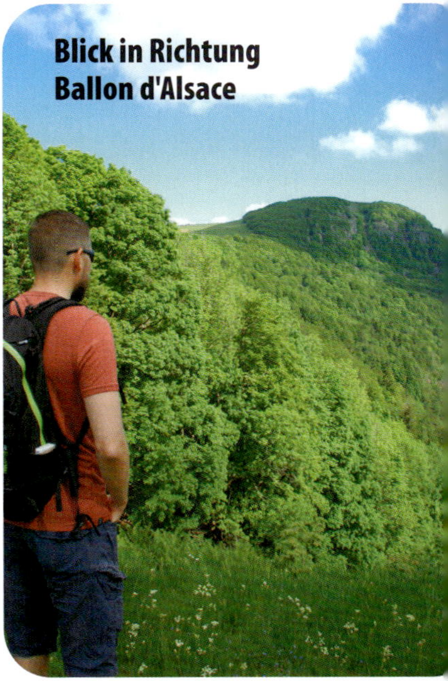

Nach dem schweißtreibenden Beginn bietet uns ein rund 200 Meter langer Waldabschnitt eine kurze Abkühlung.

Das Gefühl der Anstrengung weicht kurz darauf der Begeisterung über die wunderschöne Szenerie vor uns. Der Weg führt über eine bunte Blumenwiese. Links schlängelt sich die Straße bergaufwärts zu einem Gasthof auf dem Gipfel. Rechts stürzen sich Gleitschirmflieger ins Tal. Wanderer kommen uns entgegen. Einige haben es sich auf der Wiese bequem gemacht und genießen die Sonne. Ungefähr auf der Hälfte dieses Abschnitts bietet sich ein herrlicher Ausblick auf die umliegenden Gipfel und ins Tal mit den beiden Seen **Lac d'Alfeld** und **Lac de Sewen ②.** Nun folgt ein leichter Aufstieg. Oben angekommen, gabelt sich der Weg. Wir biegen links ab und schlendern über einen Schotterweg hinunter zur **Auberge du Ballon d'Alsace ③.** Wir gehen am Gasthof vorbei, biegen rechts ab und wandern parallel zur Straße **Route du**

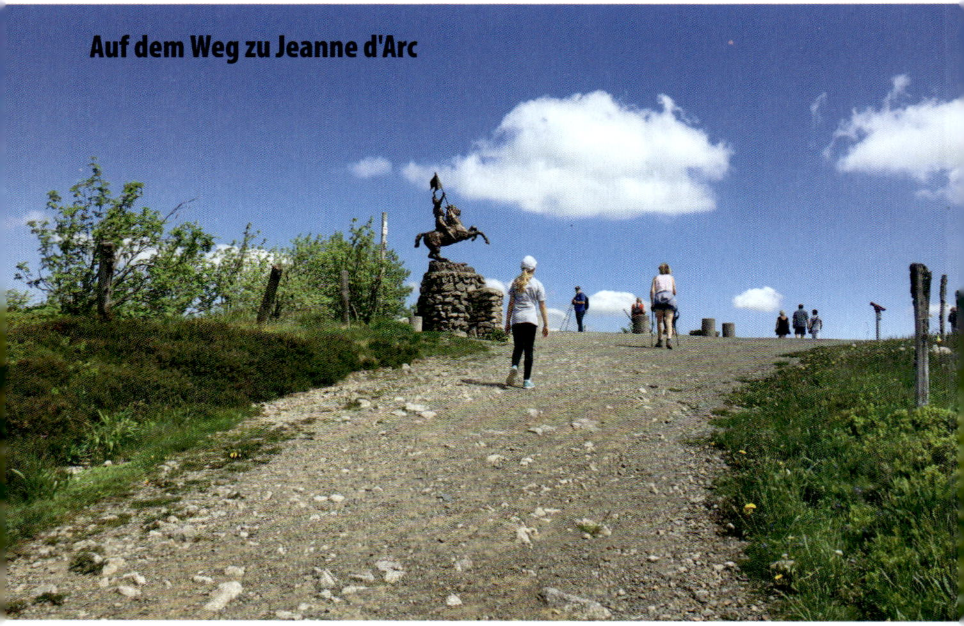
Auf dem Weg zu Jeanne d'Arc

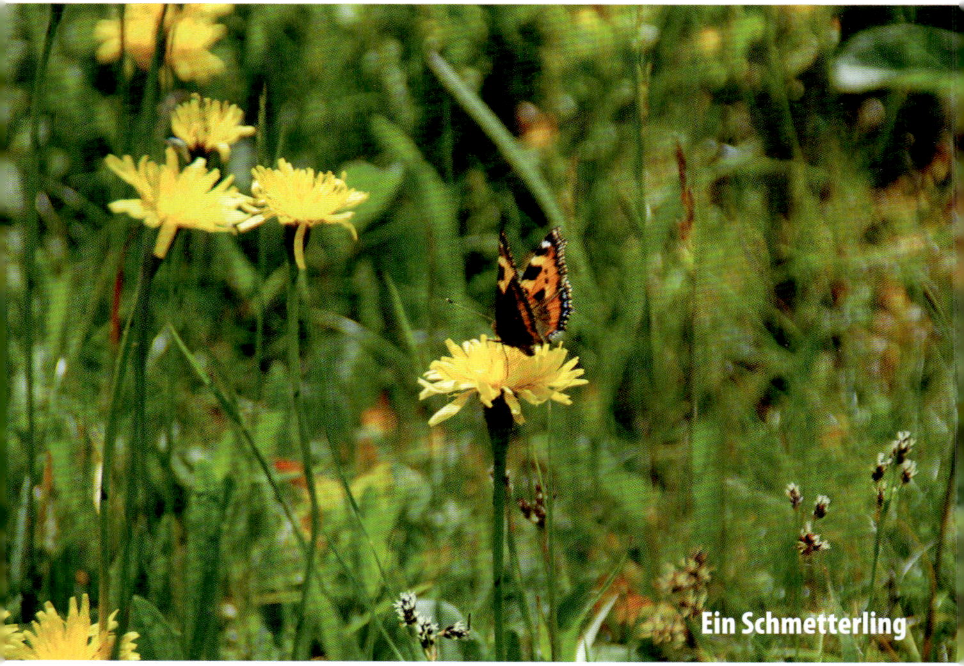
Ein Schmetterling

Ballon d'Alsace. Nach einigen Metern schreiten wir über eine Brücke und entdecken einen reizenden **Mini-Wasserfall.** Einige Meter weiter oben befindet sich die **Quelle der Savoureuse 4.** Was hier als beschauliches Rinnsal beginnt, wandelt sich in einigen Kilometern in einen ansehnlichen Fluss.

Für die Seele

Die Wanderung über den Ballon d'Alsace verwöhnt uns mit zahlreichen Panoramablicken in gleich vier Départements und verleiht uns ein beflügelndes Gefühl von Freiheit.

Wir setzen den Weg fort und erreichen nach 150 Metern das **Hotel Restaurant du Sommet 5.** Gleich nebenan befindet sich ein Souvenir-Shop mit klassischen elsässischen Memorabilia. In der darauffolgenden Kurve bietet sich die nächste Gelegenheit für eine Pause. Wir lassen die **Bar des Démineurs 6** jedoch links liegen und gehen über den Schotterweg hinauf in Richtung Gipfel. Nach 600 Metern steht plötzlich **Jeanne d'Arc 7** hoch zu Ross vor uns. Aber natürlich nur als Statue.

Wir verweilen kurz bei der heiligen Johanna und lassen uns dann in rund 150 Metern Entfernung auf einer **Löwenzahn-Wiese** nieder. Der Ausblick hier ist sagenhaft. In der Ferne erblicken wir verschiedene Vogesengipfel in mannigfaltigen Grüntönen und dazwischen in den Tälern kleine Vogesendörfer. Wir lehnen uns zurück, blinzeln in den blauen Himmel, schließen die Augen. Die Sonne wärmt das Gesicht. Ein leichter Windzug streift uns. Stille. Entspannung pur.

Nach dieser kleinen Auszeit kehren wir auf den Weg zurück und umrunden weiter den **Ballon d'Alsace.** Dabei richtet sich der Blick immer wieder auf das idyllische Panorama links von uns. Kurz darauf treffen

*Die **Savoureuse** ist rund 41 Kilometer lang und fließt unter anderem durch die Stadt Belfort.*

*Gestern und heute: Die in Richtung Elsass blickende **Statue** wurde einst als revisionistisches Symbol installiert. Auf einer Info-Tafel wird auf die deutsch-französische Freundschaft und den Ballon d'Alsace als europäischen Balkon hingewiesen.*

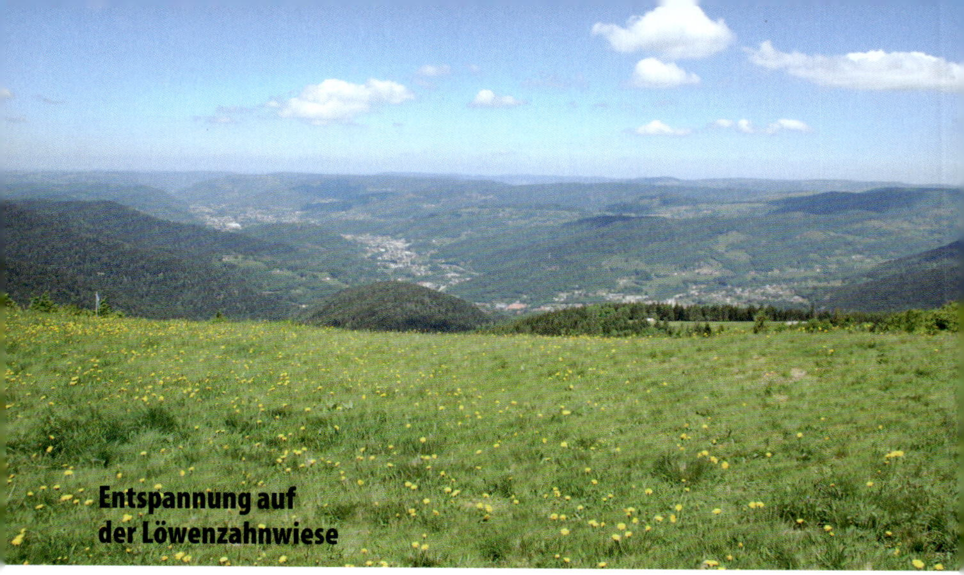
Entspannung auf der Löwenzahnwiese

wir auf das Schild **Sentier de découverte,** das nach links weist. Wir schlendern jedoch weiter nach oben. Die Wolken über dem Gipfel scheinen nun zum Greifen nah. Schließlich ist der höchste Punkt auf 1234 Metern erreicht. Unser Blick schweift umher. Vogesengipfel, blauer Himmel und Wolken. Und mittendrin Gleitschirmflieger, die durch die traumhafte Szenerie schweben.

An der nächsten Weggabelung biegen wir rechts ab. 50 Meter später treffen wir auf eine Linksabbiegung, die wir ignorieren. Stattdessen gehen wir weiter geradeaus zur Marienstatue **Notre-Dame du Ballon** **8** und blicken auf die Vogesengipfel des Départements Haute Saône. Dann biegen wir links ab und erspähen Heidelbeersträucher am Wegesrand. Nun wächst die Vorfreude auf das spätere Dessert!

In rund 150 Metern Entfernung gelangen wir an einen herrlichen Aussichtspunkt – erneut mit Blick auf die beiden Seen **Lac d'Alfeld** und **Lac de Sewen,** aber dieses Mal aus einer anderen Perspektive. An der folgenden Kreuzung bleiben wir auf unserem Weg und folgen dem schmalen, abwärtsführenden Pfad. Ab jetzt sind ein wenig Konzentration und Trittsicherheit erforderlich, denn neben uns geht es recht steil in die Tiefe. Wenige Meter später befinden wir uns in einem

Wald und setzen den kurvenreichen Abstieg über Waldboden, Baumwurzeln und Felsen fort.

Nach der Wanderung über den Gipfel des **Ballon d'Alsace** ist der Abschnitt im frischen, nach Kiefern duftenden Wald eine angenehme Abwechslung. Bald stellen wir fest, dass nicht nur viele Wege nach Rom, sondern auch abwärts führen. Teilweise ist nicht sofort ersichtlich, welcher der vielen kleinen Pfade der richtige ist. Als hilfreiche Orientierung dient jedoch ein **rotes Rechteck.** Plötzlich entdecken wir eine alte moosbewachsene **Mauer.** Aus welcher Zeit sie wohl stammt und wozu sie diente? Das ist bei einem anderen Relikt schnell zu erraten. Ein verwitterter **Grenzstein** markierte einst die Grenze zwischen Deutschland und Frankreich.

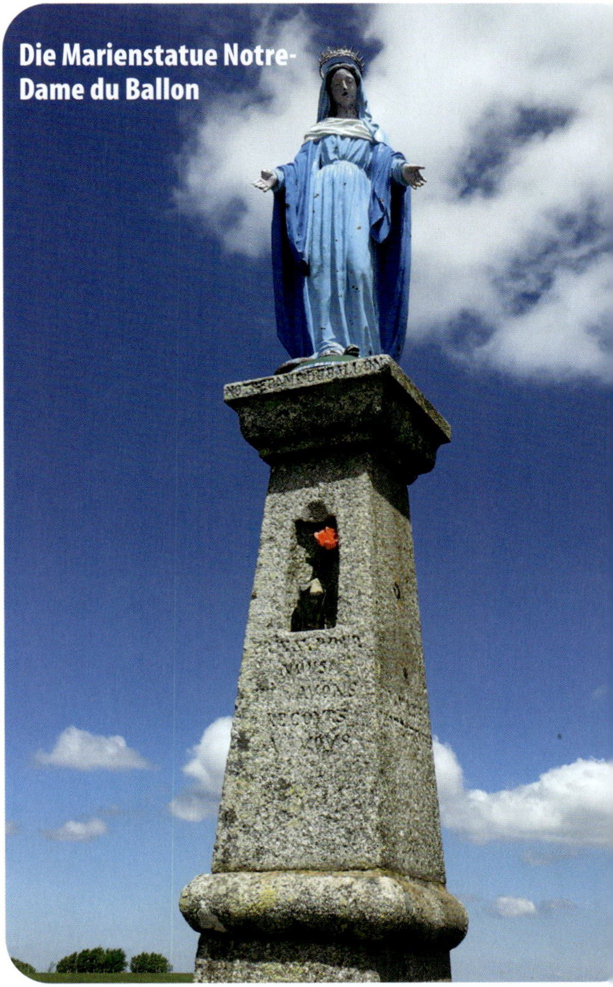

Die Marienstatue Notre-Dame du Ballon

Der Abstieg und der Weg durch den Wald dauern knapp eine halbe Stunde. Dann gelangen wir an eine Weggabelung. Wir folgen dem linken Pfad (rotes Rechteck) und erreichen nach 100 Metern den **Rundkopf ⑨.** Von hier aus bietet sich eine wunderbare Aussicht auf den **Ballon d'Alsace.** Zwei Sitzbänke und ein Tisch laden zu einer verdienten Verschnaufpause ein.

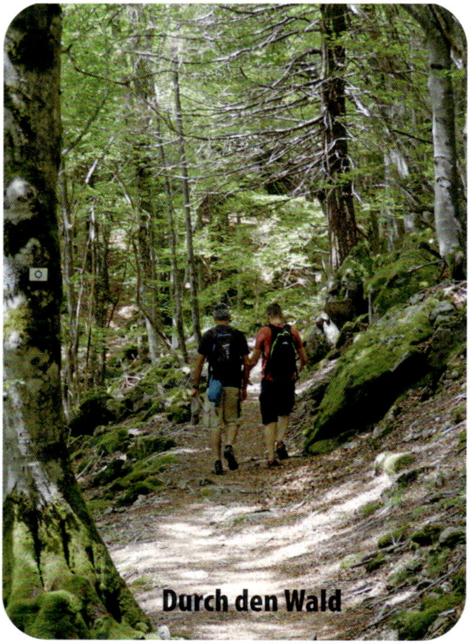

Durch den Wald

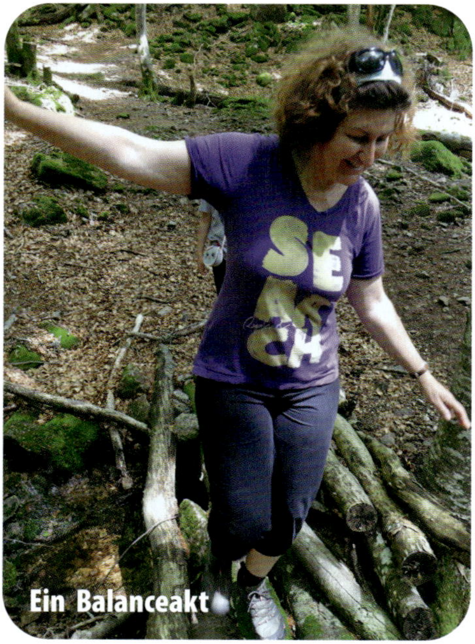

Ein Balanceakt

Im Anschluss steigen wir wieder zur Kreuzung hinab und nehmen dieses Mal den Weg in Richtung Lac d'Alfeld **(blauer Kreis).** 250 Meter später stehen wir an der nächsten Weggabelung. Hier biegen wir nach rechts ab. Der Weg verläuft auf und ab, führt vorbei an riesigen Bäumen, moosbewachsenen Felsen und kleineren Wasserfällen. Während der Wanderung durch die vielfältige Landschaft gewährt uns der Wald gelegentlich Ausblicke auf die benachbarten Gipfel und das Tal. An einer behelfsmäßigen Brücke balancieren wir über einen kleinen Bach. Natürlich könnten wir auch einfach mit einem großen Satz darüberspringen. Aber so macht es einfach mehr Spaß.

Zum Schluss wird es noch einmal sportlich. Doch nach dem Anstieg ist es geschafft. Die Skipiste und kurz darauf die Auberge sind erreicht. Erschöpft und zufrieden nehmen wir Platz. Auf unsere Frage nach einem Flammkuchen antwortet die Bedienung lächelnd „Das bekommen Sie da drüben" und deutet mit dem Kopf ins wenige Meter entfernte Elsass. Etwas Elsässisches bekommen wir dann aber doch. Der Vogesensalat (Salade Vosgienne) enthält neben grünem Salat, Kartoffeln, einem Ei und Bacon auch Munster-Käse. Dazu ein kühles blondes Bier aus dem nahe gelegenen Sochaux.

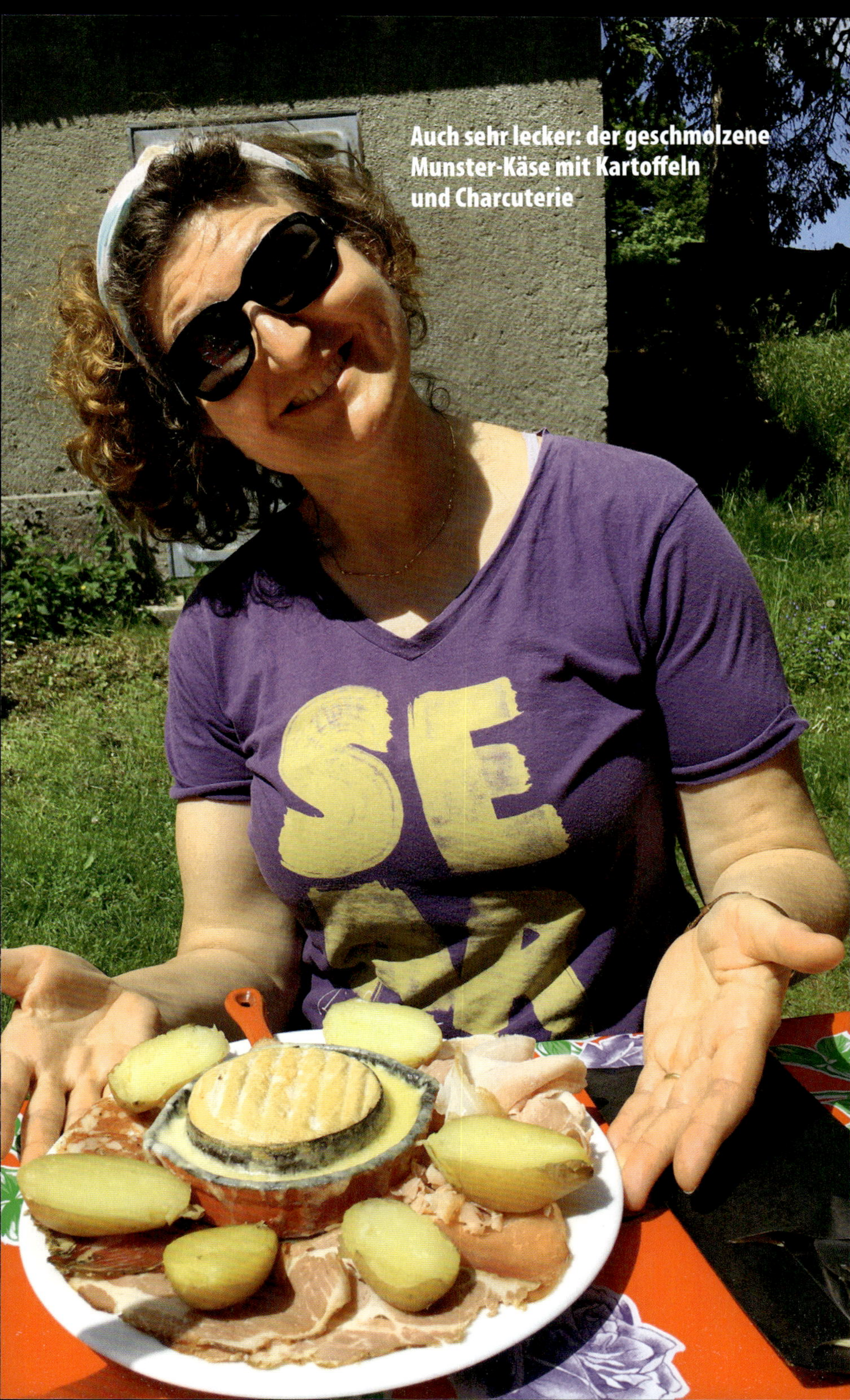

Auch sehr lecker: der geschmolzene Munster-Käse mit Kartoffeln und Charcuterie

Panoramatour 5

*An sonnigen Wochenenden sind auf der **Route du Ballon d'Alsace** viele Motorräder und Sportwagen unterwegs. Da die Gasthöfe sich direkt an der Straße befinden, ist dann mit einer höheren Lautstärke zu rechnen.*

Auch die anderen Bestellungen sehen nicht nur appetitlich aus, sondern schmecken ebenfalls hervorragend. Unser Blick schweift durch den Garten der Auberge. Deko, Liegestühle, Sitzbänke, das gesamte Ambiente wirkt authentisch, wie bei guten Freunden. Prima, wenn man tatsächlich mit Freunden unterwegs ist und diese Zeit gemeinsam genießen kann. Bei nassem oder kaltem Wetter auch drinnen. Dann können Gäste es sich vor dem Kaminfeuer gemütlich machen und sich mit einem heißen Getränk aufwärmen. Nachdem wir uns gestärkt haben, steht zum Schluss die Wahl des Desserts an. Wir entscheiden uns für einen leckeren Heidelbeerkuchen und verabschieden uns anschließend von der freundlichen Bedienung.

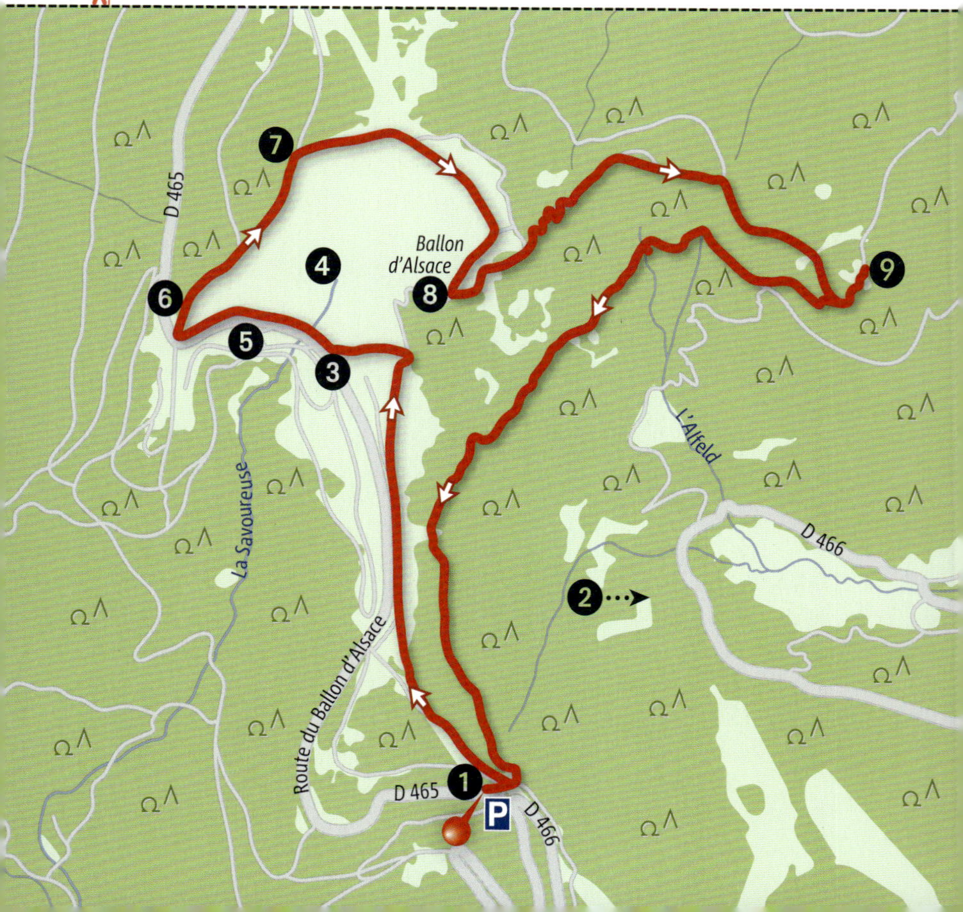

Alles auf einen Blick

WIE & WANN:
Überwiegend leicht begehbare Wege. Beim Abstieg vom Ballon d'Alsace in den Wald teilweise gute Trittsicherheit erforderlich. Beste Wanderzeit: Frühling bis Herbst.

Entspannung ✱✱✱✱✱
Genuss ✱✱✱✱✱
Romantik ✱✱✱✱✱

HIN & WEG:
Auto: Parkplatz neben der Auberge La Chaumière, Route du Ballon d'Alsace, 90200 Lepuix (GPS: 47.81028, 6.84555)
ÖPNV: keine direkte Anbindung

ESSEN & ENTSPANNEN:
Auberge La Chaumière ❶ Route du Ballon d'Alsace, 90200 Lepuix, Tel. +33 (3) 84 29 31 66, www.auberge-lachaumiere.com
Auberge du Ballon d'Alsace ❸ Route du Ballon d'Alsace, 90200 Lepuix, Tel. +33 (3) 84 23 97 21
Hôtel Restaurant du Sommet ❺ Route du Ballon d'Alsace, 90200 Lepuix, Tel. +33 (3) 84 29 30 60, www.hotelrestaurantdusommet.com
Bar des Démineurs ❻ 55 Rue du Ballon d'Alsace, 88560 Saint-Maurice-sur-Moselle, Tel. +33 (3) 29 25 12 26

ENTDECKEN & ERLEBEN:
Ausblick auf die Seen Lac d'Alfeld und Lac de Sewen ❷
Quelle der Savoureuse ❹
Statue von Jeanne d'Arc ❼
Notre-Dame du Ballon ❽
Rundkopf ❾

Auf dem Grand Ballon

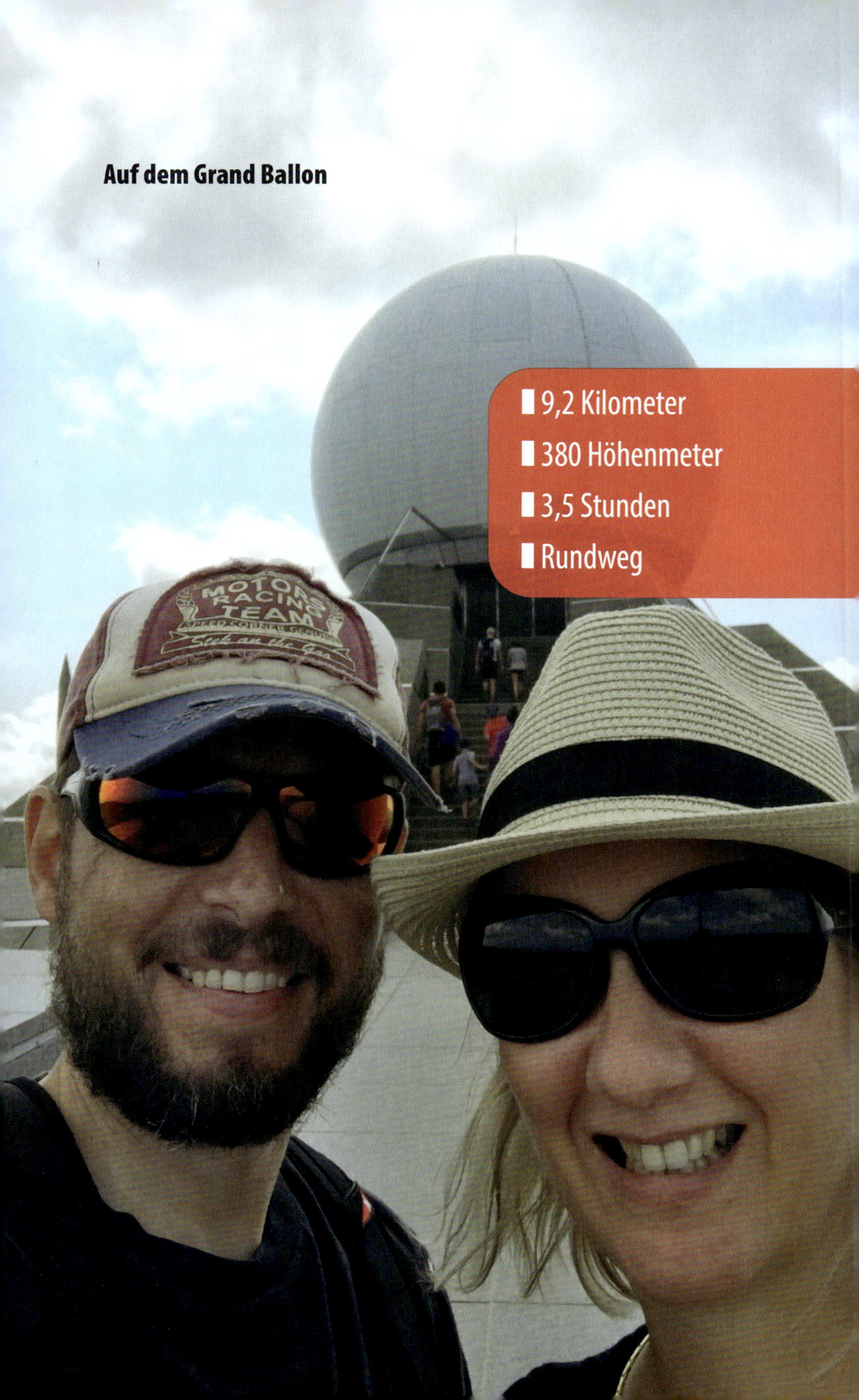

- 9,2 Kilometer
- 380 Höhenmeter
- 3,5 Stunden
- Rundweg

Bereits auf dem Parkplatz der **Auberge du Grand Ballon** ❶ haben wir eine wunderschöne Aussicht auf die oberrheinische Tiefebene und den Schwarzwald. Die Versuchung, sich kurzerhand in der Auberge an einen Tisch zu setzen, währt aber nur kurz. Wir möchten schließlich noch mehr sehen. Gut gelaunt schnü-

Ganz oben

Der Grand Ballon

ren wir die Wanderschuhe und nehmen den rechten der beiden Wege. Nun geht es aufwärts. Wir blicken zur Seite. Auf dem Hof der Auberge laufen Hühner, Truthähne, Ziegen und ein Hund umher. Ein Traktor fährt auf den Hof. Kühe liegen auf einer Wiese. Und dahinter eine scheinbar unendliche Weite. Immer wieder drehen wir uns zur Seite und genießen die atmosphärische Szene.

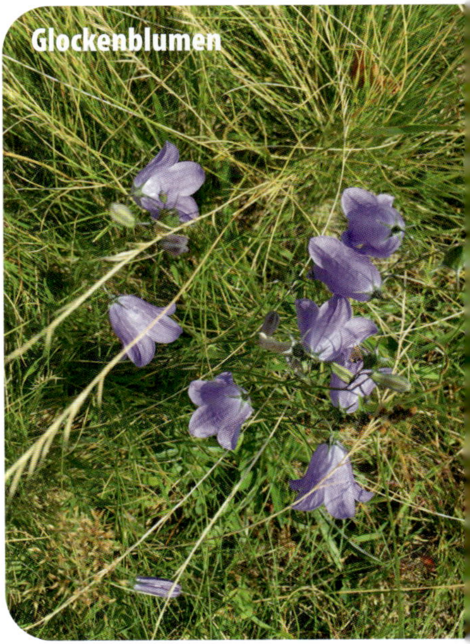
Glockenblumen

Nach der ersten Kurve blicken wir jedoch fasziniert nach vorne. Weit hinten sehen wir eine weiße Kugel. Es ist die Radarstation auf dem **Grand Ballon** (Großer Belchen). Dort wollen wir hin. Je weiter wir vorankommen, desto mehr Bäume säumen unseren Weg. Der Blick geht nun weniger in die Ferne als vielmehr direkt nach links und rechts neben uns. Immer wieder passieren wir bunte Blumenwiesen, auf denen Schmetterlinge feengleich umherfliegen. Glockenblume, Schafgarbe, Habichtskraut und Margerite wetteifern um die

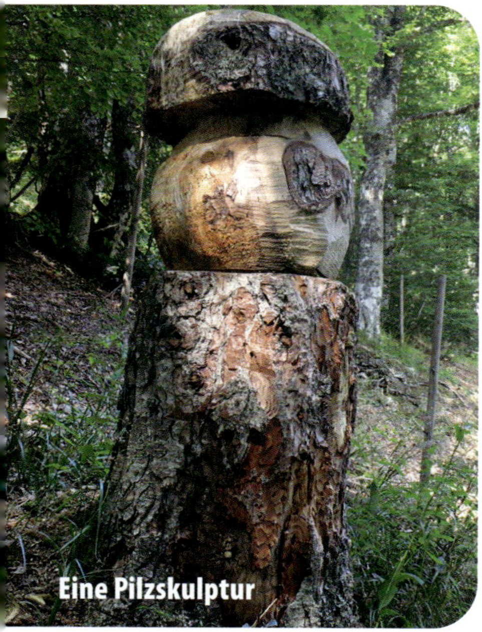

Gunst des Betrachters. Dann betreten wir einen Waldabschnitt. Dort entdecken wir einen bemerkenswerten Baumstumpf. Ein Künstler hat daraus einen Pilz geschnitzt. Am Wegesrand blüht der ebenso wunderschöne wie hochgiftige Fingerhut.

Nach rund 1,5 Kilometern erreichen wir eine Kreuzung. Hier gehen wir weiter geradeaus und achten dabei auf das Schild **(Roedelen, rote Raute).** Äste und Steine knirschen unter unseren Wanderschuhen. Über uns spenden die Blätter von Rotbuchen wohltuenden Schatten. Schließlich geht es ein kleines Stück bergabwärts. Dann gelangen wir erneut an eine Kreuzung. Links führt der Weg direkt hoch in Richtung **Grand Ballon.** Wir machen jedoch einen kleinen Umweg und gehen geradeaus **(Roedelen, rot-weißes Rechteck).** Rund 200 Meter später verlassen wir den Wald und erblicken in der Ferne die **Ferme du Roedelen ❷.** Dahinter erstrecken sich die Vogesengipfel mit ihren Wäldern und Wiesen. Dazwischen entdecken wir vereinzelt Häuser. Ein Postkartenmotiv!

*Bei den Kelten hatte die Astronomie eine große Bedeutung. Das sogenannte **Belchen-System,** bestehend aus Großem Belchen, Kleinem Belchen, Elsässer Belchen, Schwarzwälder Belchen und Schweizer Belchen, diente ihnen vermutlich als Sonnenkalender.*

Rechts von uns sehen wir erneut die oberrheinische Tiefebene und den Schwarzwald. An der **Ferme du Roedelen** scheint die Zeit stehen geblieben zu sein. Der ehemalige Berggasthof ist schon lange nicht mehr in Betrieb. Die Fensterläden baumeln schief herunter. Neben dem Gebäude hat ein Citroën 2CV, besser bekannt als Ente, seinen letzten Parkplatz gefunden. Hinter dem Haus grasen Kühe auf einer Weide und trinken aus einer grünen Wanne. Wir kosten noch einige Minuten das schöne Panorama aus und nehmen dann den Weg links neben der Ferme du Roedelen **(Grand Ballon, rot-weißes Rechteck).**

Nun geht es über einen weichen Wiesenboden vorbei an unzähligen Heidelbeersträuchern steil nach oben. Gemächlich setzen wir einen Fuß vor den anderen, halten immer wieder mal kurz inne und blicken zurück zu den Kühen, der Ferme und den wunderschönen Vogesengipfeln. Nach rund 10 Minuten errei-

Für die Seele

Auf dem höchsten Punkt der Vogesen lassen wir die Seele baumeln und genießen das herrliche Panorama.

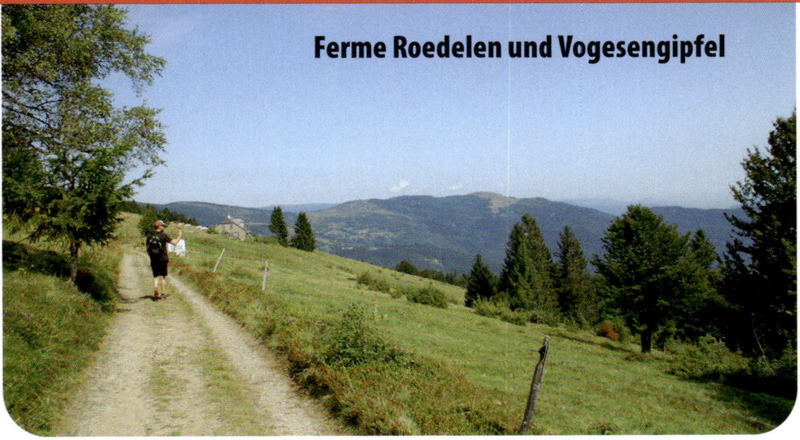

Ferme Roedelen und Vogesengipfel

chen wir den **Roedelen** ③ auf 1254 Metern Höhe. Hier könnte man weiter nach oben direkt in Richtung **Grand Ballon** aufsteigen. Wir nehmen allerdings den Weg rechts zur **Col du Haag,** gehen an der Zufluchtshütte des Ski-Clubs Guebwiller vorbei und erreichen einen Waldabschnitt. Nach dem schweißtreibenden Aufstieg vorhin bieten uns erneut Rotbuchen erfrischenden Schatten. Wir schlendern in aller Ruhe über den Waldweg und erblicken nach rund 1,2 Kilometern die **Ferme du Haag** ④**.** Der Berggasthof liegt direkt an der

Panoramatour 6

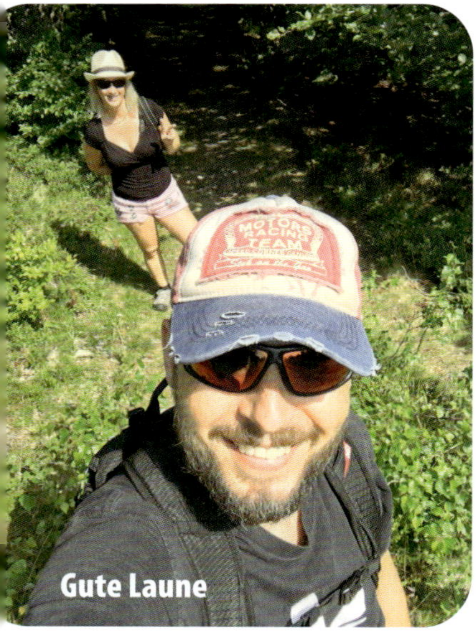

Gute Laune

Route des Crêtes. Dementsprechend ist er an sonnigen Wochenendtagen gut besucht. Zahlreiche Menschen sitzen an den Tischen und stärken sich mit lokalen kulinarischen Leckerbissen. Wer davon etwas mit nach Hause nehmen möchte, kann im Berggasthof selbst gemachte Produkte kaufen. Von der Ferme du Haag aus blicken wir nun nach Westen auf die Vogesen. Wir genießen einen Moment die Aussicht. Unsere Aufmerksamkeit gilt jetzt aber vor allem der weißen Kugel im Süden. Sie ist nun schon bedeutend größer als am Anfang. Der **Grand Ballon** ist nicht mehr weit entfernt. Rund 1,4 Kilometer Wanderweg trennen uns noch vom Etappenziel.

Wir werfen einen Blick auf die Hinweisschilder **(Grand Ballon, rotes Rechteck)** und steigen den Weg hinauf. Während wir den Wiesenpfad nach oben gehen, blicken wir immer wieder nach rechts auf die Vogesen und nach hinten zur Ferme du Haag. Hinter der Ferme grasen schwarz-weiße Kühe. Das Bimmeln ihrer Glocken hören wir bis hier herüber. Die Schatten der Wolken ziehen über die Wiese. Um uns herum wiegen sich die Wiesengräser im Wind. Augen zu, tief durchatmen, Energie tanken! Weiter geht's.

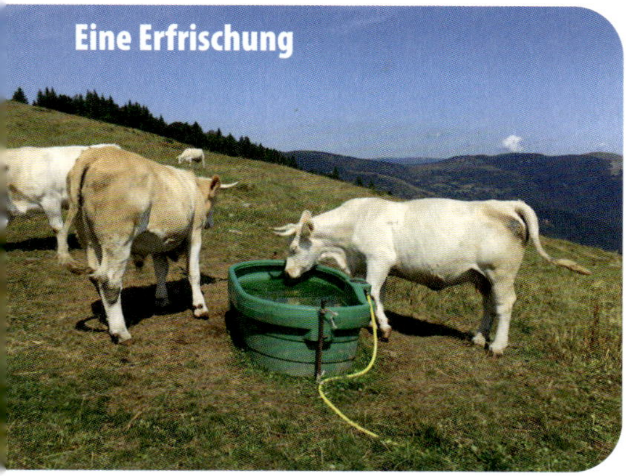

Eine Erfrischung

Nach rund 350 Metern gelangen wir in einen kurzen Waldabschnitt mit einem schmalen, steinigen Pfad. Kurz darauf geben die Bäume den Blick wieder auf den Grand Ballon frei. Die Umgebung wird nun zunehmend felsiger. Sowohl um uns herum als auch auf dem Weg. Blumen unterschiedlicher Couleur blühen am Wegesrand.

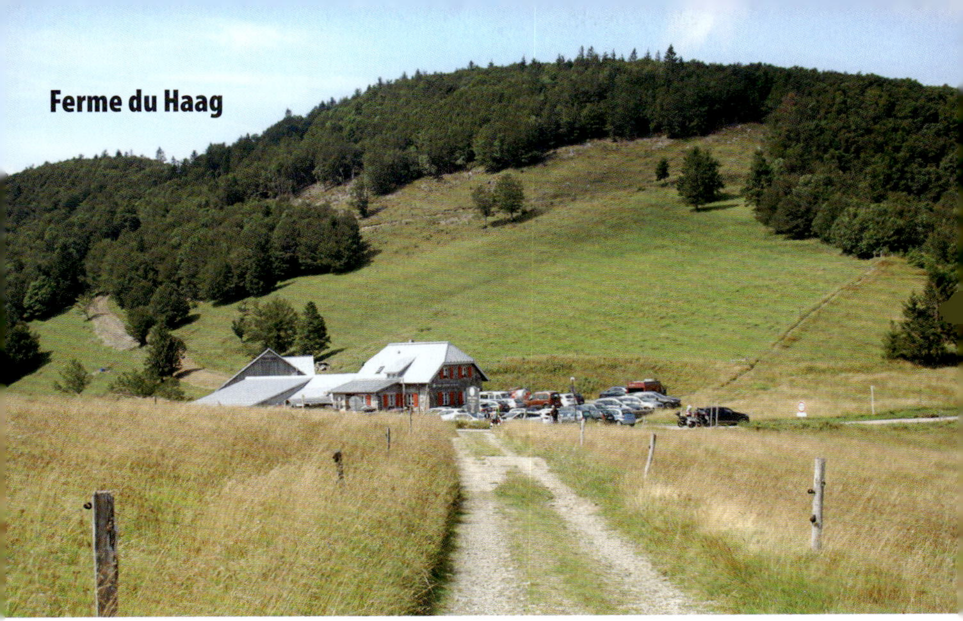

Schmetterlinge schweben umher. Wir halten immer mal wieder inne, lassen entgegenkommende Wanderer passieren, blicken zur Seite auf die Vogesengipfel und die Täler dazwischen. Unterhalb von uns schlängelt sich die Straße durch die Berge. Die Autos und Radfahrer wirken beinahe wie Spielzeuge. Die weiße Kugel auf dem Grand Ballon scheint hingegen nun zum Greifen nah. Kurz davor gelangen wir an eine Weggabelung. Keine Frage, wir wollen weiter nach oben (Grand Ballon, rotes Rechteck).

Nach einer Linkskurve und einem nochmaligen kurzen Anstieg stehen wir vor dem zu Ehren eines französischen Gebirgsjägerbataillons errichteten **Monument.** Vom kriegerischen Charakter des Denkmals färbt allerdings nichts auf das Ambiente ab. Im Gegenteil, Frieden und Ruhe dominieren diesen Ort. Wir machen es anderen Wanderern gleich und lassen uns auf der Wiese vor dem Monument nieder. Unser Blick streift über die umgebenen Vogesen. Die Szenerie ist eine Wohltat für die Seele. Deltasegler gleiten in luftiger Höhe über uns hinweg. Nun haben wir uns eine Stärkung verdient, öffnen den Rucksack und picknicken auf der Wiese. Hinterher lehnen wir uns zurück und schließen für einige Momente die Augen.

Bis zum Gipfel ist es nur noch ein Katzensprung. Wir gehen die restlichen Meter nach oben zur **Radarstation.** Dann stehen wir auf dem Gipfel des höchsten Bergs der Vogesen (1424 Meter Höhe), dem **Grand Ballon ❺.** Ein paar weitere Meter kommen noch hinzu. Wir steigen die Treppe der Radarstation zur Aussichtsplattform hinauf. Hier herrscht zwar fast immer ein eisiger Wind. Dafür hat man jedoch eine wunderbare Rundumsicht auf die Vogesen, die oberrheinische Tiefebene und bei klarem Wetter sogar bis zu den Alpen. Wir verweilen hier einige Minuten und steigen dann die nördliche steinerne Rampe hinunter.

Danach haben wir die Qual der Wahl. Alle drei Wege führen zum nächsten Etappenziel. Über die Kuppe sowie links und rechts herum. Wir nehmen den linken Weg **(Chalet Hotel Club Vosgien, rotes Rechteck).** Nach einigen Metern sehen wir unter uns inmitten des Waldes das türkis-blaue Wasser des **Lac du Ballon.** Neben uns grasen Schafe auf einer Wiese. Wir schauen uns die herrliche Szene einen Moment an und steigen dann durch ein kurzes Waldstück hinunter. Dann erreichen wir den **Col du Grand Ballon** und die

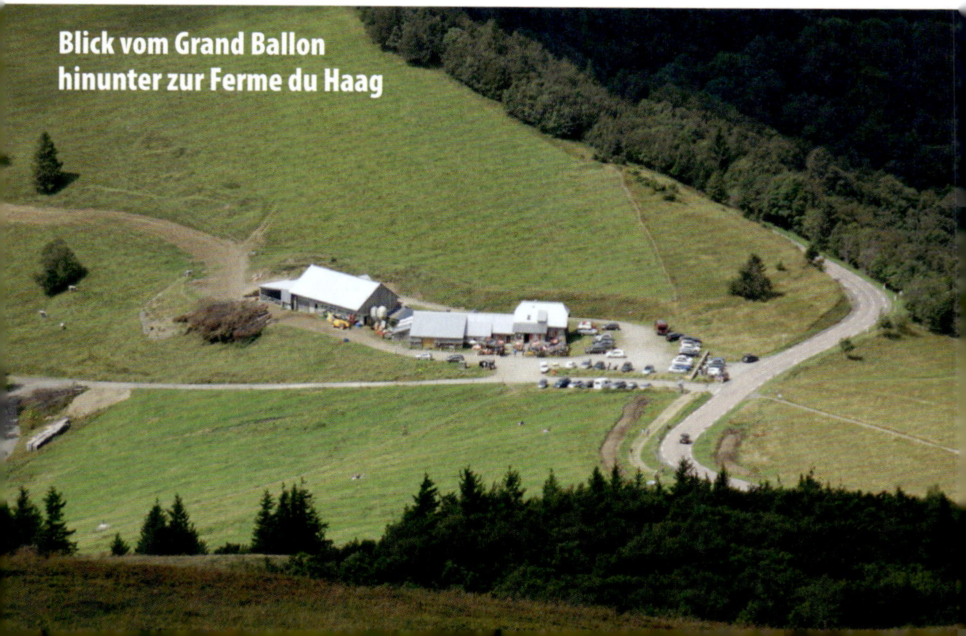

Blick vom Grand Ballon hinunter zur Ferme du Haag

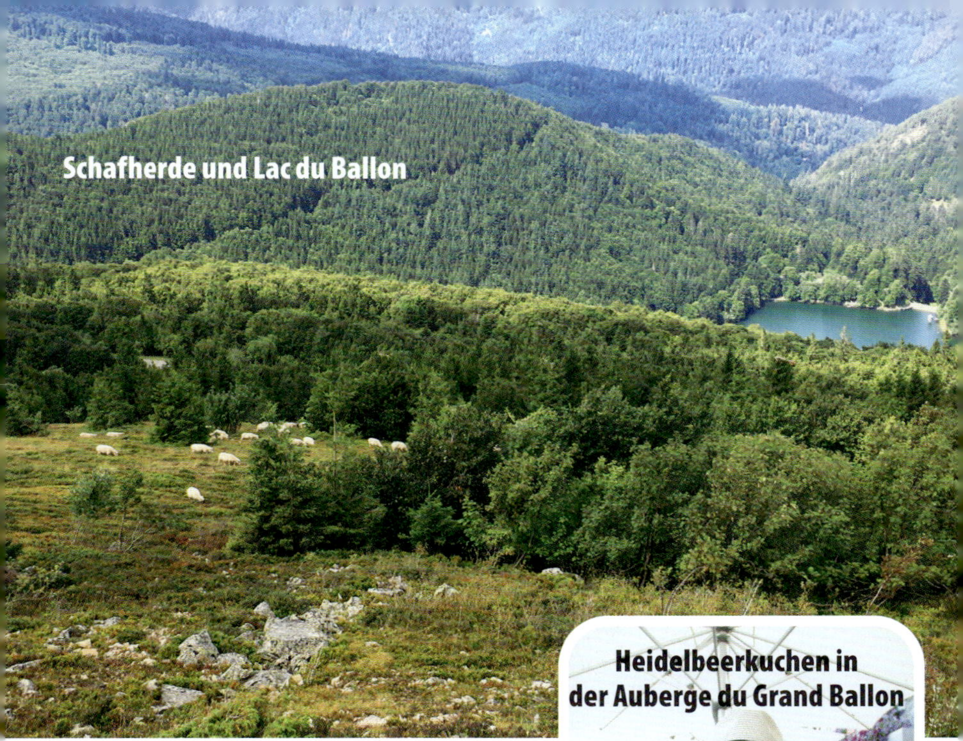

Schafherde und Lac du Ballon

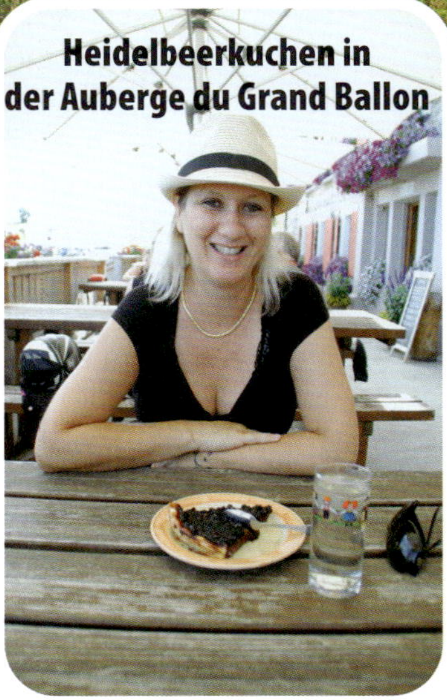

Heidelbeerkuchen in der Auberge du Grand Ballon

Route des Crêtes. Dieser Ort ist bei Wanderern, Vogesentouristen und Motorradfahrern ein beliebter Ruheort.

Drei Restaurants sorgen für das kulinarische Wohl: **Chalet Hôtel du Grand Ballon ❻, La Maison de l'Abeille et du Pain d'Epices ❼** und **La Vue des Alpes ❽.** Das Maison de l'Abeille bietet neben Snacks vor allem selbst gemachte Honigprodukte, Konfitüren, Sirups und Lebkuchen. Wir gönnen uns eine Kugel Eis und überqueren die Route des Crêtes. Rechts neben dem Restaurant La Vue des Alpes führt unser Weg nach unten **(rot-weißes Rechteck).**

Nach wenigen Metern befinden wir uns in einem Wald und wandeln über einen schmalen Pfad inmitten von eng beieinanderstehenden Bäumen. Kurz darauf erreichen wir eine Weggabelung. Wir gehen weiter geradeaus **(Ferme du Grand Ballon),** an der verlassenen Hütte vorbei und erreichen eine Wiese. Dort grast in aller Ruhe eine Ziegenherde. Wir beobachten beim

Vorbeigehen das Treiben der Hornträger und wechseln abermals in einen Waldabschnitt, gehen erneut über eine Wiese und biegen nach einem kurzen, steilen Anstieg links ab. Tipp: Falls der Elektrozaun den Weg versperrt, kann man ihn mithilfe des orangefarbenen Plastikgriffs öffnen.

Wir schlendern erneut über eine grüne Wiese und blicken links von uns auf die oberrheinische Tiefebene. Schließlich entdecken wir in der Ferne die **Ferme du Grand Ballon.** Wir steigen die letzten Meter zum Gasthof hinab. Geschafft. Mit vielen tollen Eindrücken im Gepäck lassen wir uns auf einer der Sitzbänke nieder und genießen bei kühlen Getränken und einem Stück Heidelbeerkuchen das Panorama.

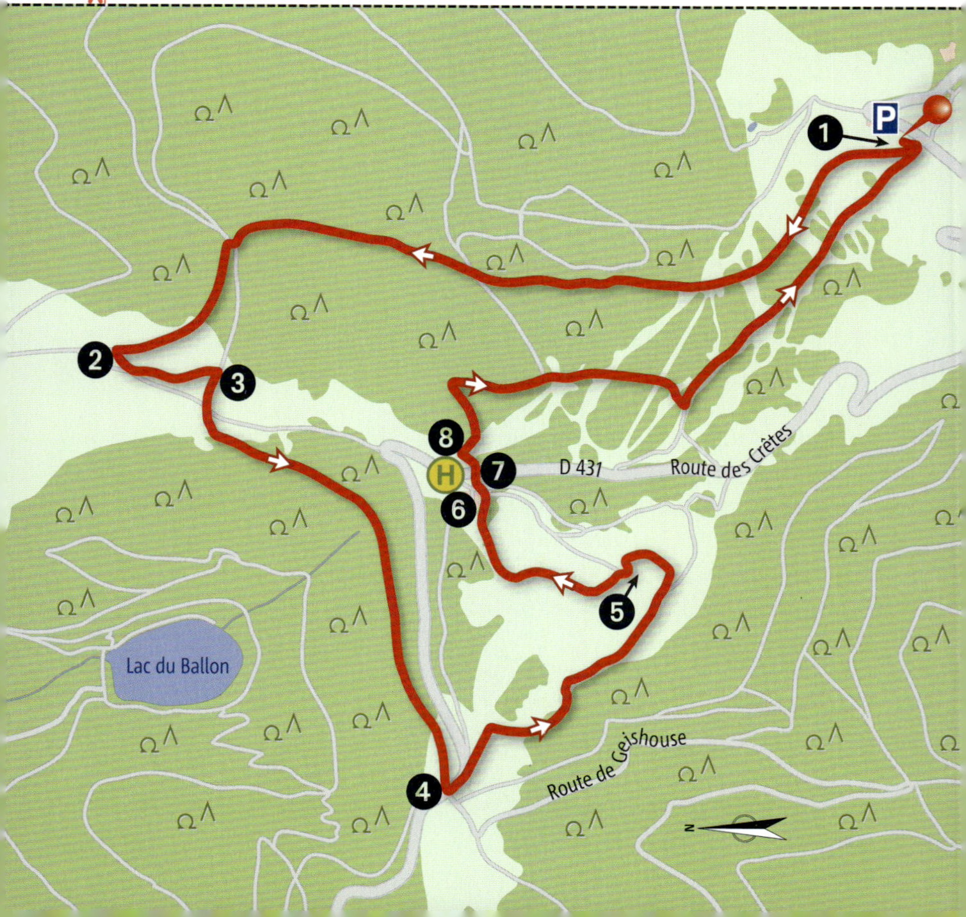

Alles auf einen Blick

WIE & WANN:
Überwiegend Wald- und Wiesenwege, auf dem Grand Ballon felsige Pfade.
Beste Wanderzeit: Frühling bis Herbst. Im Sommer besuchen viele Menschen den Grand Ballon und die Gaststätten in der unmittelbaren Umgebung.

Entspannung ✱✱✱✱✱
Genuss ✱✱✱✱✱
Romantik ✱✱✱✱✱

HIN & WEG:
Auto: Parkplatz neben der Auberge du Grand Ballon, Route des Crêtes, 68760 Willer-sur-Thur (GPS: 47.89252, 7.11639)
ÖPNV: Bus 4 Navette des Crêtes ab Cernay Gare, Haltestelle Grand Ballon

ESSEN & ENTSPANNEN:
Auberge du Grand Ballon ❶ Route des Crêtes, 68760 Willer-sur-Thur, Tel. +33 (3) 89 76 95 79, www.ferme-auberge-grand-ballon.fr
Ferme du Haag ❹ Route des Crêtes, 68690 Geishouse, Tel. +33 (3) 89 48 95 85
Châlet Hotel du Grand Ballon ❻ Chemin du Grand Ballon, 68760 Willer-sur-Thur, Tel. +33 (3) 89 48 77 99, www.chalethotel-grandballon.com
La Maison de l'Abeille et du Pain d'Epices ❼ Grand Ballon, 68760 Willer-sur-Thur, Tel. +33 (3) 89 62 94 59
La Vue des Alpes ❽ Grand Ballon, 68760 Willer-sur-Thur, Tel. +33 (3) 89 76 14 40

ENTDECKEN & ERLEBEN:
Ferme du Roedelen ❷
Roedelen ❸
Grand Ballon ❺

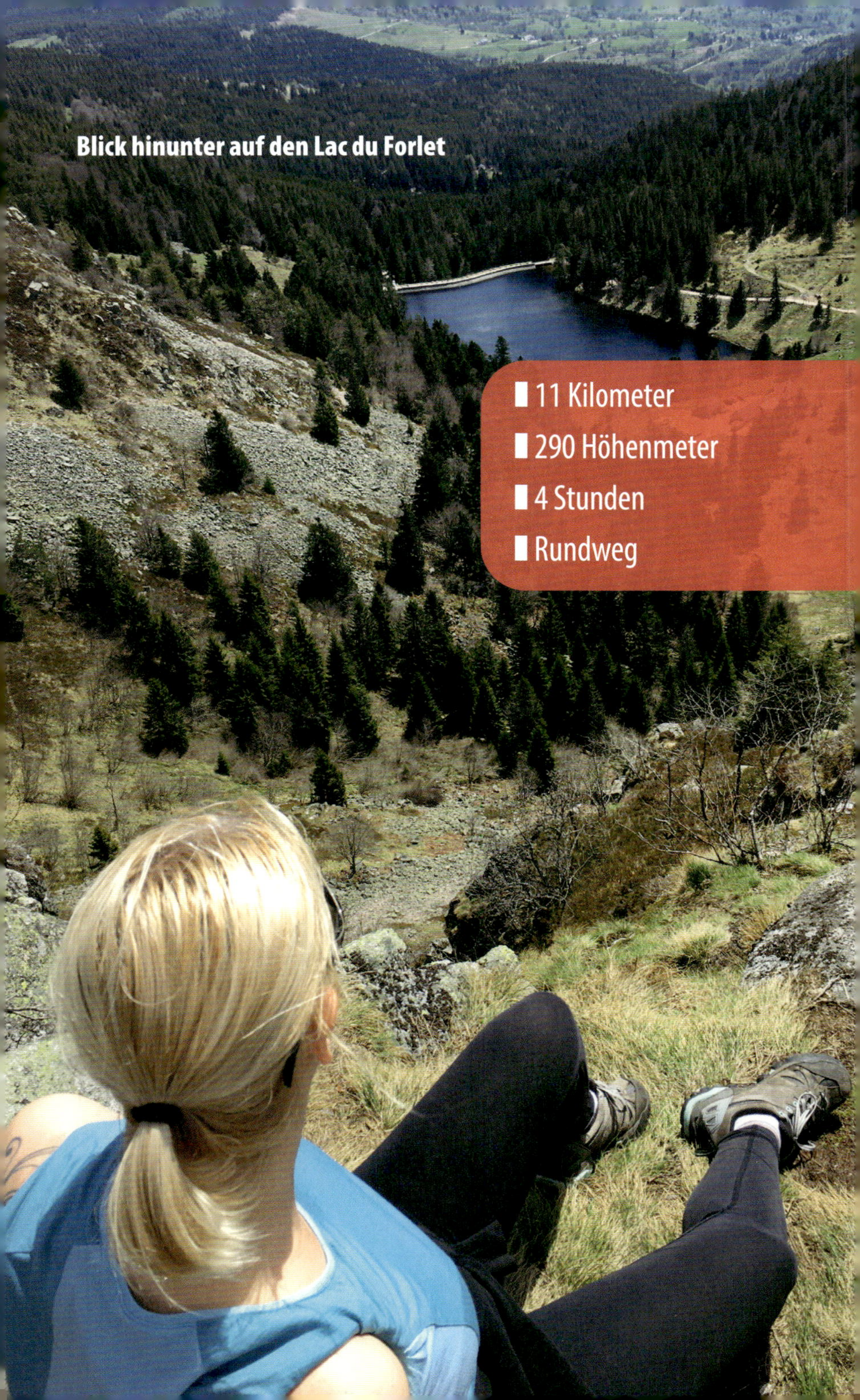
Blick hinunter auf den Lac du Forlet
11 Kilometer
290 Höhenmeter
4 Stunden
Rundweg

Unsere Wanderung beginnt auf dem Parkplatz **Col du Calvaire.** Zunächst gehen wir rund 200 Meter in Richtung Osten und biegen nach dem **Restaurant des Crêtes** ❶ (grünes Gebäude) rechts ab.

Nun beginnt der Aufstieg. In gemächlichem Tempo wandern wir über die grünen, teppichartigen Wie-

Über den Seen

Vom Lac Blanc zum Gazon du Faing

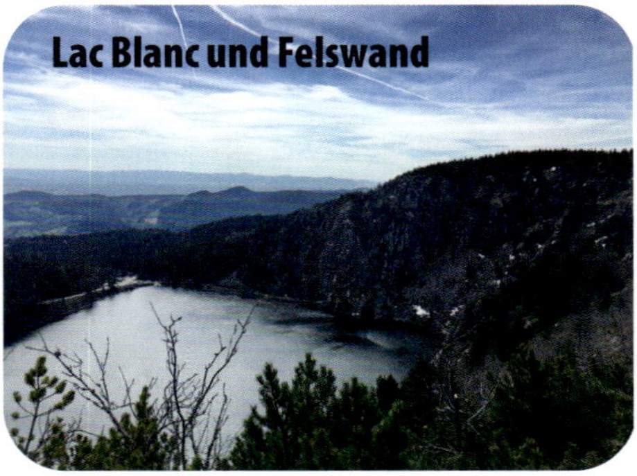
Lac Blanc und Felswand

sen. Im Winter sausen hier Skifahrer über die schneebedeckten Pisten. Wir gehen an den riesigen Toren der Schlepplifte und an hohen Nadelbäumen vorbei. Dabei erhaschen wir einen ersten Panoramablick auf die umliegenden **Vogesengipfel** und den dahinterliegenden **Schwarzwald.** Nach einigen Hundert Metern windet sich die Skipiste nach rechts. Wir folgen und achten darauf, dass wir auf der linken Seite der Wiese bleiben. Am Ende der Skipiste biegen wir links in den Wald ab. Der weitere Aufstieg führt über Waldboden, kleinere Felsen und Baumwurzeln. Dann erblicken wir den **Lac Blanc** ❷ und genießen die Aussicht. Aber nur kurz. Denn später wird es auf der Strecke einen noch schöneren Aussichtspunkt geben.

An der folgenden Weggabelung biegen wir nach links in den **Panoramaweg (Source du Lac Blanc par sentier panoramique, roter Kreis)** ab. Ungefähr auf der Hälfte des Panoramawegs erreichen wir eine Sitzbank. Der ideale Moment für eine kurze Verschnaufpause! Wir

!

Gegenüber vom Restaurant des Crêtes befindet sich die Sommer- und Winterrodelbahn ***Tricky Track.*** *Ein herrlicher Spaß. Weitere Infos: www.tricky-track.com*

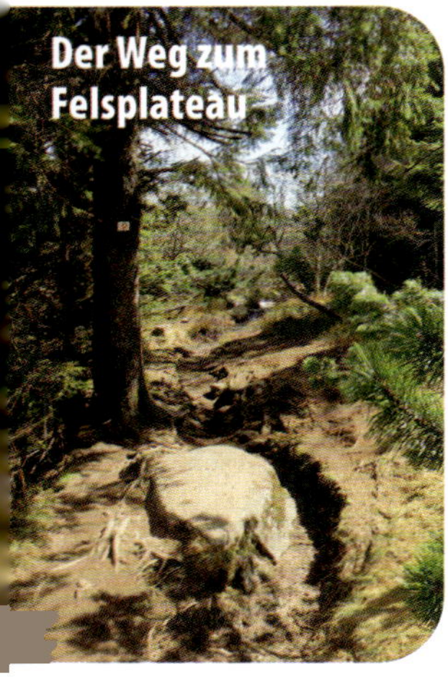

Der Weg zum Felsplateau

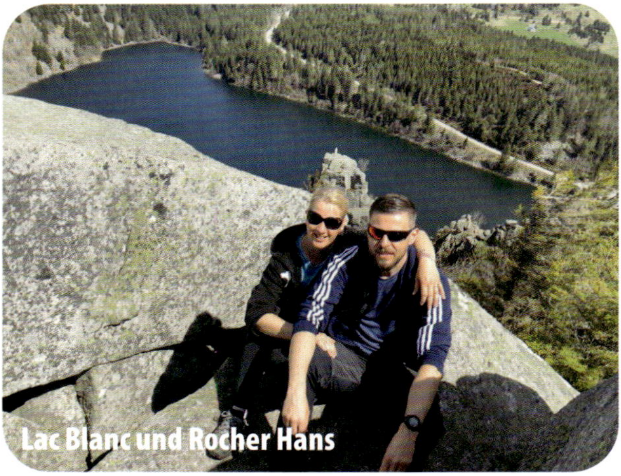

Lac Blanc und Rocher Hans

lehnen uns zurück und erfreuen uns am herrlichen Anblick. Beharrlich treibt der Wind das Wasser über die Oberfläche des Sees und erschafft kontinuierlich neue Kunstwerke. In der Ferne sehen wir die oberrheinische Tiefebene, den Schwarzwald und darüber den wunderschönen blauen Himmel mit seinen traumhaften Wolkenfiguren. Rechts erblicken wir unser nächstes Ziel: eine beeindruckende Felswand.

Der weitere Panoramaweg führt uns an herrlich duftenden Kiefern vorbei. Danach biegen wir am südlichen Ende des Lac Blanc links ab **(Digue du Lac Blanc par Rocher Hans, roter Kreis).** Nun geht es abwärts. Je nach Jahreszeit und Wetter muss man sich den Pfad mit ablaufendem Wasser teilen. Die Menge reicht von Rinnsalen bis zu kleinen Bächen. Es gibt aber im Allgemeinen genügend Platz und Ausweichmöglichkeiten, um trockenen Fußes das **Felsplateau** zu erreichen. Dort hat die Natur in sehr kreativer Weise einige enorme Felsbrocken übereinandergewürfelt. Wer es sich zutraut, klettert auf die Felsen und genießt einen spektakulären Ausblick auf den Lac Blanc und auf den markanten, direkt unterhalb liegenden Felsen **Rocher Hans ❸,** auf dem eine weiße Marienstatue thront.

Nach unserer sportlichen Betätigung folgen wir dem Pfad nach links **(Observ. Belmot, gelbes Dreieck).** Der Weg führt an großen moosbewachsenen Felsformationen vorbei. Über uns haben die Äste der riesigen, dicht nebeneinanderstehenden Bäume ein Dach gebildet. Jedoch eines mit Löchern, durch das verein-

Für die Seele

Über den Wolken muss die Freiheit wohl grenzenlos sein. Aber auch oberhalb der Seen Lac Blanc, Lac Noir und Lac du Forlet stellt sich ein wunderbares Freiheitsgefühl ein.

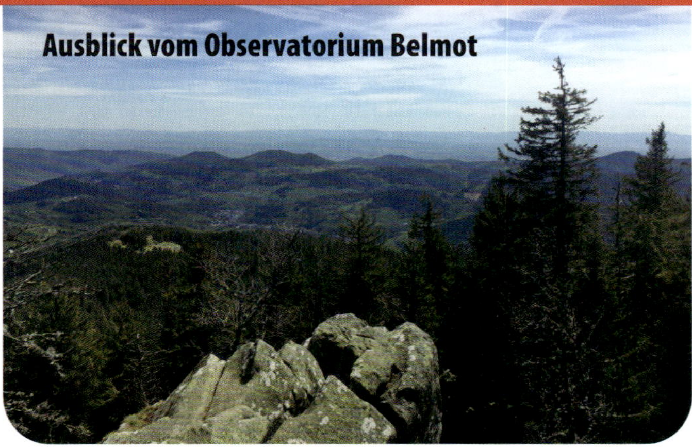

Ausblick vom Observatorium Belmot

zelt Sonnenstrahlen scheinen. Auf dem Waldboden und den Felsen entsteht so ein faszinierendes Spiel aus Licht und Schatten. Nach einigen Minuten erreichen wir das **Observatorium Belmot ❹.** Ein Teleskop sucht man hier vergeblich. Es handelt sich um einen Aussichtsfelsen, der einen tollen Ausblick auf die umliegenden Vogesendörfer bietet.

Im Anschluss folgen wir weiterhin dem gelben Dreieck und wandern bergabwärts in Richtung Lac Noir. Nach 5 Minuten kommen wir an eine Weggabe-

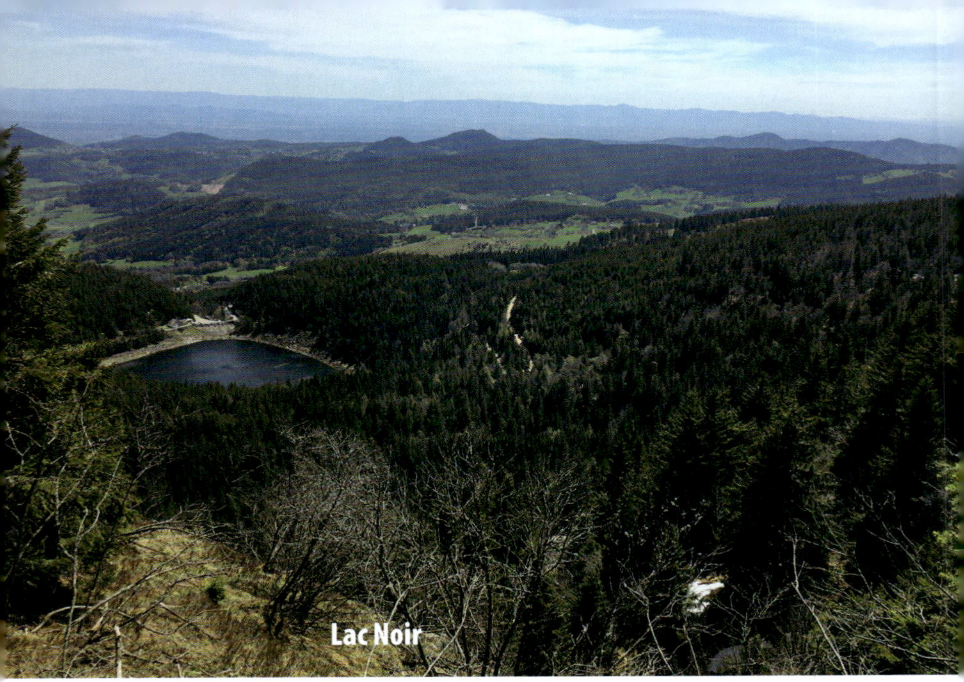

lung, an der wir rechts abbiegen **(Source Lac Noir, blauer Kreis).** Lockeren Schrittes schlendern wir über einen breiten Waldweg und halten unsere Augen offen, um nicht in rund 300 Metern Entfernung die Abbiegung zu verpassen. Ein kleiner Pfahl mit einem weißen Pfeil und einem blauen Punkt deutet nach rechts oben.

Wir folgen und wandern bergaufwärts. Links von uns liegt der **Lac Noir ❺.** Allerdings zeigt der See sich zunächst von seiner schüchternen Seite und versteckt sich hinter den Bäumen. Nur gelegentlich gewähren uns die hölzernen Riesen einen Blick auf den Lac Noir. Westlich des Sees lichten sich ihre Reihen schließlich. Hier haben wir eine wundervolle Sicht auf den See, die umliegenden Wälder und Gipfel. Kurz darauf stolpern wir nahezu in die **Source du Lac Noir ❻.** Die Wasserquelle liegt direkt auf dem Weg. Unaufhörlich plätschert das Wasser bergabwärts und bahnt sich seinen Weg hinab zum See. Die Source du Lac Noir ist ein idyllischer Ort: eine Holztränke, kristallklares Wasser, grüne Kiefern und kleine Felsen, die sich als Sitzgelegenheiten anbieten. Dieser Flecken lädt zum Verweilen ein.

Nach unserer Rast setzen wir den Weg fort und kommen einige Minuten später an die nächste Weggabelung, an der wir links abbiegen **(Lac Noir, blaues Kreuz).** Nach rund 5 Minuten folgt erneut eine Entscheidungsmöglichkeit. Wir biegen hier nach rechts ab **(Lac du Forlet, rotes Dreieck).** Rund 200 Meter führt der Weg bergaufwärts. Dann erreichen wir die Hochebene im **Naturschutzgebiet Tanet-Gazon du Faing** 7 und sind im ersten Moment von der fantastischen Aussicht überwältigt. Vor uns breiten sich riesige Wiesen aus, auf denen Heidekräuter und wilde Blaubeeren wachsen. Nicht nur die Gedanken, auch der Blick ist hier völlig frei – auf die umliegenden Berge und ihre Gipfel. Teilweise sind sie mit Bäumen bewachsen, andere bestehen aus schroffen Felsen.

*Im heutigen **Naturschutzgebiet Tanet-Gazon du Faing** wurde bis 1953 Torf abgebaut.*

Der Weg geradeaus würde uns hinunter zum Lac du Forlet führen. Wir biegen jedoch rechts ab. Dabei wandern unsere Augen immer wieder nach links auf die Berge. Nach rund 200 Metern drehen wir uns um und lassen den Blick schweifen. Was blitzt und blinkt dort tief im Süden? Ob das Sonnenreflexionen auf dem

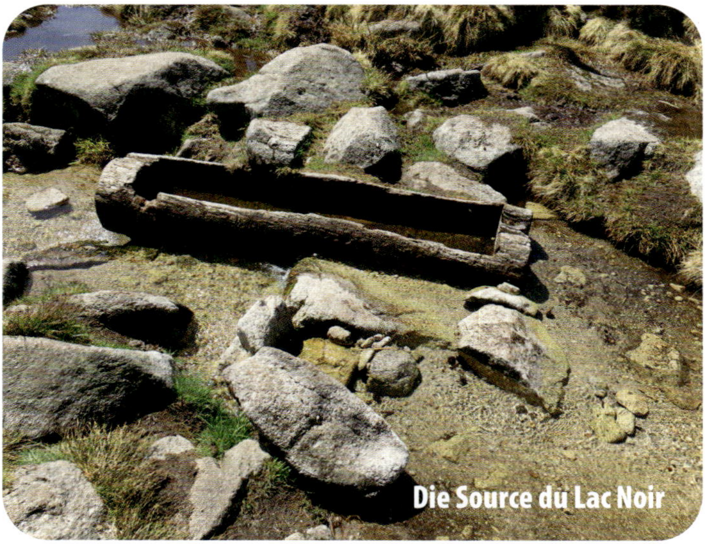

Die Source du Lac Noir

Am **Soultzeren Eck** verläuft die Grenze zwischen dem Elsass und Lothringen beziehungsweise den Départements Haut-Rhin und Vosges.

Roche Tower, dem höchsten Gebäude Basels, sind? Noch weiter dahinter, am äußersten Horizont, kann man sogar mit bloßem Auge die schneebedeckten, majestätisch wirkenden **Alpen** ausmachen.

Unser nächster Wegpunkt ist das **Soultzeren Eck ❽ (rotes Dreieck).** An diesem Punkt treffen sich mehrere Wanderwege. Viele Wanderer nutzen hier die Gelegenheit, eine Auszeit zu nehmen und das Panorama zu genießen.

Unser weiterer Weg führt in Richtung **Taubenklangfelsen ❾** (immer noch rotes Dreieck). Das Felsenplateau bietet einen herrlichen Ausblick auf den **Lac du Forlet ❿.** Wer nicht auf den Felsen herumkraxeln möchte, der kann sich auch rechts daneben auf den weichen, grasbewachsenen Boden setzen. Der Ausblick auf den See ist hier ebenso schön.

Wir setzen im Anschluss die Tour fort und biegen nach rund 400 Metern rechts ab **(Auberge, Route des Crêtes, grüner Kreis).** Der Weg zwischen den Heidewiesen führt nun abwärts. 10 Minuten später erreichen wir die **Auberge Gazon du Faing ⓫** an der Vogesenkammstraße Route des Crêtes. Leckeres Essen, freundliche Bedienung, hier lohnt sich eine Rast.

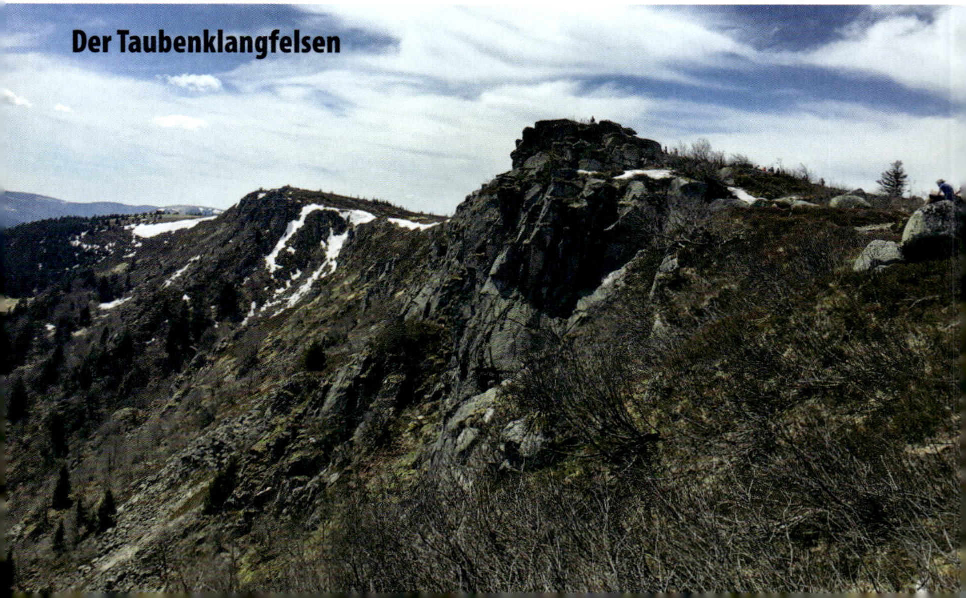
Der Taubenklangfelsen

Mit gut gefülltem Magen geht es nun wieder aufwärts. Allerdings nicht auf dem Weg, auf dem wir gekommen sind. Stattdessen halten wir uns links. Nach rund einem Kilometer gelangen wir an eine Kreuzung. Wir nehmen den Weg nach links **(Col du Calavire, rotes Rechteck)** und wandern weiter durch die Heidelandschaft. Abhängig von der Jahreszeit treffen wir hier auch auf Wiesen mit blühenden Wollgräsern, deren „Wattebäusche" die Landschaft in ein sanftes Weiß tauchen.

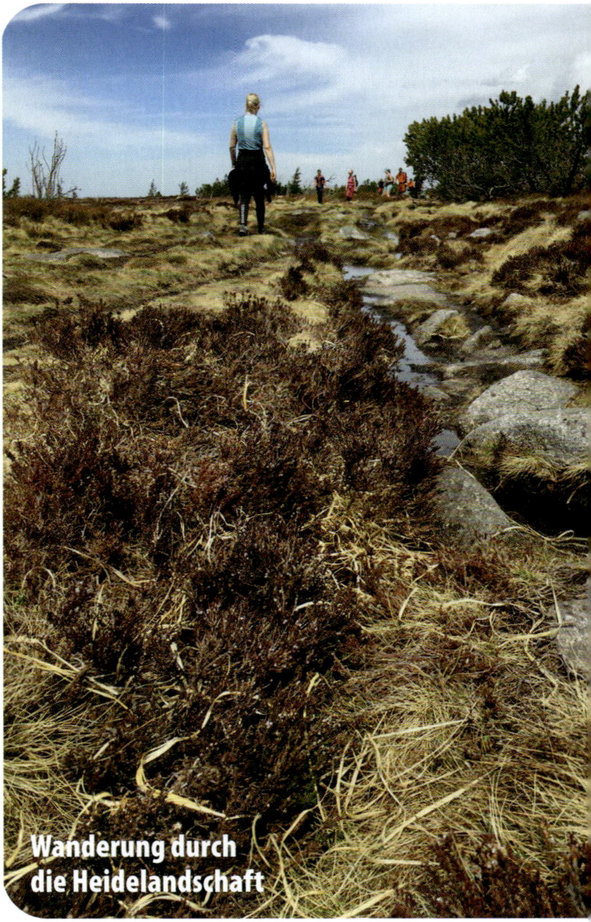
Wanderung durch die Heidelandschaft

Rund 400 Meter nach der letzten Abbiegung erreichen wir auf 1306 Metern den höchsten Punkt unserer heutigen Wanderung. Unsere Tour führt nun längere Zeit immer geradeaus – vorbei an Kiefern und Heidekräutern. Nach rund einem Kilometer gäbe es die Möglichkeit, nach rechts zum Rocher Hans abzubiegen. Wir bleiben jedoch auf unserem Weg (rotes Dreieck). Nach weiteren rund 200 Metern verlassen wir das **Naturschutzgebiet Tanet-Gazon du Faing.** Hier halten wir uns links. Den Weg kann man leicht übersehen, weil hier alles ziemlich zugewachsen ist. Ein **rotes Dreieck** auf einem Baum verrät uns aber, dass wir richtig sind.

*In der **Auberge Gazon du Faing** sind insbesondere der Blaubeer- und der Himbeerkuchen empfehlenswert.*

Panoramatour 7

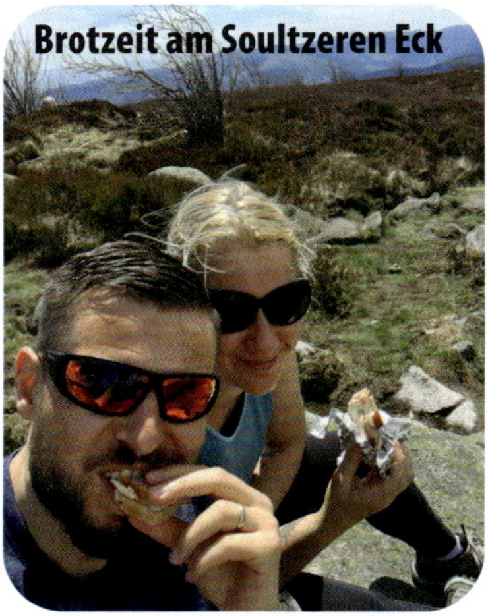

Nun geht es abwärts durch einen Wald. Da viele Wanderer den parallel verlaufenden Panoramaweg nutzen, ist dies der ruhigste Abschnitt der Wanderung. Nach circa einem Kilometer folgen wir dem Weg nach rechts, erreichen wieder die grünen Skipisten und schließlich unseren Startpunkt. Von hier gehen wir in Richtung **Restaurant des Crêtes,** wo sich zum Abschluss die Gelegenheit für ein kühles Getränk bietet.

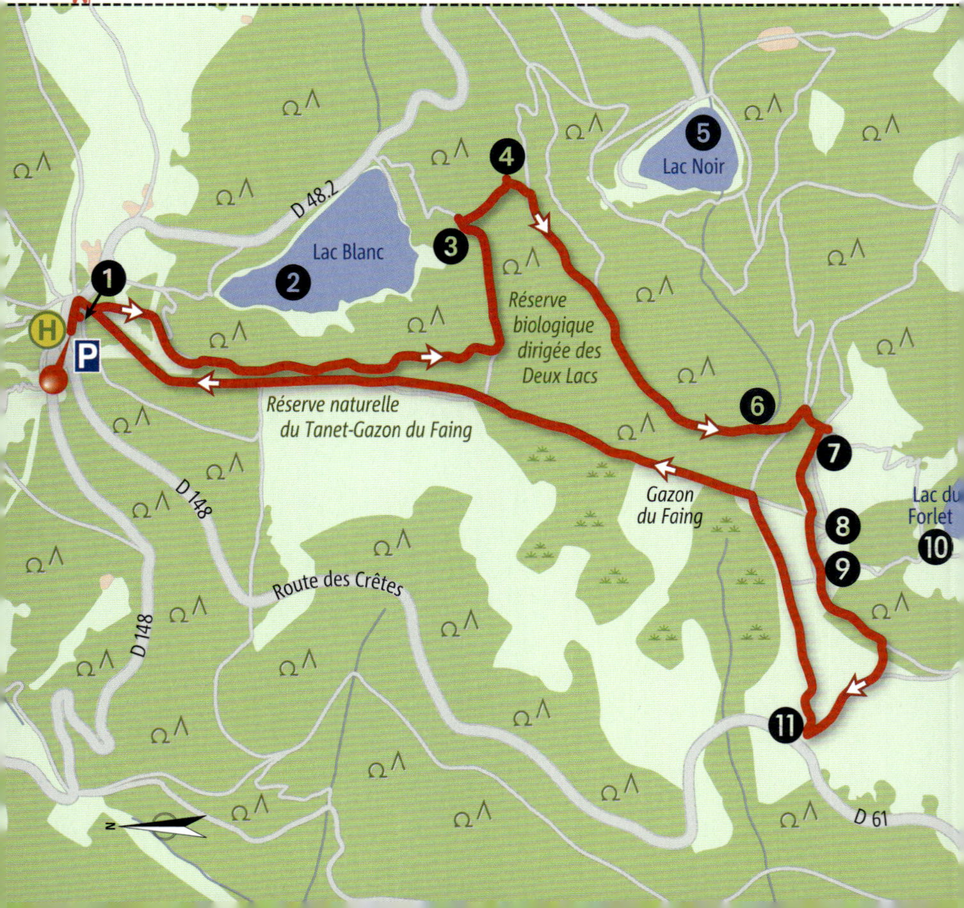

Alles auf einen Blick

WIE & WANN:
In der ersten Hälfte viele Waldwege mit Baumwurzeln und Felsen, auf denen etwas Trittsicherheit und Koordination erforderlich sind. Danach überwiegend leicht begehbare Wege durch Heidelandschaft. Beste Wanderzeit: Frühling bis Herbst.

Entspannung ✸✸✸✸✸
Genuss ✸✸✸✸✸
Romantik ✸✸✸✸✸

HIN & WEG:
Auto: Parkplatz Col du Calvaire, 68650 Le Bonhomme (GPS : 48.13648, 7.08649)
ÖPNV: Bus 1 Navette des Crêtes ab Colmar Gare, Haltestelle Lac Blanc 1200/Col du Calvaire

ESSEN & ENTSPANNEN:
Restaurant des Crêtes ❶ 117C Le Reissberg, 68650 Le Bonhomme, Tel. +33 (3) 89 71 31 31
Auberge Gazon du Faing ⓫ 1 Chaume du Gazon du Faing, 88230 Le Valtin, Tel. +33 (3) 29 63 42 44

ENTDECKEN & ERLEBEN:
Lac Blanc ❷
Rocher Hans ❸
Observatorium Belmot ❹
Lac Noir ❺
Source du Lac Noir ❻
Naturschutzgebiet Tanet-Gazon du Faing ❼
Soultzeren Eck ❽
Taubenklangfelsen ❾
Lac du Forlet ❿

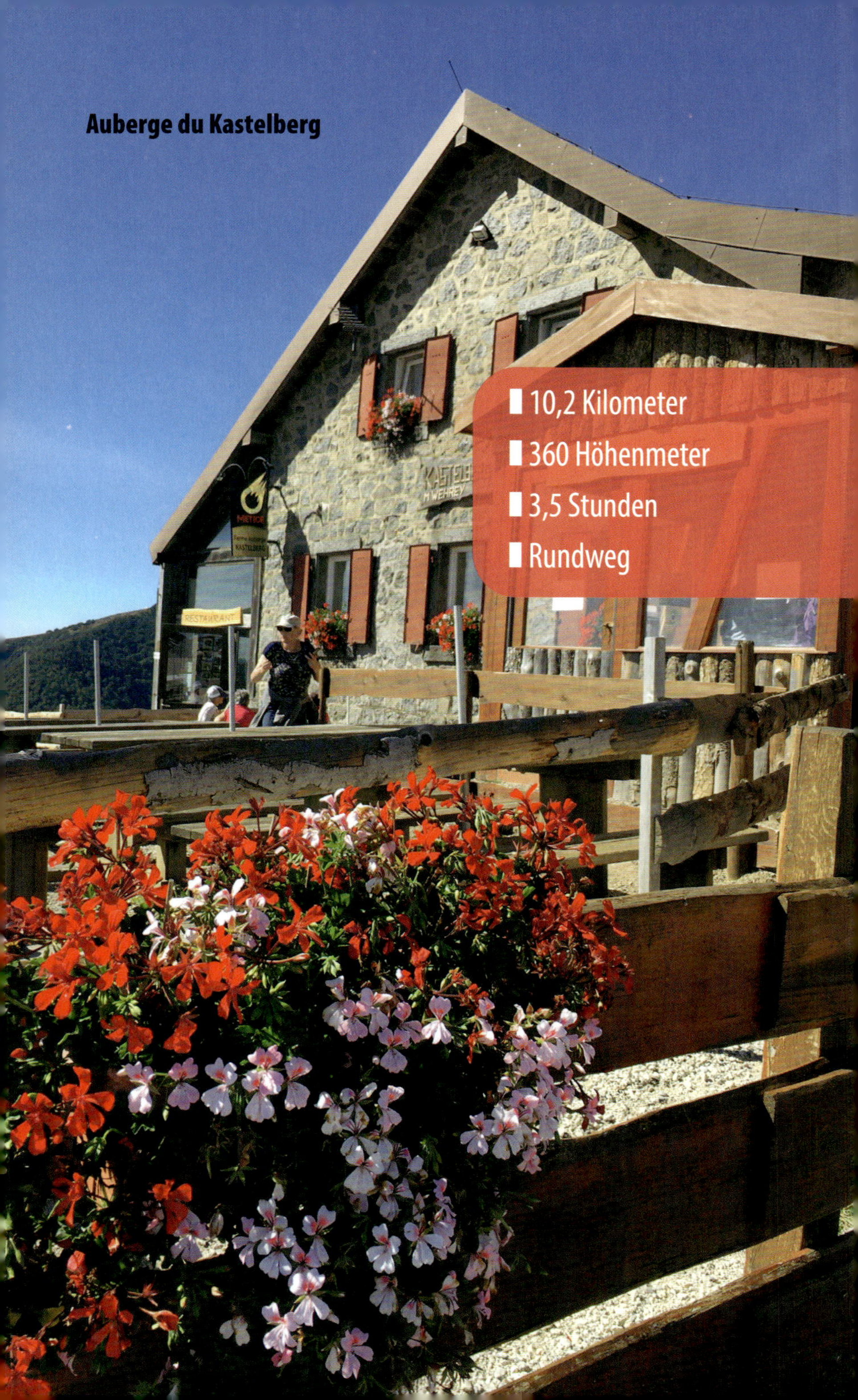

Auberge du Kastelberg

- 10,2 Kilometer
- 360 Höhenmeter
- 3,5 Stunden
- Rundweg

Nach einer kurvenreichen Anfahrt über die **Route des Crêtes** startet unsere Wanderung auf dem Parkplatz der **Auberge de la Chaume de Firstmiss** ❶. Wir gehen in östlicher Richtung über die Wiese, biegen nach rund 80 Metern links ab **(rot-weiß-rotes Rechteck)** und steigen über einen felsigen Pfad auf. An der folgenden Wegga-

Panoramaglück

Über Kastelberg und Hohneck

belung gehen wir weiter geradeaus. Der Weg ändert sich nun zu einem platt getretenen Pfad. Neben uns entdecken wir zahlreiche Rotbuchen. Der Weg führt weiter hinauf. An der folgenden Kreuzung gehen wir geradeaus hinüber auf den kleinen Pfad, der in den Wald hineinführt. Nach einem rund 100 Meter langen bewaldeten Abschnitt geht es wieder über einen ausgetrampelten Wiesenpfad – vorbei an Ebereschen und Heidelbeeren. Einige Sammler knien zwischen den Sträuchern und pflücken die leckeren Beeren. Wir halten kurz inne und drehen uns um. Der Ausblick ist herrlich. Unzählige bewaldete Vogesengipfel, Skipisten und der **Lac de Lande.**

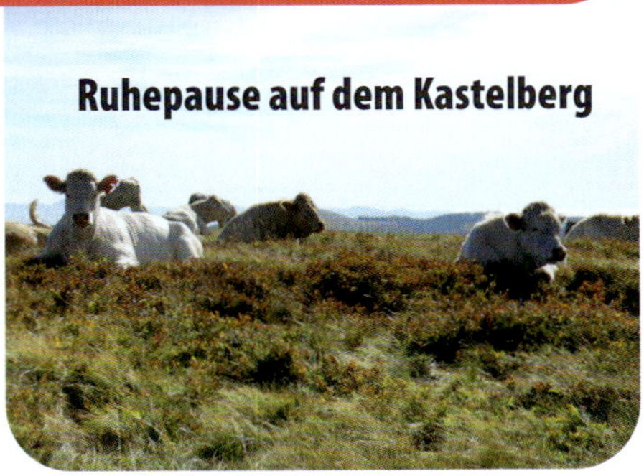
Ruhepause auf dem Kastelberg

Wir schnaufen kurz durch, steigen weiter auf und erreichen die Endstation eines Skilifts. Hier biegen wir links ab und befinden uns nach wenigen Metern auf dem **Kastelberg** ❷ (1350 Meter Höhe). Vom vierthöchs-

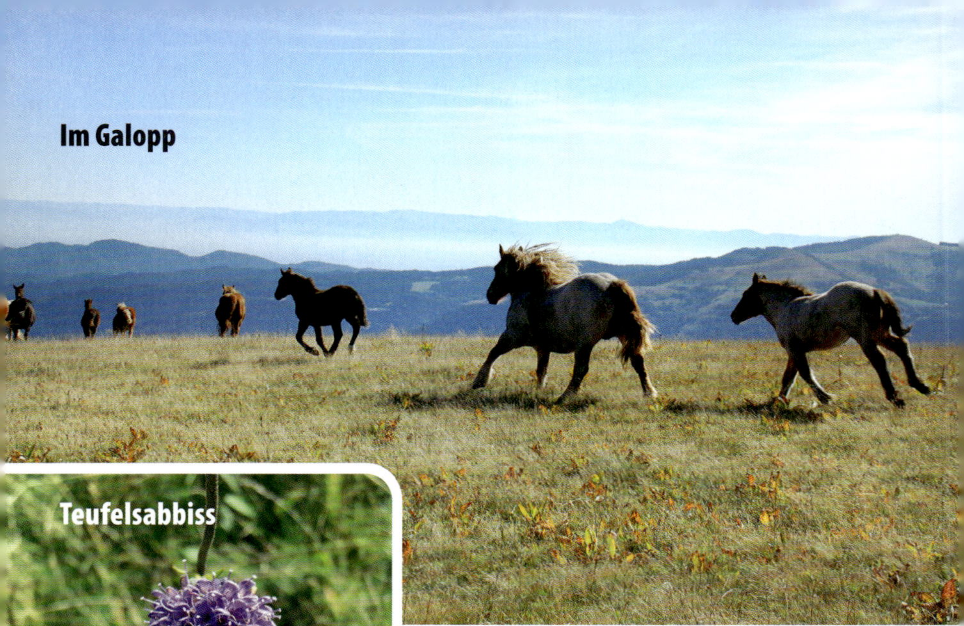

Im Galopp

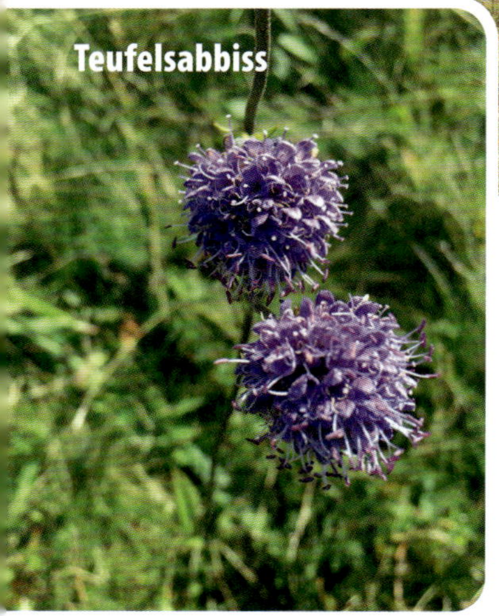

Teufelsabbiss

ten Berg der Vogesen hat man einen grandiosen Ausblick auf den dritthöchsten, den Hohneck, den wir heute auch noch erklimmen werden. Wir wandern über die Wiese, zwischen grasenden Pferden und Kühen hindurch. Die lilafarbenen Blüten des Teufelsabbiss schwanken im Wind sanft hin und her. Immer wieder schweift der Blick nach links und rechts auf die Vogesengipfel. Und dann wieder nach vorne – auf den Hohneck und das Restaurant du Sommet du Hohneck auf seinem Gipfel. Plötzlich stürmt die Pferdeherde an uns vorbei. Die benachbarten Kühe waren anscheinend der Meinung, dass dies ihr Terrain sei, und verscheuchen die Konkurrenz kurzerhand.

An der folgenden Weggabelung biegen wir zunächst links und dann sofort rechts ab – weiter in Richtung Hohneck. Links von uns schlängelt sich die **Route des Crêtes** durch die Vogesen. An der nächsten Kreuzung gehen wir weiter geradeaus. Rund 300 Meter später biegen wir zunächst links und dann rechts ab. Immer mehr Details des Hohneck sind nun zu sehen. Autos, Radfahrer, Wanderer, Hunde, Wiesen, Bäume, beeindruckende Felshänge, die wunderschöne Szenerie wirkt fast wie aus einem Wimmelbilderbuch von Ali Mitgutsch. Am **Col du Wormspel** ③ gehen wir zunächst nicht weiter in Richtung Hohneck, sondern biegen nach links ab. In der Ferne ist der

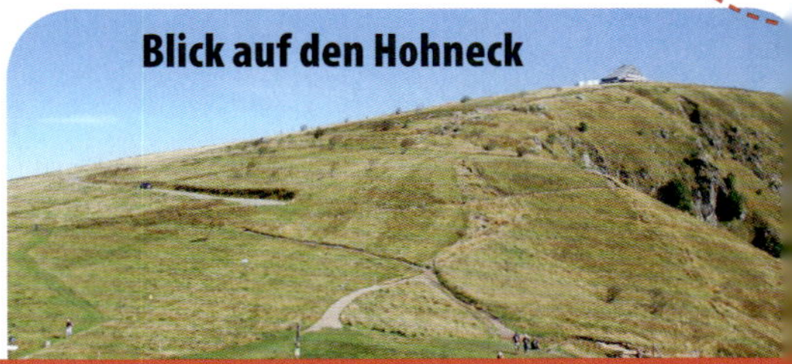
Blick auf den Hohneck

Für die Seele

Die Wanderung über den Kastelberg und den Hohneck berührt unser Innerstes bei fast jedem Schritt mit wunderschönen Panoramaaussichten und lässt uns Kraft tanken.

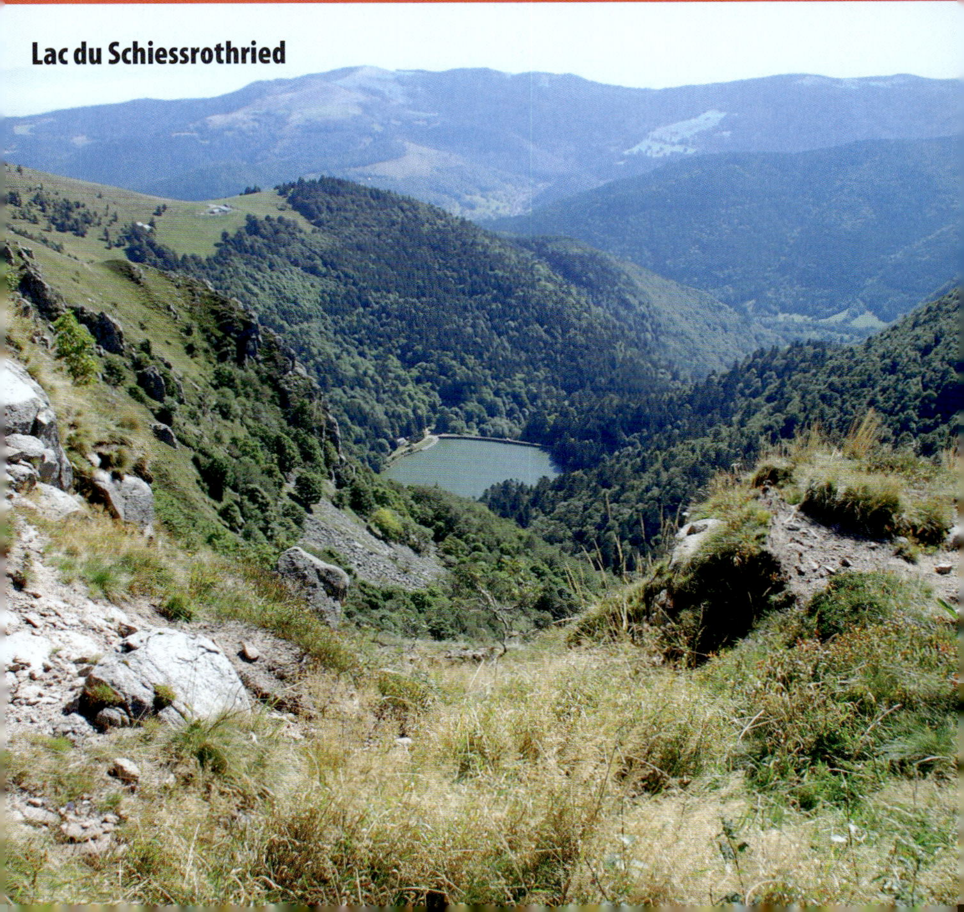
Lac du Schiessrothried

Lac de Retournemer zu sehen. Der Weg führt hinunter zur **Auberge Le Pied du Hohneck** ❹ an der Route des Crêtes. Hier gibt es viele traditionelle Gerichte – von Flammkuchen über Tartiflette bis Baeckeoffe.

Direkt daneben gibt es mit der **Auberge La Pacquis** ❺ eine weitere Einkehrmöglichkeit. Wir halten uns an der **Auberge Le Pied du Hohneck** rechts und gehen auf der asphaltierten Straße nach oben. Diese verlassen wir nach rund 200 Metern und wandern geradeaus auf dem Wiesenpfad weiter **(Col du Falimont).** An den beiden folgenden Kreuzungen gehen wir geradeaus und erreichen den **Col du Falimont** ❻ (1297 Meter Höhe). Wir blicken uns um und erfreuen uns am herrlichen Ausblick auf die Vogesen und die Felsenhänge. Mit etwas Glück kann man hier oben sogar Gämsen entdecken.

Danach biegen wir rechts ab. Sowohl der steinige Feldweg als auch der schmale Wiesenpfad führen hinauf auf den Gipfel. Nach rund 400 Metern ist der höchste Punkt (1363 Meter Höhe) erreicht. Das Panorama hier oben auf dem **Hohneck** ❼ ist fantastisch – insbesondere bei klarer Sicht. Unser Blick schweift über die oberrheinische Tiefebene zum Kaiserstuhl und dem Schwarzwald sowie im Süden sogar bis zu

*In der **Auberge Le Pied** du Hohneck können hungrige Wanderer frühstücken sowie sehr lecker zu Mittag und zu Abend essen. Auch Übernachtungen sind im Berggasthof möglich.*

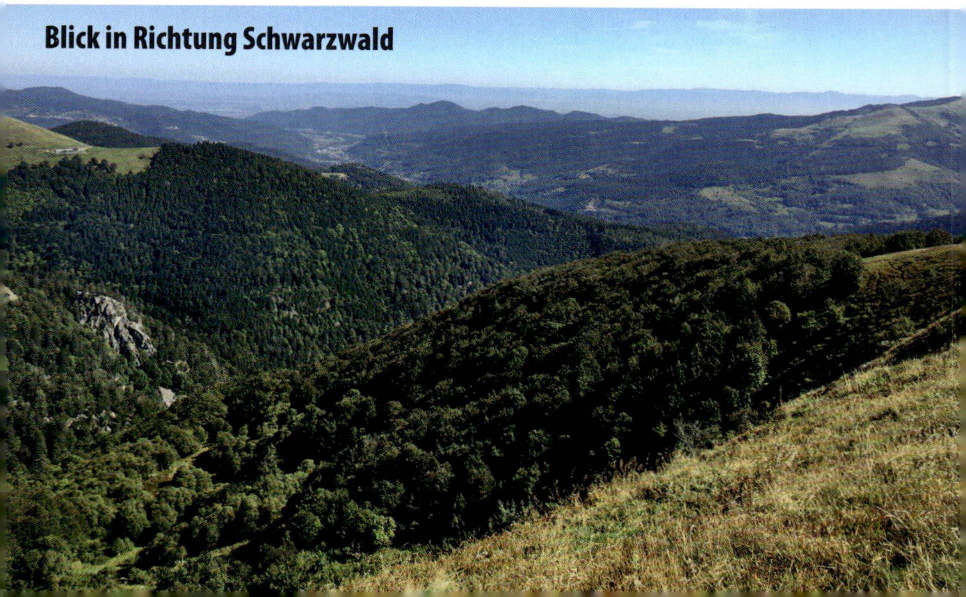

Blick in Richtung Schwarzwald

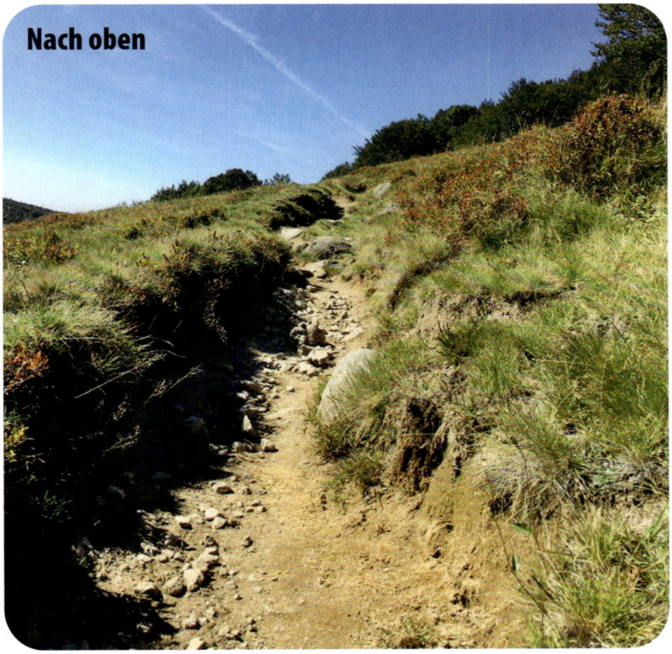

den Alpen. Zahlreiche Wanderer haben sich auf der Wiese niedergelassen und erfreuen sich bei einem Picknick an der Aussicht. Empfehlenswert ist auch das **Restaurant du Sommet du Hohneck 8,** wo man auf der Terrasse das Panorama genießen kann. Neben traditionellen Gerichten serviert das Gasthaus auch kleinere Snacks. Wir verweilen hier einige Zeit und kommen innerlich zur Ruhe. Das Betrachten der wunderschönen Landschaft ist eine willkommene Auszeit vom Alltag.

Danach verlassen wir den Hohneck in südwestlicher Richtung, gehen unterhalb der Terrasse entlang und bleiben stehen. Das Gelände fällt hier steil ab. Fasziniert blicken wir auf die grauen Felshänge, die dunkelgrüne, bewaldete Schlucht des **Col du Wormspel** und den türkisen See **Lac du Schiessrothried 9.** Während wir den steinigen Serpentinenpfad hinabsteigen, klebt unser Blick förmlich an der Schlucht.

*Der **Lac du Schiessrothried** war ursprünglich ein eiszeitlicher Gebirgssee, der sich im Laufe der Zeit zu einem Hochmoor entwickelte. Ende des 19. Jahrhunderts entstand der heutige Stausee, um das Wasser für die Textilfabriken im Münstertal zu nutzen.*

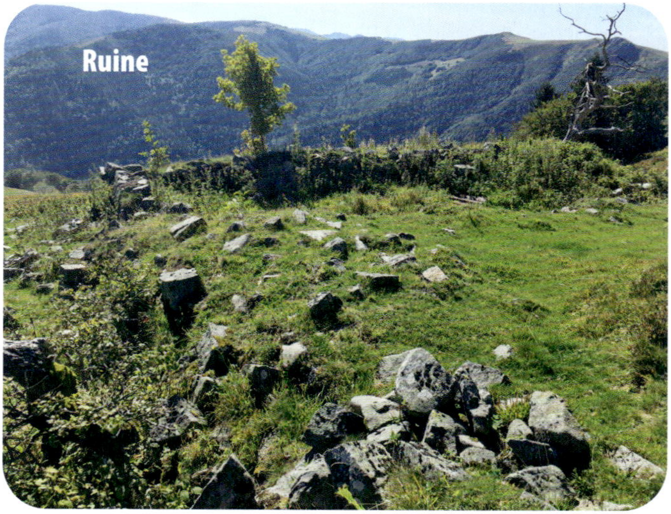

Dann erreichen wir wieder die Wiese. Hier halten wir uns links **(Kastelberg Aub., gelbes Kreuz)** und gehen weiter um den **Col du Wormspel** herum. Der Weg wird nun wieder etwas steiniger und führt bergauf. Immer wieder blicken wir hinunter in die Schlucht, auf die beeindruckenden Klippen und die umliegenden Vogesengipfel.

An der nächsten Weggabelung führt der Pfad geradeaus auf den gegenüberliegenden Berg, den **Spitzkoepfe** (1290 Meter Höhe). Wir biegen jedoch rechts ab **(Kastelberg Auberge, gelbes Kreuz)** und wandern weiter durch die subalpine Landschaft und vorbei an großen Felsbrocken, die neben uns aus dem Wiesenboden ragen. Immer wieder verlangsamen wir den Schritt, um die geniale Aussicht in Ruhe genießen zu können. Weit hinter uns ist immer noch der Hohneck mit dem Berggasthof deutlich sichtbar.

Erneut schlendern wir an Heidelbeersträuchern und Kühen vorbei. In der Ferne sind Vogesendörfer entlang des Flusses **La Fecht** zu sehen. An der nächsten Weggabelung bleiben wir stehen und lauschen in die Stille. Nichts ist zu hören. Lediglich das Summen einer

Fliege. Beide Wege führen nun hinunter zur **Auberge du Kastelberg.** Wir halten uns rechts, biegen nach 150 Metern links ab und gehen über die Wiese hinunter. Auf etwa der Hälfte der Strecke liegen die steinernen Überreste eines alten Gebäudes. Auch einige Dachziegelreste sind noch zu entdecken. Wozu das Gebäude wohl diente?

Wir steigen, mit Blick auf das Dörfchen **Mittlach** im Tal, weiter hinunter, überqueren den Feldweg **Neuer Kastelbergweg** und kommen an der **Auberge du Kastelberg** ⑩ an. Die angebotenen traditionellen Gerichte kann man sowohl im gemütlich eingerichteten Restaurant als auch draußen auf der mit Geranien geschmückten Terrasse genießen. Besonders lecker sind Speisen mit Käse aus hauseigener Produktion.

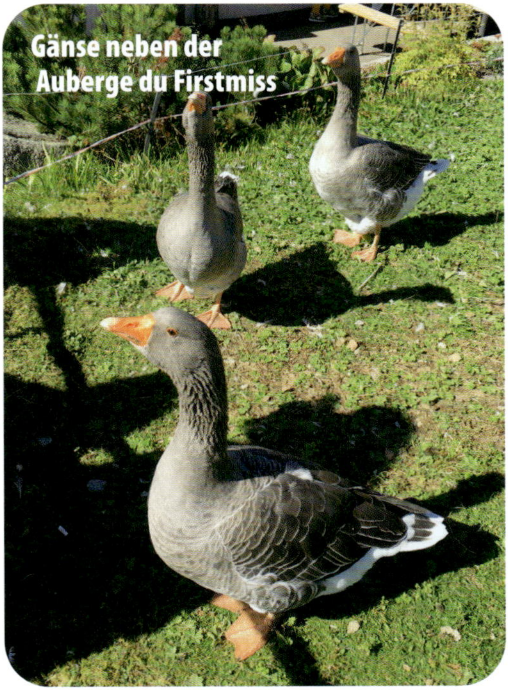

Nach dem Besuch der Auberge gehen wir zurück auf den Feldweg und wandern bergauf geradeaus weiter. Wir lassen den Blick über die vielfältige Flora neben uns schweifen, über Margeriten und Tannen, Himbeeren und Bergahorn. Schließlich verlassen wir den Feldweg und biegen links ab **(Firstmiss, gelbes Dreieck und blaues Rechteck).** Der Weg führt uns durch eine Heidelbeerwiese. An der nächsten Weggabelung halten wir uns rechts und gehen den schmalen, steinigen Pfad hinauf **(Firstmiss, blaues Rechteck).** Dabei blicken wir immer wieder nach links auf die Vogesen. Kurz darauf erreichen wir einen schönen, dicht bewachsenen Waldabschnitt. Wir bleiben stehen und hören den Vögeln zu.

Panoramatour 8

Nach dem Waldstück geht es über einen Wiesenpfad weiter in Richtung Auberge. Wir biegen links ab und entdecken nach einigen Metern den Parkplatz und die Auberge. Wir wandern erneut über den steinigen Wiesenpfad, biegen rechts ab und erreichen schließlich die **Auberge de la Chaume de Firstmiss.** Während auf der Wiese davor ein Kaninchen umherhoppelt, laufen einige Graugänse aufgeregt umher. Natürlich bietet auch diese Auberge lokale Gastronomie. Entweder im urigen, mit Kuhglocken und weiß-roter (die elsässischen Farben) Deko geschmückten Restaurant oder draußen auf der Terrasse. Da das Wetter und der Ausblick einfach traumhaft schön sind, bestellen wir uns ein kühles Getränk und genießen es auf der Terrasse.

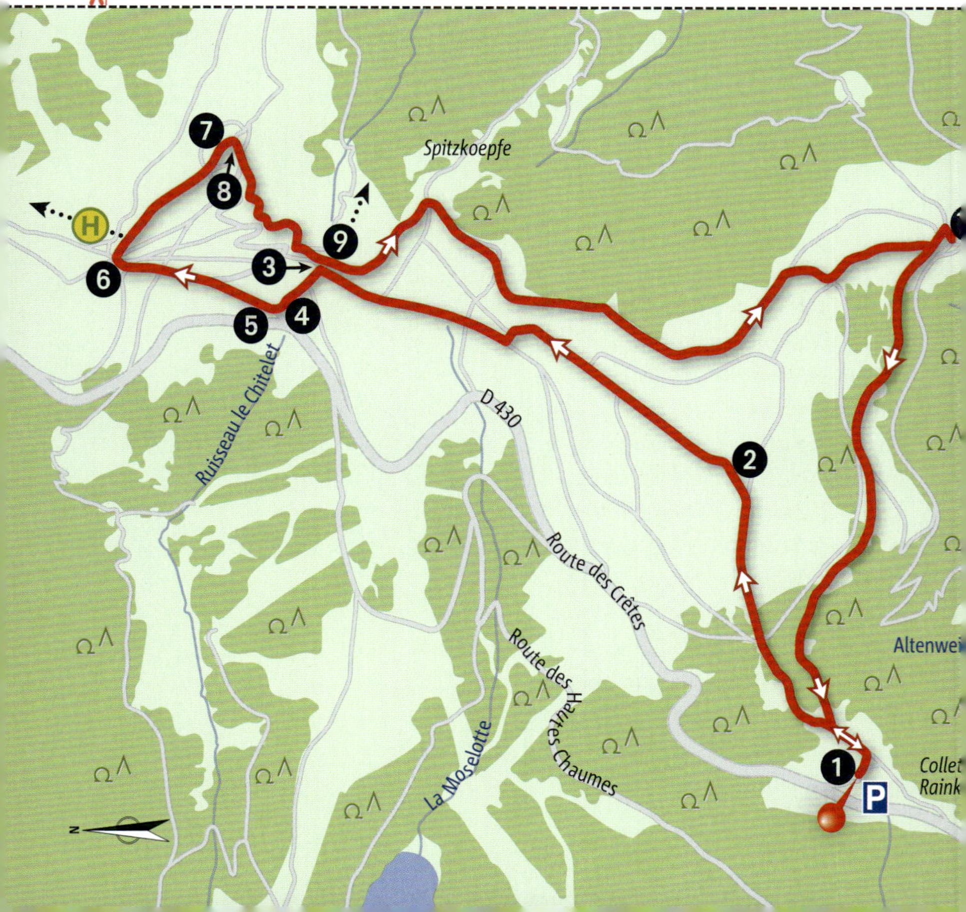

Alles auf einen Blick

WIE & WANN:
Überwiegend leicht begehbare Wald- und Wiesenpfade.
Beste Wanderzeit: Frühling bis Herbst.

Entspannung ★★★★☆

Genuss ★★★★★

Romantik ★★★★☆

HIN & WEG:
Auto: Parkplatz neben der Auberge de la Chaume de Firstmiss, Route des Crêtes, 88250 La Bresse (GPS: 48.01749, 6.98711)
ÖPNV: Bus 2 Navette des Crêtes ab Munster Gare, Haltestelle Le Valtin/Col de la Schlucht, von dort ca. 3 km Fußweg bis Col de Falimont, dort in die Rundwanderung einsteigen

ESSEN & ENTSPANNEN:
Auberge de la Chaume du Firstmiss ❶ Route des Crêtes, 88250 La Bresse, Tel. +33 (3) 29 63 26 13, www.auberge-firstmiss.com
Auberge Le Pied du Hohneck ❹ Route des Crêtes, 88250 La Bresse, Tel. +33 (3) 29 63 11 50, www.pied-du-hohneck.fr
Auberge La Pacquis ❺ Route des Crêtes, 88250 La Bresse, Tel. +33 (3) 29 22 09 78
Restaurant du Sommet du Hohneck ❽ Route des Crêtes, 88400 Gérardmer, Tel. +33 (3) 29 63 11 47, www.hotel-hohneck.com
Auberge du Kastelberg ❿ Route des Crêtes, 68380 Metzeral, Tel. +33 (3) 89 77 62 25, www.ferme-auberge-kastelberg.fr

ENTDECKEN & ERLEBEN:
Kastelberg ❷ **Col du Wormspel** ❸ **Col du Falimont** ❻
Hohneck ❼ **Ausblick auf Lac du Schiessrothried** ❾

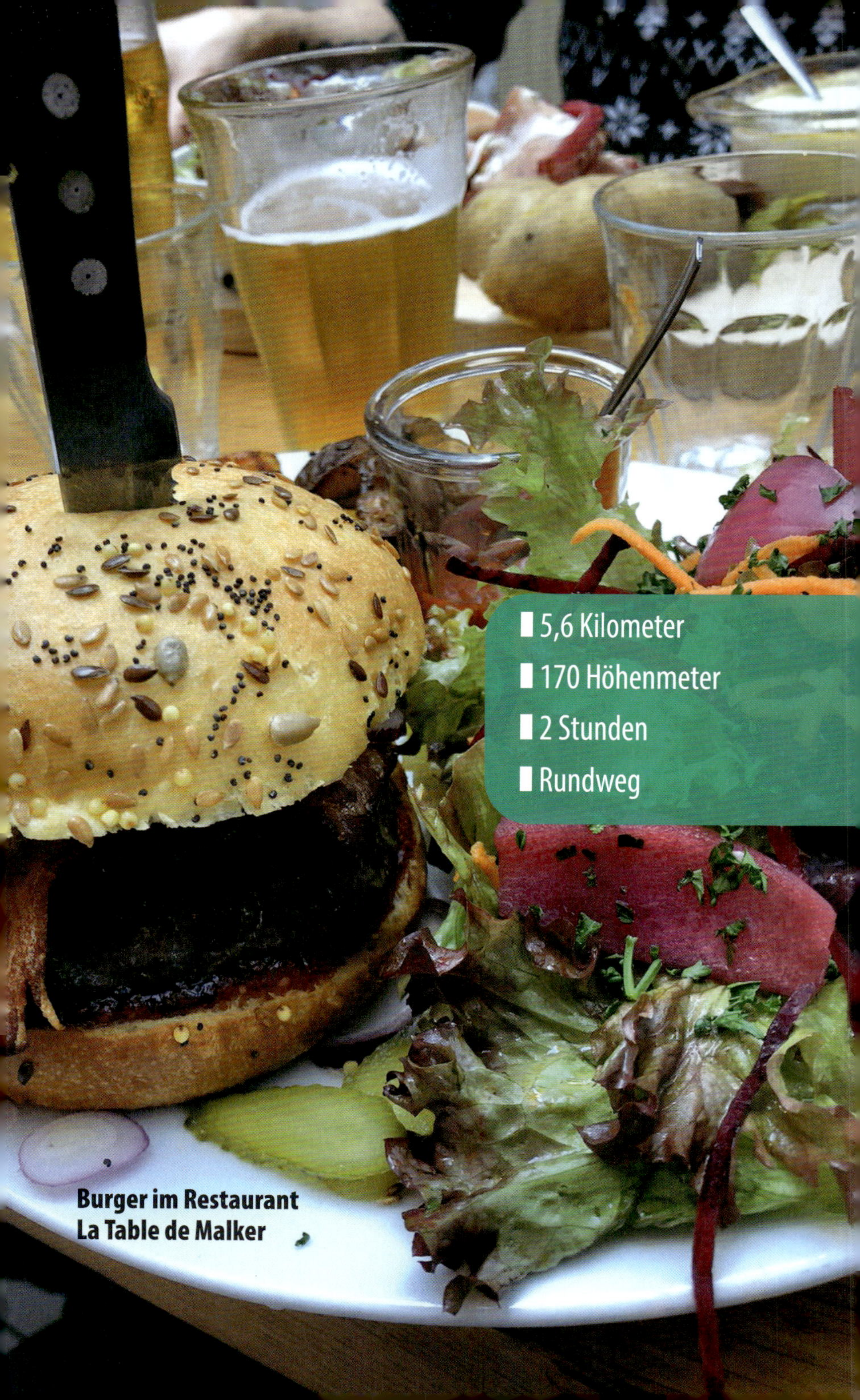

- 5,6 Kilometer
- 170 Höhenmeter
- 2 Stunden
- Rundweg

Burger im Restaurant La Table de Malker

Im Käsetal

Kulinarisches Munster

Der Ausgangspunkt unserer Wanderung ist der Parkplatz auf dem **Place de la Salle des Fêtes** in Munster. Von hier aus gehen wir in die Rue de la République und halten uns links. Nach wenigen Metern erreichen wir die **Pâtisserie Willy ①.** In der Konditorei finden Wanderer sowohl salzige als auch süße Spezialitäten für ihren Reiseproviant. Direkt daneben befindet sich die **Église Saint-Leger ②.** Hier biegen wir rechts in die Rue Alfred Hartmann ab und gehen am Restaurant **Winstub S'Stewla ③** vorbei, das eine hervorragende elsässische Küche bietet.

*Der **Munster-Käse** wird traditionell aus der Rohmilch des Vogesenrinds hergestellt und ist der bekannteste Käse der Vogesen.*

An der folgenden Brücke bleiben wir stehen und werfen einen Blick auf **La Petite Fecht ④,** einen Nebenfluss der Fecht. Schließlich macht die Rue Alfred Hartmann einen Schlenker nach rechts. Hier verlassen wir die Straße und biegen nach links in den **Chemin du Narrenstein (grüner Kreis)** ab. Dieser mündet kurz darauf in einen schmalen Pfad zwischen zwei Mauern. Wir folgen. Nun beginnt der Anstieg. In Serpentinen schlängelt sich der felsige Pfad aufwärts. Nach einigen Höhenmetern geht unser Blick zur Seite auf die Vogesen und das unter uns liegende Munster. Noch verwehren einige Bäume eine freie Sicht.

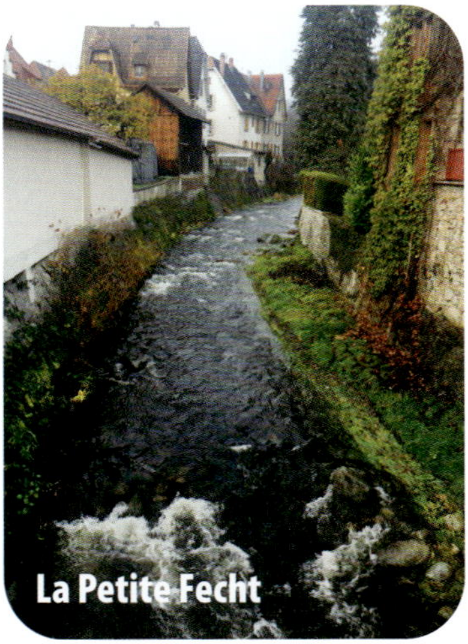
La Petite Fecht

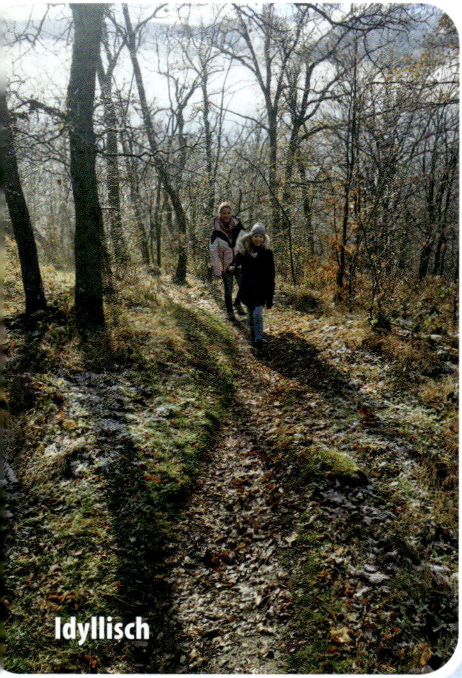

Idyllisch

Wir steigen weiter hinauf, achten dabei auf unsere Schritte auf den rutschigen Felsen. Schließlich erreichen wir den **Narrenstein** 5 in 428 Metern Höhe. Wir lehnen uns gegen das Geländer und genießen die Aussicht. Auf den bewaldeten Vogesengipfeln liegt Schnee. Einige Meter tiefer wabern Nebelschwaden über die Berghänge. Darunter sehen wir Munster mit seinen beiden Wahrzeichen, der katholischen Église Saint-Leger und der evangelischen Église Protestante. Genau in diesem Moment tönen die Kirchenglocken durch das Tal. Wer nach dem Aufstieg etwas Luft holen möchte, hat auf einer Sitz-

Blick vom Narrenstein auf Munster

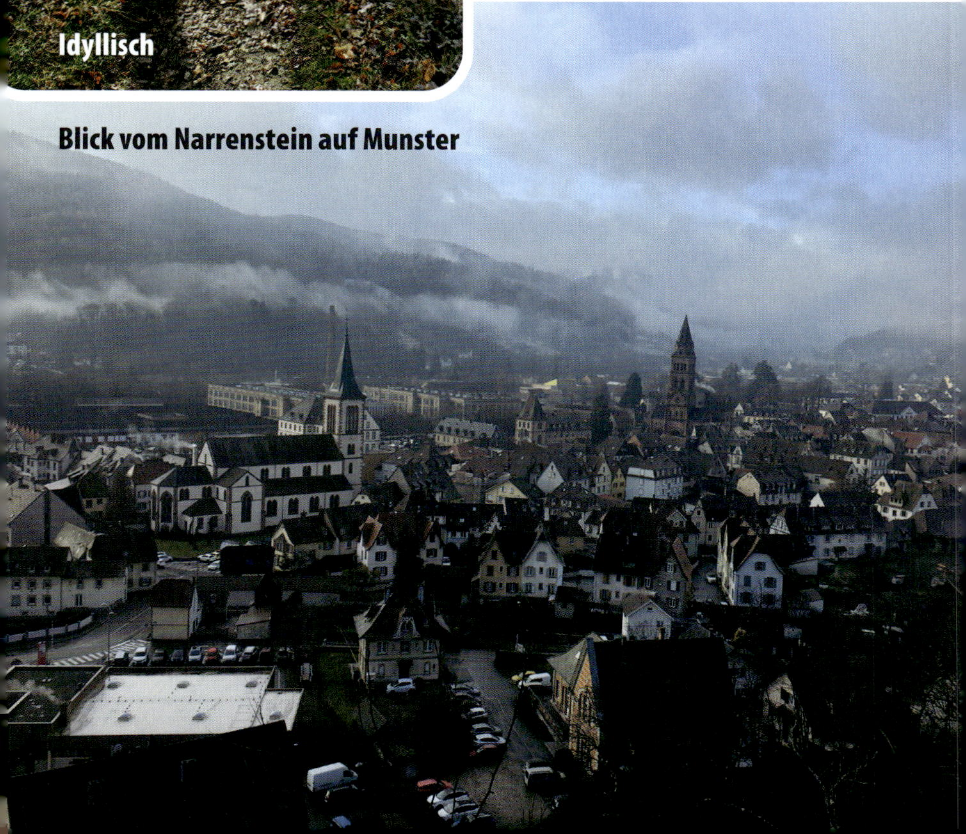

bank hier am Narrenstein die Gelegenheit dazu.

Nach der Panoramapause setzen wir den Aufstieg fort. Der Pfad schlängelt sich weiter nach oben. Wir kommen an einem Bunker vorbei und erreichen den **Hexenplatz.** Der Pfad wechselt nun in einen breiten Feldweg über und führt an einer Wiese vorbei. Nach einigen Metern erreichen wir einen Waldrand. Besenginster wächst in der Nähe. Wir könnten nun den kürzeren, nahezu ebenen Weg geradeaus nehmen. Wir entscheiden uns allerdings für einen kleinen Umweg und biegen rechts ab **(gelbes Kreuz).** Der Weg schlängelt sich durch den Wald nach oben. Laub raschelt unter unseren Schuhen. Wir ignorieren die folgenden Abzweigungen und gehen weiter geradeaus. Nun führt uns der Weg durch eine **wunderschöne Kiefernallee ❻.** Wir blicken nach oben: Das helle Braun des Baumstamms, das satte Grün der Zweige und der strahlend blaue Himmel, was für ein herrlicher Kontrast.

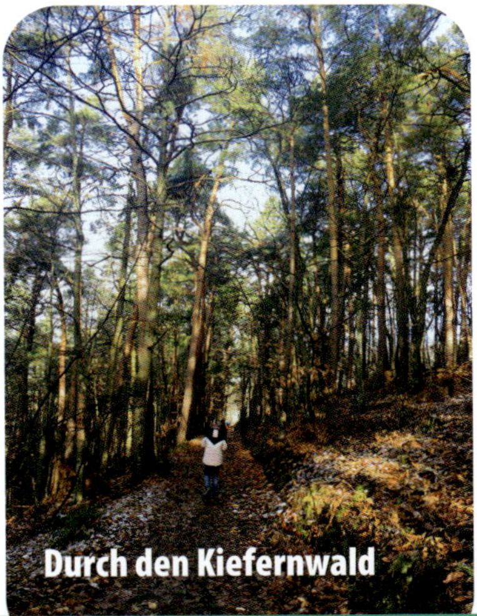

Durch den Kiefernwald

Für die Seele

Auf dieser lockeren Tour genießen wir den Ausblick auf Munster sowie das Vallée de Munster und runden die Wanderung mit einem Besuch in einem Restaurant mit leckerer lokaler Küche ab.

Ganz entspannt schlendern wir durch die prachtvolle Allee und erfreuen uns an diesem schönen Ort. Danach biegen wir zunächst nach links unten und dann nach rechts ab. Wir erreichen Haslach und den

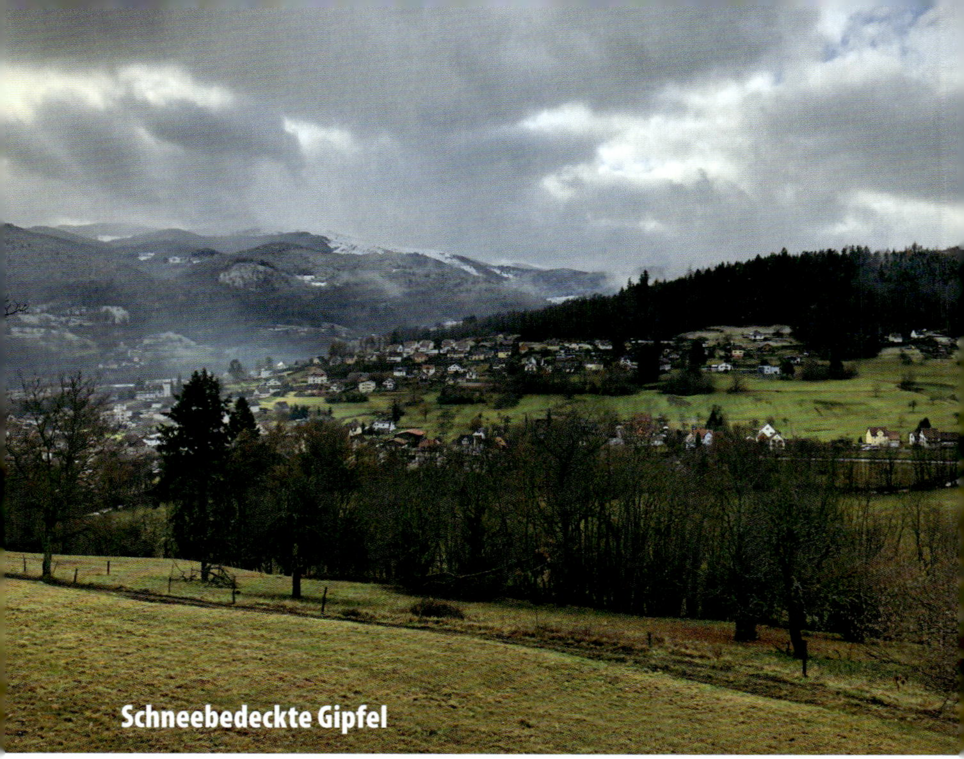
Schneebedeckte Gipfel

Chemin du Hameau de Haslach. Dort halten wir uns links und wandern durch das verschlafene Dorf. Aus einigen Schornsteinen steigt Rauch empor. Ein Pferd trottet gemächlich über eine Wiese. Wir genießen die entspannte Atmosphäre und kommen innerlich zur Ruhe.

An der Kreuzung geht es auf dem **Chemin du Walsbach** weiter geradeaus. Wir verlassen Haslach und folgen der asphaltierten Straße nach unten. Dabei werfen wir gelegentlich einen Blick nach links auf die grünen Wiesen und ins Münstertal. Schließlich erreichen wir eine scharfe Linkskurve. Hier verlassen wir die asphaltierte Straße und gehen auf dem Feldweg nach rechts oben **(Circuit du Narrenstein, grüner Kreis).** Der Aufstieg führt uns in Serpentinen und an einigen Kastanienbäumen vorbei zu einer Wiese. Dort gehen wir durch das kleine Tor neben dem Elektrozaun und setzen unsere Wanderung auf der Wiese fort.

Gemächlich wandern wir über den schmalen Pfad und blicken auf den schneebedeckten Vogesengipfel vor uns. Wären wir in der warmen Jahreszeit unterwegs, dann würden Kühe neben uns auf der Wiese grasen. Am Ende der Wiese führt der Weg abwärts. Dann biegen wir zunächst links (scharfe Kurve) auf den asphaltierten Weg und wenig später nach rechts unten auf den Pfad ab. Nach rund 50 Metern Abstieg erreichen wir den **Chemin du Pâturages.** Hier geht es links auf dem asphaltierten Weg weiter. Wir schlendern an den Häusern am Rand des Dörfchens Hohrod vorbei und erreichen nach circa 120 Metern eine Sackgasse. Hier halten wir uns links **(Circuit du Narrenstein, grüner Kreis).** Lockeren Schrittes wandern wir über den Pfad zwischen Wiese und Münstertal. Immer wieder blicken wir zur Seite – auf die Häuser im Tal und die umliegenden Vogesengipfel.

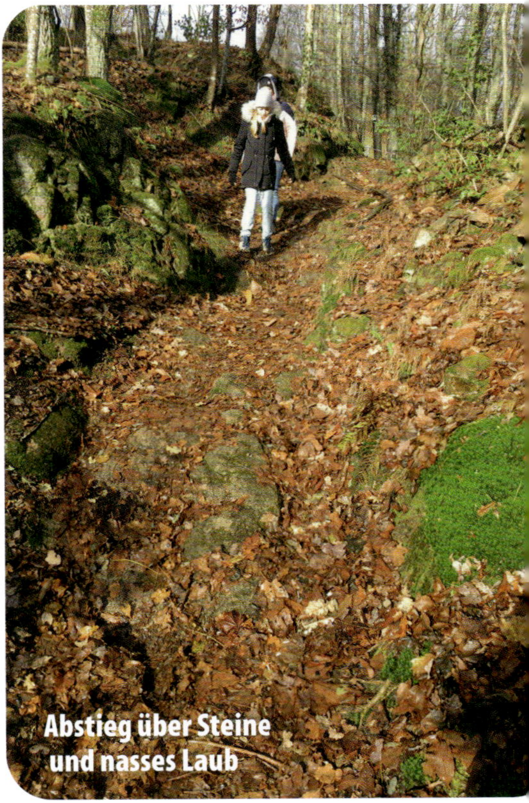

Abstieg über Steine und nasses Laub

Nach rund 800 Metern schlängelt sich der Weg durch einen Wald in Serpentinen nach unten **(Circuit du Narrenstein, grüner Kreis)** – über Baumwurzeln, Gesteinsbrocken und in unserem Fall auch über nasses Laub. Vorsichtig steigen wir hinab. Schließlich geben die Bäume den Blick auf einen Teil von Munster frei. Wir bleiben stehen und genießen die Aussicht auf die Église Protestante und die umliegenden Häuser inmitten des Tals. Danach setzen wir den Abstieg fort. Neben uns plätschert ein kleiner Bach nach unten. Unten angekommen, biegen wir links in den **Chemin du Langaeckerlé** und dann sofort nach rechts in den **Chemin du Walsbach** ab. Gemächlich schlendern wir an den Häusern vorbei. Nach rund

100 Metern biegen wir zunächst links auf die **Promenade du Durbach** ab und halten uns kurz darauf rechts. Der Weg führt uns über eine Brücke. Unter uns rauscht der Fluss **La Petite Fecht.** Wir blicken nach unten und betrachten das weiß aufschäumende Wasser der kleinen Stromschnellen.

Danach führt uns die Wanderung links in die **Rue Jean Bresch.** Wir gehen einige Schritte und biegen rechts in die **Rue du Hohrod** ab. Nach rund 200 Metern erreichen wir die Hauptstraße, die **Grand Rue.** Wir biegen links ab und stehen wenige Meter später vor der **Auberge du Wasen 7.** Hier werden exzellente lokale Spezialitäten in einer familiären Atmosphäre angeboten. Wir haben heute jedoch in einem anderen Restaurant eine Reservierung und setzen unseren Weg durch die Grand Rue fort. Am Ende der Straße erreichen wir das Restaurant **La Table de Malker 8.** In der warmen Jahreszeit sollte man unbedingt draußen im Hof an einem der rot-weiß gedeckten Tische sitzen und die urige Atmosphäre unter dem grünen, mit Lichterketten geschmückten Efeudach genießen – relaxt mampfende Kaninchen und Springbrunnen inklusive.

*Die im Restaurant Table de Malker verwendeten lokalen Käse- und Fleischprodukte gibt es gleich nebenan im **Maison Dischinger** zu kaufen.*

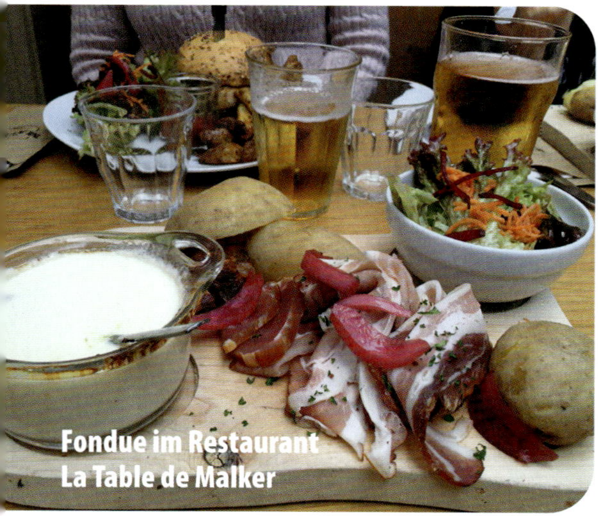

Fondue im Restaurant La Table de Malker

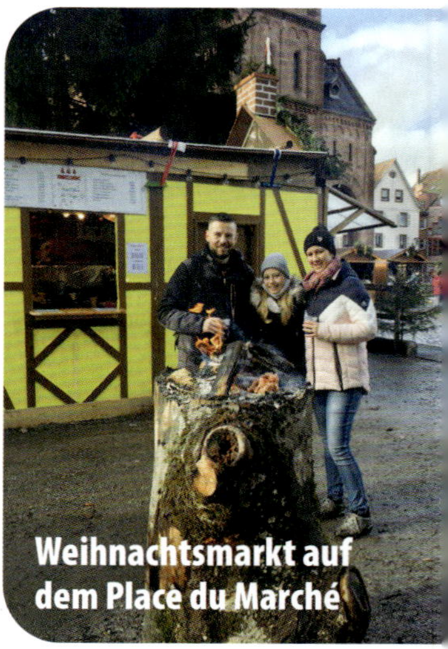

Weihnachtsmarkt auf dem Place du Marché

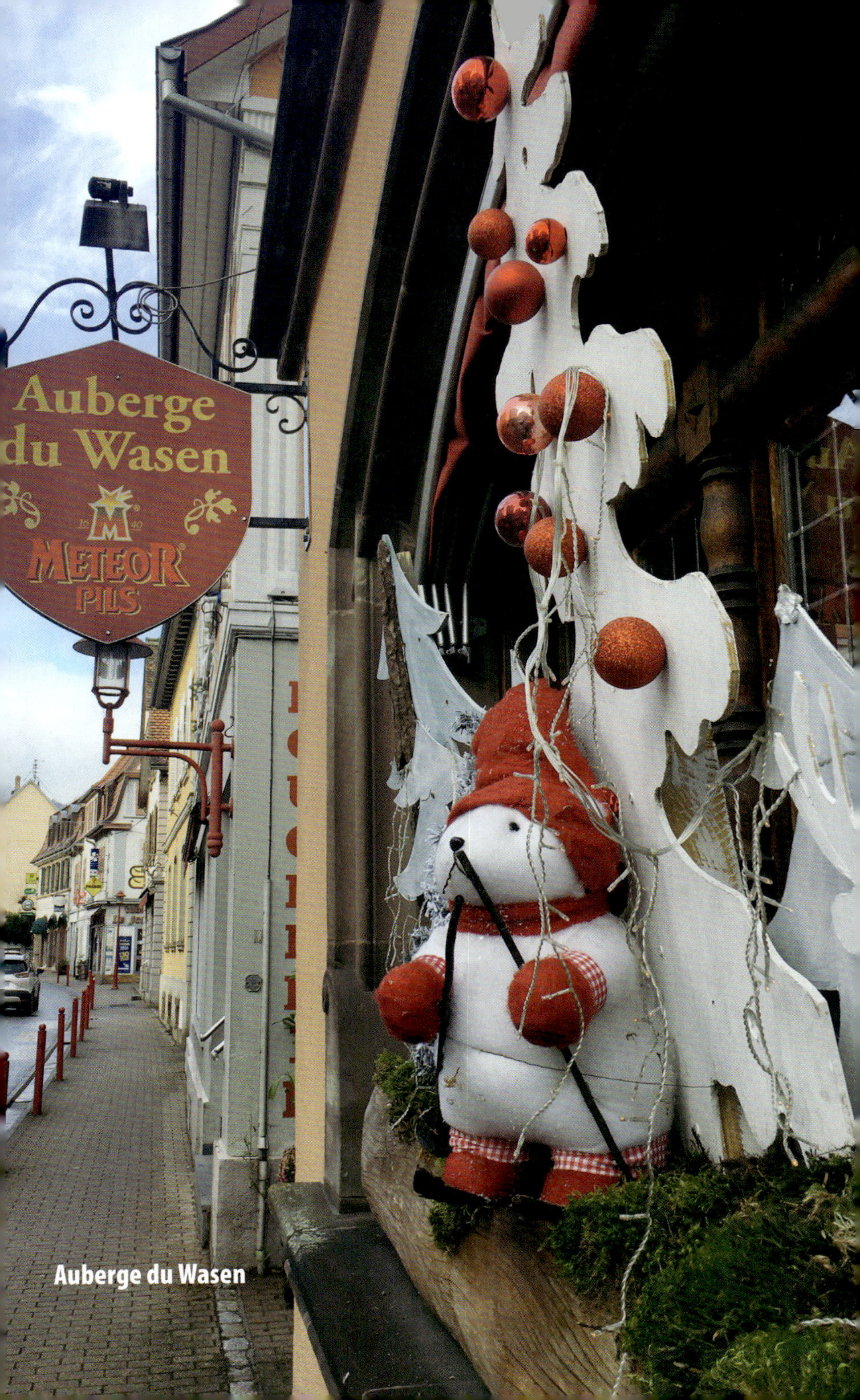

Auberge du Wasen

Verwöhntour 9

*Südlich des Place du Marché befinden sich die Ruinen des **Klosters St. Gregor**. Auf den umliegenden Dächern bauen regelmäßig Störche ihre Nester.*

Die Wanderung hat hungrig gemacht. Unsere Wahl fällt jeweils auf einen Burger des Hauses sowie ein Fondue – Letzteres mit leckerem Munster-Käse sowie lokalen Fleischspezialitäten, Kartoffeln und Salat als Beilagen. Tolle, lockere Atmosphäre und leckeres Essen, wir genießen die Zeit im La Table de Malker und lassen die gemeinsame Wanderung noch einmal Revue passieren.

Wer ab Ende November und im Dezember hier unterwegs ist, der könnte so wie wir noch den **Weihnachtsmarkt** auf dem **Place du Marché** vor der **Église Protestante 9** besuchen. Dort machen wir es uns mit einem warmen Getränk vor einem lodernden Feuer gemütlich und lauschen der weihnachtlichen Musik.

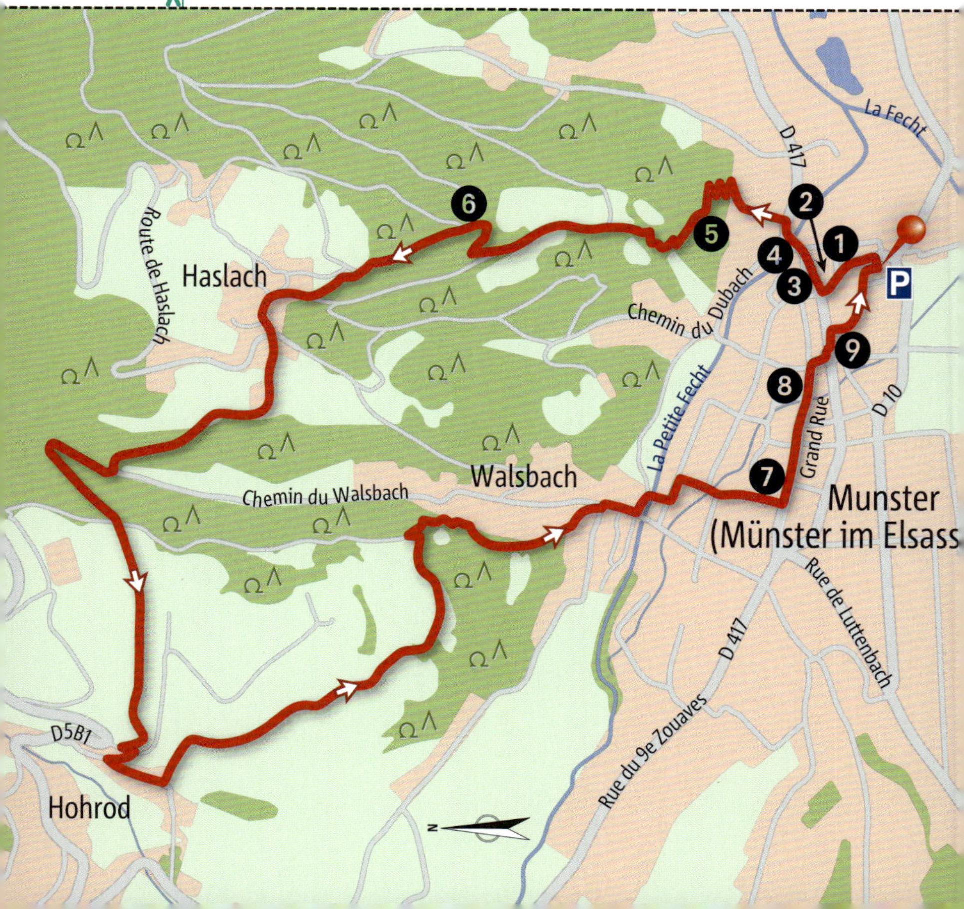

Alles auf einen Blick

WIE & WANN:
Überwiegend leicht begehbare Wege und asphaltierte Straßen. Mittendrin Waldwege. Kurze Abschnitte über Felsen und Baumwurzeln. Ganzjährig gut gehbar.

HIN & WEG:
Auto: Parkplatz auf dem Place de la Salle des Fêtes, 68140 Munster (GPS: 48.04002, 7.13943)
ÖPNV: Züge ab Colmar Gare, Strasbourg Gare und Mulhouse Ville, Haltestelle Gare de Munster

ESSEN & ENTSPANNEN:
Pâtisserie Willy ❶ 22 A Rue de la République, 68140 Munster, Tel. +33 (3) 89 77 29 66

Entspannung ✱✱✱✱✱
Genuss ✱✱✱✱✱
Romantik ✱✱✱✱✱

Winstub S'Stewla ❸ 3 Rue Alfred Hartmann, 68140 Munster, Tel. +33 (3) 89 77 46 22, www.winstub-stewla.fr
Auberge du Wasen ❼ 40 Grand Rue, 68140 Munster, Tel. +33 (3) 89 77 28 77
La Table de Malker ❽ 4 Grand Rue, 68140 Munster, Tel. +33 (3) 89 77 06 17, www.malker.fr

ENTDECKEN & ERLEBEN:
Église Saint-Leger ❷
La Petite Fecht ❹
Narrenstein ❺
Kiefernallee ❻
Église Protestante ❾

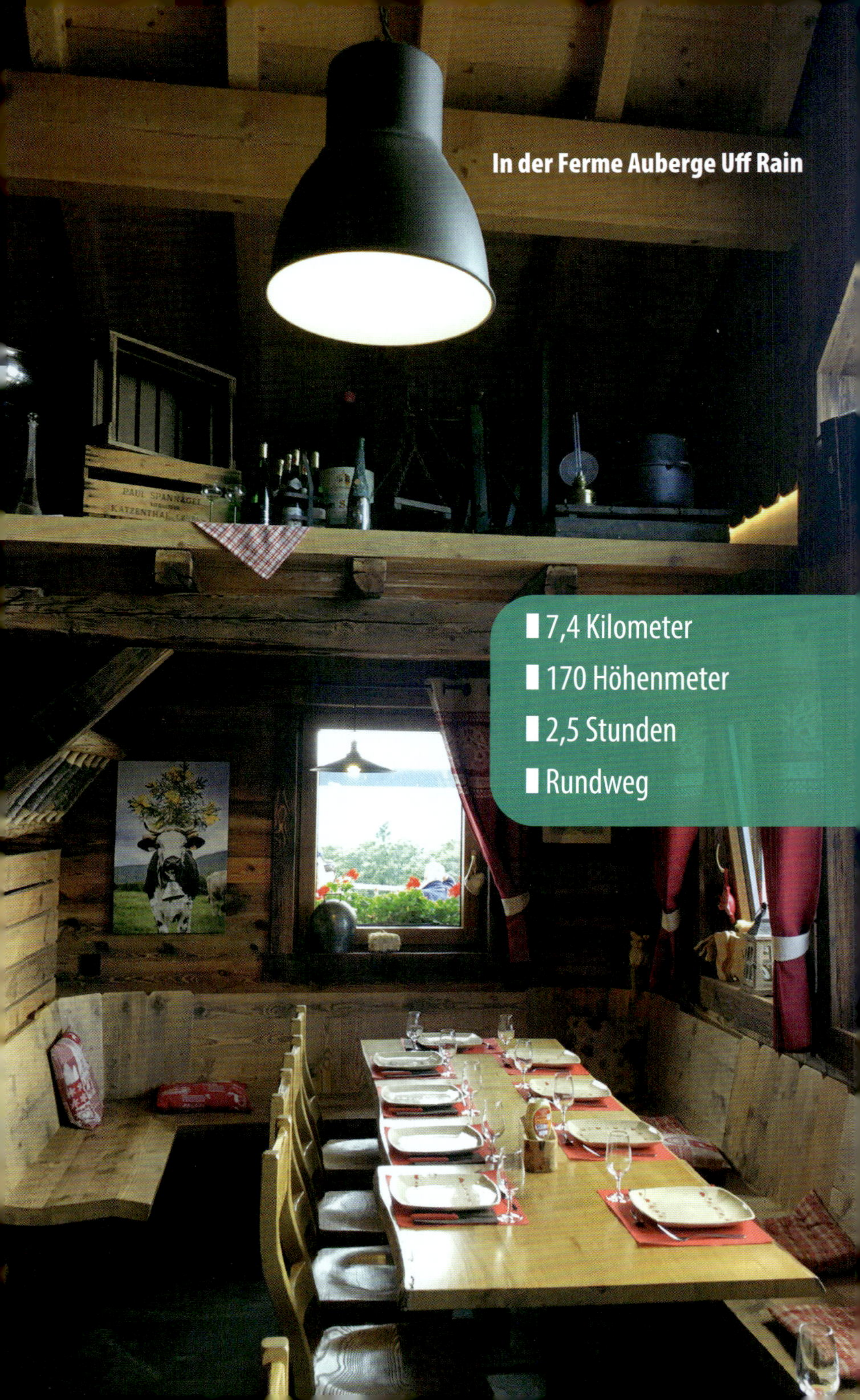

In der Ferme Auberge Uff Rain

- 7,4 Kilometer
- 170 Höhenmeter
- 2,5 Stunden
- Rundweg

Die Wanderung beginnt unmittelbar neben der Schutzhütte **Refuge du Hahnenbrunnen** an der Route des Crêtes. Nach unserer Ankunft schlüpfen wir in die Wanderschuhe und genießen zunächst einmal den herrlichen Ausblick auf die Vogesengipfel um uns herum. Davon wird es später noch mehr geben. Los geht's. Wir orientieren uns am Schild gegenüber der Schutzhütte **(Salzbach, blauer Punkt)** und schlendern über einen steinigen Weg. Um uns herum grünt eine Wiese. Schafgarbe blüht am Wegesrand. Nach 100 Metern gabelt sich der Weg. Auf dem linken Weg kommen wir später wieder zurück. Wir nehmen jetzt den rechten **(Chaume du Lauchenkopf, blauer Punkt)** und gehen weiter bergauf über die Wiese. Dabei halten wir

Auberge-Paradies

Schlemmertour auf dem Lauchenkopf

gelegentlich inne, drehen uns um und lassen den Blick über die Vogesengipfel wandern. Nördlich von uns entdecken wir die Berggasthöfe **Ferme Auberge Uff Rain** und **Ferme Auberge du Salzbach.** Dort werden wir uns später kulinarisch verwöhnen lassen.

Schließlich erreichen wir einen Wald. Gemütlichen Schrittes schlendern wir an Rotbuchen, Heidelbeersträuchern und Fuchs-Greiskraut vorbei. Äste und Steine knirschen unter unseren Schuhen. Nach 700 Metern gelangen wir an die **Départementalstraße D27.** Wir überqueren sie, gehen über einen Parkplatz und biegen links ab **(blauer Punkt).** Links von uns breiten Almwiesen der **Chaumes du Lauchenkopf** einen weichen grünen Teppich aus. Zierliche Augentrost-Blüten blühen in Weiß, Rosa und Gelb. Einige Fichten umrahmen die Szene. Wir setzen unsere Wanderung bergaufwärts über die Wiese fort. An der folgenden Weggabelung biegen wir links ab **(blauer Punkt)**, durchstreifen ein kurzes Waldstück und befinden uns danach wieder auf der Wiese der Chaumes du Lauchenkopf. Hier sind wir nun hoch genug, um über die Baumwipfel des Waldes unterhalb von uns hinüber auf die umliegenden Vogesengipfel zu schauen. Die grüne Wiese, die Bäume, die Berge, der blaue Himmel, die Wolken – wir atmen tief durch. Entspannung pur.

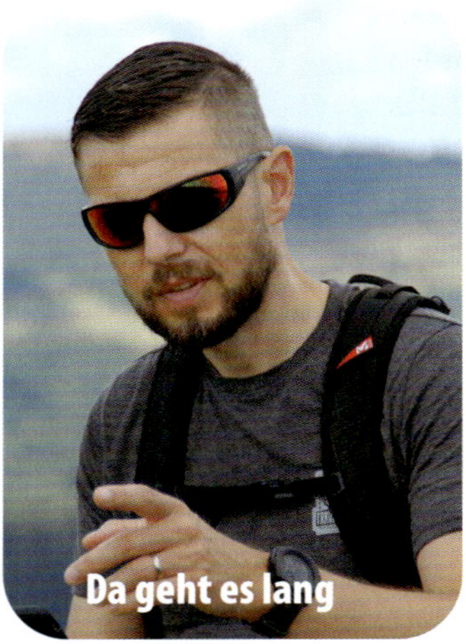

Je weiter wir nach oben kommen, desto steiniger wird der Weg. Dann noch ein kurzer, steiler Anstieg, und wir erreichen den **Lauchenkopf ❶**, den höchsten Punkt unserer Wanderung (1314 Meter Höhe). Ringsherum befinden sich unzählige Heidelbeersträucher. Einige Wanderer pflücken die leckeren blauen Beeren. Wir verlassen den Lauchenkopf und wandern über einen Pfad, der sich durch die Heidelbeersträucher nach unten schlängelt. Dieser mündet in einen felsigen Waldweg. Vor uns stehen Rotbuchen Spalier. Wir schreiten durch die Allee, die zunehmend felsiger wird. Schließlich gibt der Wald wieder den Blick auf die Vogesen frei. Wir gehen über einen Pfad, erneut vorbei an Heidelbeersträuchern, hinauf zum **Nonselkopf ❷** (1257 Meter Höhe). Dort angekommen, bietet sich uns ein wunderschönes Rundum-Panorama. Wir verweilen für einen Moment und setzen dann unsere Wanderung fort. Nun geht es bergab über eine grüne Wiese, auf der Preiselbeeren und Besenheide wachsen.

An der nächsten Weggabelung orientieren wir uns am **blauen Punkt** und steigen weiter hinunter. Nach rund 150 Metern biegen wir links ab **(rot-weiß-großes Rechteck)** und wandern über einen steinigen Weg durch ein kurzes Waldstück. Nun bitte aufpassen. Wir müssen circa 100 Meter über die **Départementalstraße** gehen. Dafür wechselt man am besten sofort die Straßenseite und nimmt den schmalen ausgetretenen Pfad rechts von der D27. Dann halten wir uns rechts, gehen noch einige Meter über einen steinigen Weg und erreichen die **Ferme Auberge Uff Rain ❸.** Auf der Wiese neben dem Berggasthof grasen Kühe. Hühner laufen umher und verschwinden in einem Häuschen, das mehr ein Chalet als ein ordinärer Hühnerstall ist. Wanderer dösen auf Holzliegen in der Sonne. Kinder spielen auf einer Schaukel. Auf der Terrasse lassen sich es sich einige Wanderer bei einem Getränk gut gehen. Hier lässt es sich aushalten! Auch kulinarisch weiß die Auberge zu überzeugen. Neben leckeren lokalen

Für die Seele

Grüne Wiesen, Wälder, Berge und leckeres Essen in Berggasthöfen, hier lassen wir es uns gut gehen.

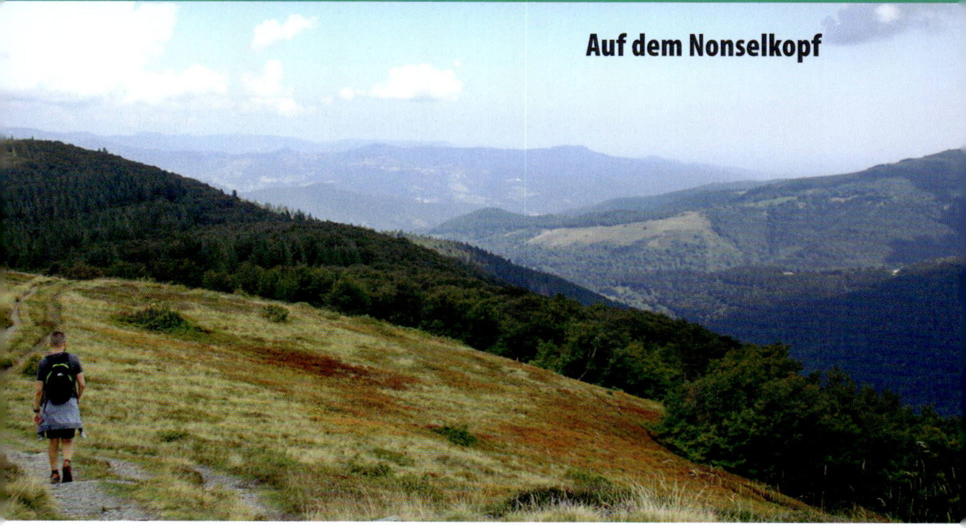

Auf dem Nonselkopf

Spezialitäten bietet sie hausgemachte Käse- und Wurstspezialitäten. Wer zudem eine ländlich-moderne Inneneinrichtung und einen freundlichen Service schätzt, wird sich hier wohlfühlen.

Wir haben an diesem Tag jedoch in der rustikaleren **Ferme Auberge du Salzbach** einen Tisch reserviert. Dorthin machen wir uns nun auf den Weg und halten uns rechts (Schild **Salzbach**). Gemütlich schlendern wir über die Wiese und weichen so manchem Kuhfladen aus. Nach dieser Geschicklichkeitsprüfung kommen wir in einen Rotbuchen-Wald. Aus der Ferne hören wir noch die Kuhglocken, die schließlich verstummen. An der folgenden Weggabelung halten wir uns links und gehen weiter hinunter **(Salzbach, rot-weiß-rotes Rechteck).** Es folgt eine ausgedehnte Rechtskurve. Wir schlendern an Fichten, Löwenzahn sowie Farnen

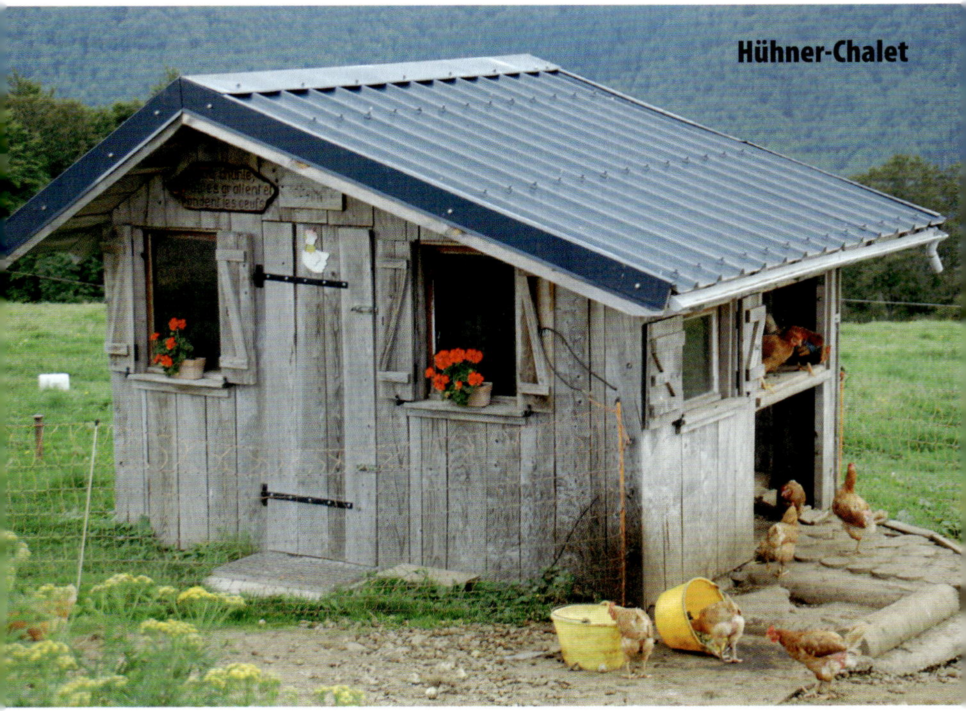

Hühner-Chalet

vorbei und erreichen die **Ferme Auberge du Salzbach ④.** Kühe grasen vor herrlichem Bergpanorama.

Wir betreten die Auberge und bekommen nach kurzer Anmeldung einen Tisch. Wie die anderen Gasthöfe auf dieser Tour ist die Auberge du Salzbach insbesondere an Wochenenden sehr gut besucht. Unser Blick schweift zunächst über das Interieur. An den holzvertäfelten Wänden hängen Geweihe, Küchenutensilien, zahlreiche Auszeichnungen sowie Fotos von den heutigen und einstigen menschlichen und tierischen Bewohnern des Bauernhofes sowie deren Vorfahren. Neben uns befindet sich ein Kamin. Der kann heute ausbleiben, spendet in der kalten Jahreszeit aber sicher angenehme Wärme. Wir widmen uns der Speisekarte: Tourte Salade (eine mit Hackfleisch gefüllte Pastete mit grünem Salat), Tartiflette au Fromage du Munster (Kartoffeln mit Munster-Käse in einer kleinen heißen Pfanne), Roigabrageldi (geräuchertes Fleisch mit Bratkartoffeln und Salat), ein Vesperteller mit Spezialitäten des eigenen Bauernhofes. Die Auswahl fällt nicht leicht, doch egal, wofür wir uns entscheiden – es schmeckt hervorragend.

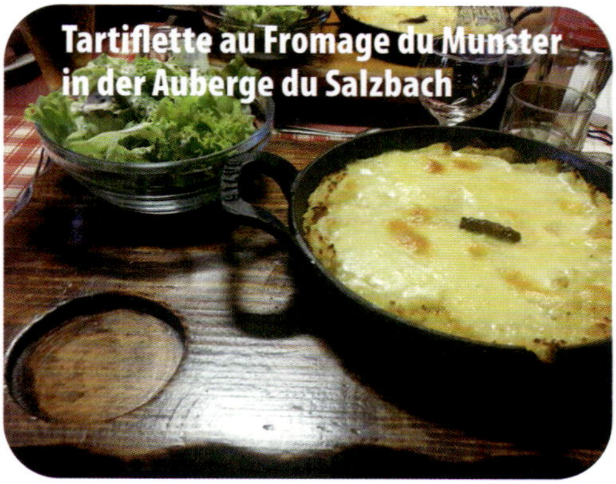

Nach dem leckeren Mahl machen wir uns wieder auf den Weg. Kurz nach der Auberge erreichen wir eine Weggabelung, an der wir rechts abbiegen **(rot-weiß-rotes Rechteck).** Wir gehen über die Wiese und erblicken nach wenigen Metern neben dem Weg die **Source de la Fecht ⑤** (Quelle des Flusses Fecht). Die Fecht hat hier ihren Ursprung und entwickelt sich bis zum Dorf Mittlach rund 700 Meter unterhalb von uns zu einem ansehnlichen Fluss. Eine Absperrung bewahrt unaufmerksame Wanderer davor, nasse Füße auf dem wasserdurchtränkten Boden zu bekommen.

Verwöhntour 10

*Die **Fecht** fließt unter anderem durch das Städtchen Munster und mündet nach 49 Kilometern in die Ill.*

Wir haben es trocken vorbeigeschafft und wandern abermals durch einen Rotbuchenwald. Nach 400 Metern erreichen wir die Wiese, auf der unsere Wanderung begonnen hatte. Erneut schweift der Blick über die Vogesengipfel. In aller Ruhe gehen wir den letzten Abschnitt bergab. Neben uns grasen Vogesenrinder. Neugierig betrachten wir uns gegenseitig. Dann erreichen wir die Schutzhütte **Refuge du Hahnenbrunnen,** unseren Ausgangspunkt. Nicht weit entfernt bietet sich eine weitere Möglichkeit, hervorragende lokale Küche zu kosten. Nur 250 Meter südlich befindet sich neben der **Route des Crêtes** die **Ferme Auberge Hahnenbrunnen ❻.** Man kann über einen Weg zu Fuß dorthin wandern oder vor der Auberge parken.

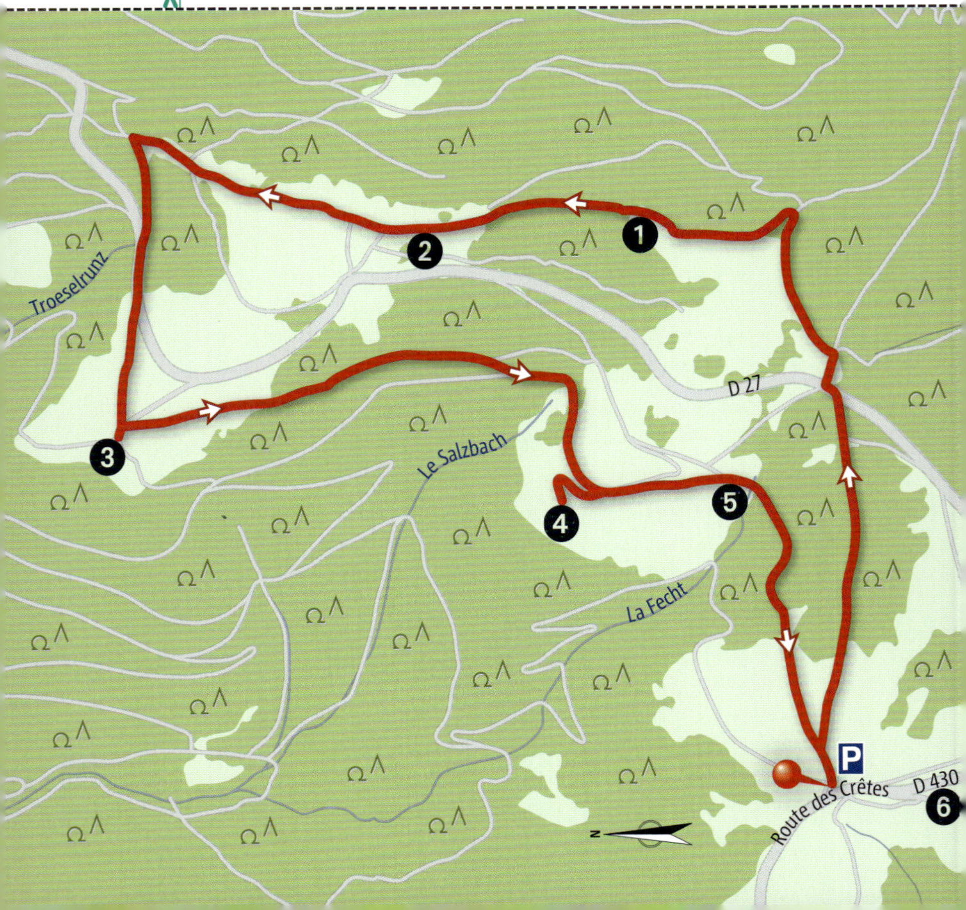

Alles auf einen Blick

WIE & WANN:
Überwiegend leicht begehbare Wald- und Wiesenwege. Teilweise steinig und Baumwurzeln auf dem Weg. Beste Wanderzeit: Frühling bis Herbst. Reservierung in den Auberges empfehlenswert.

HIN & WEG:
Auto: Parkplatz neben der Schutzhütte Refuge du Hahnenbrunnen, Route des Crêtes, 68610 Le Markstein (GPS: 47.9517, 7.01968)
ÖPNV: keine direkte Anbindung

ESSEN & ENTSPANNEN:
Ferme Auberge Uff Rain ❸ Route du Schnepfenried, 68380 Metzeral, Tel. +33 (3) 89 77 67 68

Entspannung ✱✱✱✱✱
Genuss ✱✱✱✱✱
Romantik ✱✱✱✱✱

Ferme Auberge du Salzbach ❹ Route des Crêtes, 68380 Metzeral, Tel. +33 (3) 89 77 63 66, www.salzbach.com
Ferme Auberge Hahnenbrunnen ❻ Route des Crêtes, 68610 Le Markstein, Tel. 33 (3) 89 77 68 99, www.fermeauberge-hahnenbrunnen.fr

ENTDECKEN & ERLEBEN:
Lauchenkopf ❶
Nonselkopf ❷
Source de la Fecht ❺

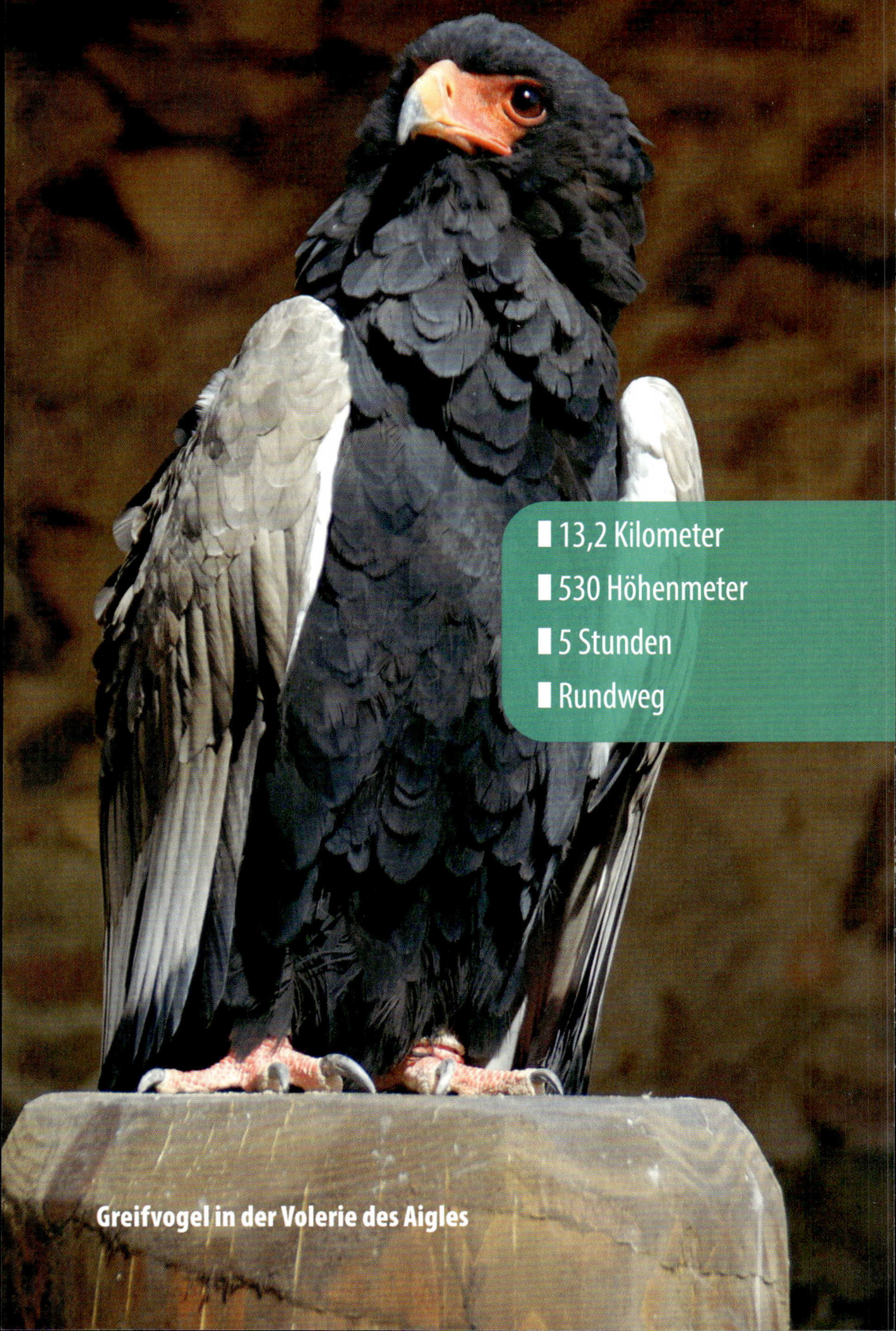

- 13,2 Kilometer
- 530 Höhenmeter
- 5 Stunden
- Rundweg

Greifvogel in der Volerie des Aigles

Unsere Wanderung beginnt am westlichen Ortsrand von **Kintzheim** auf dem **Parkplatz P5 der Volerie des Aigles.** Wir schultern die Rucksäcke und steigen die Serpentinen zum **Château de Kintzheim** 1 hinauf. Nach einigen Minuten erreichen wir den Schlossberg. Vor uns ragen majestätisch die 15 Meter hohe Mauer und der 27 Meter hohe Bergfried der Burg Kintzheim empor. Prinzessinnen und Ritter sucht man in der gut erhaltenen Burg vergeblich. Stattdessen wird sie heute von Vögeln bewohnt. Im Château ist die **Greifvogelwarte La Volerie des Aigles** untergebracht.

*Der Zugang zur Burg ist ausschließlich im Rahmen eines Besuchs der äußerst sehenswerten **Greifvogelshow** möglich. Mehr Infos unter www.voleriedesaigles.com/de.*

Als Orientierung dienen uns auf den folgenden 750 Metern die Schilder mit dem **Burg-Symbol** (für das Château du Haut-Koenigsbourg) und dem **rot-weiß-roten Rechteck.** Der Weg führt uns aufwärts durch einen Wald. Steine und Äste knirschen unter unseren Wanderschuhen. In gemütlichem Tempo setzen wir einen Fuß vor den anderen und genießen die Natur. Dann erreichen wir die **Départementalstraße D 159.** Wir überqueren sie in einer Kehre und gehen weiter geradeaus. Nun kommen wir an einem Angelteich vorbei. Ein Schild verrät, dass wir uns im **Forêt Communale de Kintzheim** befinden. Nach einer lang gedehnten Linkskurve biegen wir nach rechts auf einen kleinen Waldpfad ab (weiterhin Burg-Symbol, rot-weiß-rotes Rechteck). Der schmale Pfad führt uns weiter nach oben, vorbei an Rotbuchen, Eichen und Kastanien. Links von uns befindet sich ein ausgetrocknetes Bachbett,

Burgromantik

Aufstieg zur Haut-Koenigsbourg

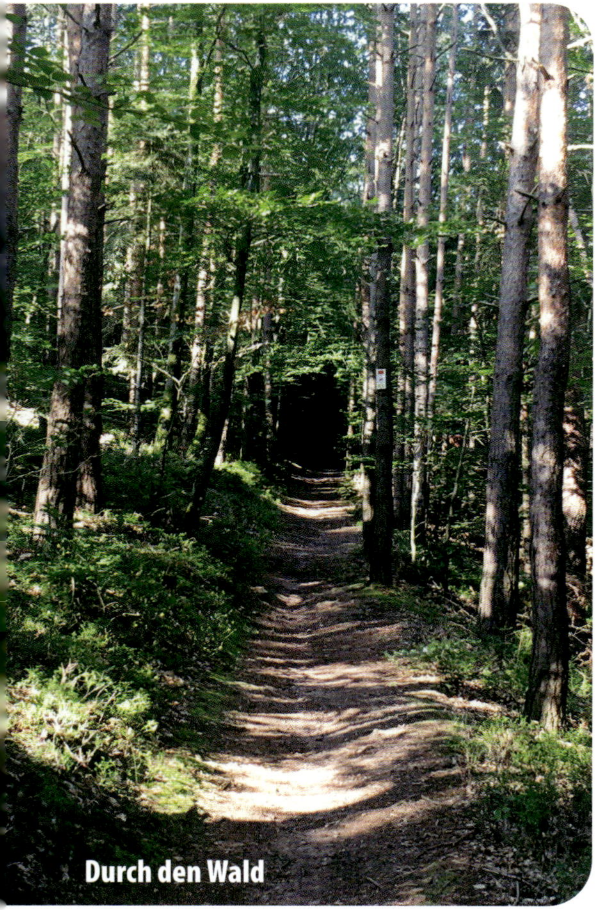
Durch den Wald

das je nach Jahreszeit und Wetter Wasser mit sich führt. Immer wieder bemerken wir aufgelockerte Erde am Wegesrand. Zu den Bewohnern des Kintzheimer Waldes gehören auch Wildschweine.

800 Meter nach dem letzten Rendezvous treffen wir erneut auf die D 159. Wir überqueren die Straße und halten uns danach links **(Burg-Symbol, ab jetzt ein rotes Rechteck).** Es geht immer weiter bergauf durch den Wald. Schließlich erreichen wir eine Kreuzung mit dem passenden Namen Kreuzweg. Eine Bank lädt zum Verweilen ein. Zurücklehnen, durchschnaufen und die Ruhe der Natur auf sich wirken lassen. Nach der kleinen Auszeit geht es weiter. Wir nehmen den Weg nach rechts oben (Burg-Symbol, rotes Rechteck). Unzählige Bäume bilden nun ein Spalier. Wir haben das Gefühl, durch einen grünen Tunnel zu gehen.

Nach einer langen Rechts- sowie einer Linkskurve erreichen wir abermals eine Kreuzung. Wir gehen geradeaus und kommen kurz darauf erneut an die D 159. Wir überqueren wieder einmal die Straße und steigen weiter hinauf. An der folgenden Weggabelung biegen wir rechts ab **(Burg-Symbol, rotes Rechteck** und wieder **rot-weiß-rotes Rechteck).** Unmittelbar darauf überqueren wir ein viertes und letztes Mal bei unserem Aufstieg die D 159. Nun gibt es zwei Möglichkeiten. Sowohl der linke als auch der rechte Weg führen hinauf zur Burg. Wir nehmen auf dem Hinweg den rechten Pfad **(Burg-Symbol, rot-weiß-rotes Rechteck).**

Nun geht es recht steil nach oben. Dafür werden wir mit einem herrlichen Ausblick auf die oberrheinische Tiefebene und die Humanisten-Stadt **Sélestat** (Schlettstadt) belohnt. Eine altehrwürdige, moosbewachsene Bank bietet uns hierfür einen Platz an. Unser Blick streift vom Osten in den Norden. Dort sind deutlich die beiden Burgruinen **Ramstein** und **Ortenbourg** zu erkennen. Wenige Meter weiter auf dem Pfad nach oben treffen wir auf eine Wasserquelle. „Unsre

Für die Seele

Leckere lokale Gastronomie und romantische Burgen, diese Wanderung ist eine Wohltat für die Sinne.

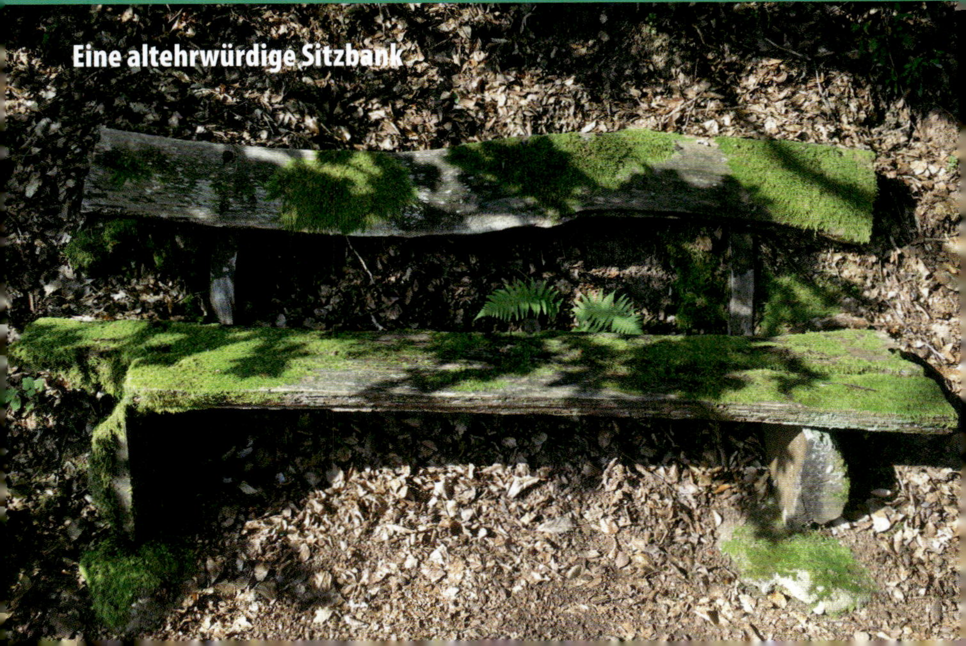

Eine altehrwürdige Sitzbank

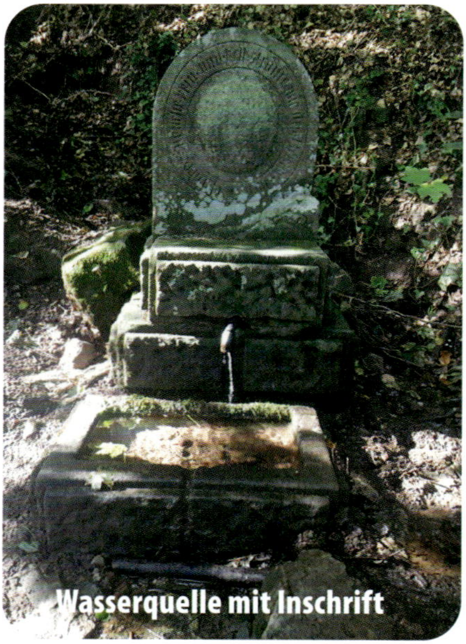

Wasserquelle mit Inschrift

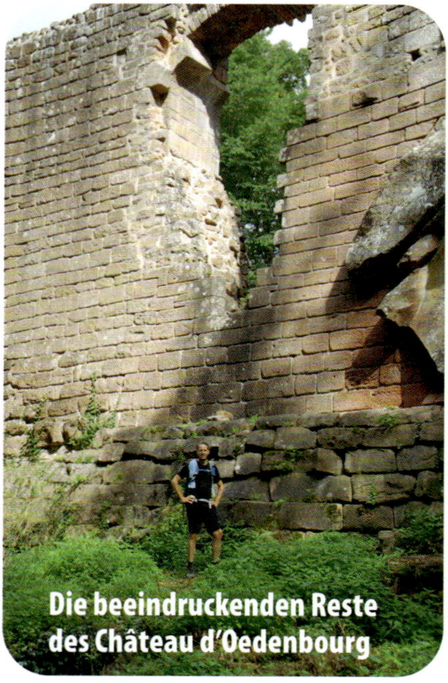

Die beeindruckenden Reste des Château d'Oedenbourg

Sprache rein und hell ströme wie des Berges Quell", ist dort auf einem Stein zu lesen. Die Inschrift stammt aus dem Jahr 1901, als Kaiser Wilhelm II. die **Haut-Koenigsbourg** restaurieren ließ und die Arbeiter auf diesem Weg täglich nach oben zur Baustelle wanderten. Apropos Arbeit: Während wir den Pfad weiter hinaufsteigen, bemerken wir einen großen Felsen, der von zwei Bäumen gestützt wird. Allerdings ist die Arbeitsteilung ziemlich ungerecht. Die weitaus größere Last trägt der schmächtigere der beiden Bäume. Wir schmunzeln und setzen unseren Weg fort.

An der folgenden Kreuzung gehen wir geradeaus und steigen weiter auf (Burg-Symbol, rot-weiß-rotes Rechteck). Das Ziel ist nicht mehr fern. Schließlich treffen wir auf den Alternativweg, der uns ebenfalls von der D 159 hier hochgeführt hätte. Wir gehen jetzt natürlich nicht gleich wieder runter, sondern halten uns rechts. Es folgen 150 Meter Aufstieg, bis wir an eine Treppe gelangen. Nun noch ein paar Stufen nach oben, und wir stehen vor der eindrucksvollen **Haut-Koenigsbourg ❷** (757 Meter Höhe). Was für eine tolle Belohnung nach dem Aufstieg! Neben uns sitzen Besucher an den Tischen des **Le 757 – Pavillon du Haut-Koenigsbourg ❸.** Hungrige Wanderer können sich auch im zugehörigen **Le 757 – Le Restaurant** stärken. Empfehlenswerter sind aber die später auf der Wanderung folgenden Gasthöfe.

Rechts parken an beiden Straßenseiten Busse und Autos, die die Besucher hier hochgefahren haben. Wir nehmen den kleinen Pfad zwischen dieser Straße und dem Eingang zum Restaurant **(Burg-Symbol, rotes Rechteck).** Gemütlich schlendern wir an der imposanten Burg vorbei, bewundern die Türme und Mauern und staunen über eine riesige Eiche, die inmitten der äußeren Ringmauer gewachsen ist. Nach rund 500 Metern biegen wir links ab und erblicken vor uns die Ruine des **Château d'Oedenbourg ❹.** Fasziniert bestaunen wir die Südseite der Oedenburg. Aus der hohen Mauer des Saalbaus ragen zwei riesige Felsen heraus. Darüber sind zwei gotische Fenster in die Wand eingelassen.

Etwas unterhalb der Oedenburg lädt eine Picknickbank zu einer kleinen Ruhepause ein. Danach halten wir uns links in Richtung Haut-Koenigsbourg und umrunden die Burg auf ihrer nördlichen Seite. Wer schon einmal hier ist, sollte das Chateau unbedingt von innen besichtigen. Die Haut-Koenigsbourg ist die am besten rekonstruierte Burg in den Vogesen. Ein Besuch ist jedes Mal wie eine kleine Zeitreise ins Mittelalter.

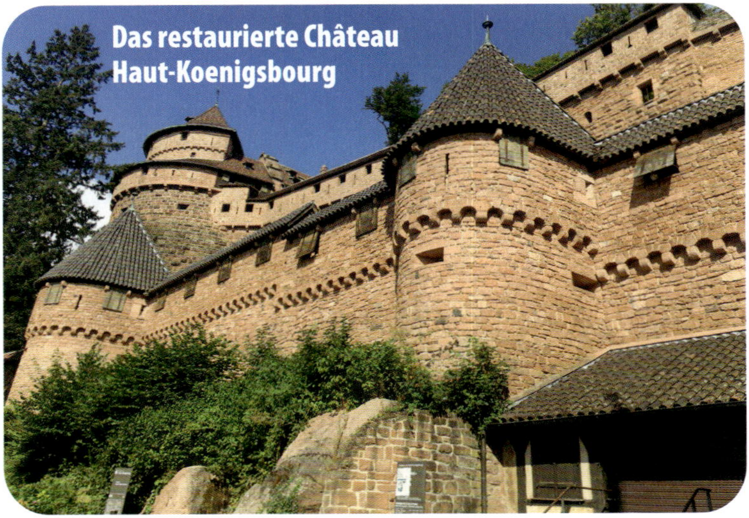
Das restaurierte Château Haut-Koenigsbourg

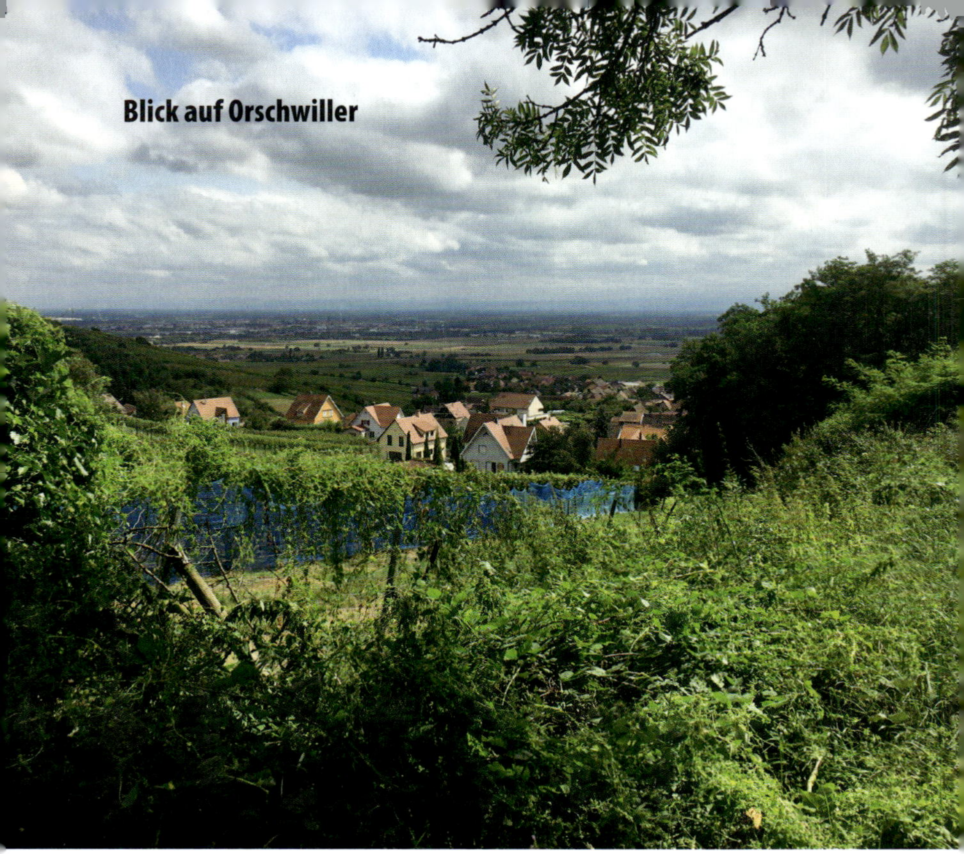

Kaiser Wilhelm II. ließ die **Haut-Koenigsbourg** in den Jahren 1901 bis 1908 restaurieren – als „Westpfeiler" des Deutschen Reiches und als Museum. Heute dient sie ausschließlich letzterem Zweck. Der Rundgang führt durch zahlreiche möblierte Räume des Burglebens.

Wir steigen im Anschluss wieder die Treppe beim **Pavillon de Haut-Koenigsbourg** nach unten, gelangen an die Kreuzung und nehmen nun den rechten Weg. Nun steigen wir auf der anderen Seite durch den Wald hinab. Unser Tempo ist jetzt etwas zügiger. An den folgenden Weggabelungen orientieren wir uns am **Burg-Symbol** und dem **roten Rechteck.** Dann stehen wir wieder an der D 159. Wir gehen hinüber. An der folgenden Weggabelung steigen wir nicht wieder nach Kintzheim hinab, sondern wandern in Richtung Orschwiller **(rot-weiß-rotes Rechteck).** Die Gespräche drehen sich nun um das Erlebte und die Haut-Koenigsbourg. An der folgenden Weggabelung gehen wir weiter geradeaus nach Orschwiller und erreichen schließlich den Platz **Schaflager** an der D 159. Hier befindet sich das **Restaurant L'Orée du Chateau ❺,** das leckere elsässische Flammkuchen anbietet.

Die weitere Wanderung führt rechts am Restaurant vorbei über einen Feldweg. Beim Abstieg dient uns weiterhin das **rot-weiß-rote Rechteck** als Orientierung, während wir ins Tal hinabsteigen. Die Bewaldung wird nun immer spärlicher. Dann erreichen wir die Weinberge von Orschwiller, sehen dahinter die Häuser des kleinen Ortes und in der Ferne die Gebäude von Sélestat. Der Schotterweg geht in die asphaltierte **Rue du Chateau** über, die uns zur **Kirche Saint-Maurice** ❻ bringt. Hier biegen wir links ab und gehen auf der **Rue de l'Église** in Richtung Ortsmitte. Ganz entspannt schlendern wir am Rathaus und den pittoresken, mit reichlich Blumen geschmückten Fachwerkhäusern entlang. Hungrige Wanderer können einen Abstecher in die Grand Rue zur **Auberge du Kirchberg** ❼ machen. Das familiär geführte Restaurant bietet zahlreiche traditionelle Gerichte – von Flammkuchen über Baeckeoffe (auf Reservierung) bis Sauerkraut.

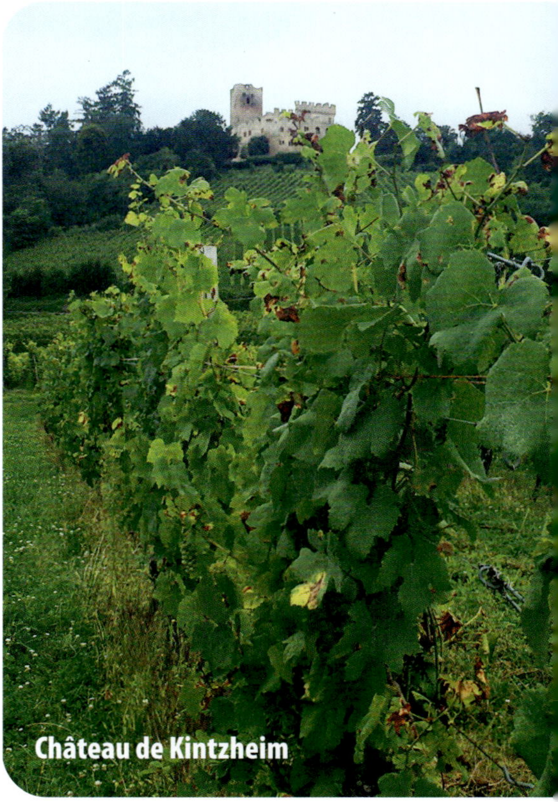
Château de Kintzheim

Wir gehen am Brunnen vorbei hinüber in die Rue des Prélats und bewundern den wunderschönen Balkon eines Hauses. Die **Rue des Prélats** führt links und rechts um einige Häuser herum. Welchen Weg man nimmt, ist egal. Beide führen zur Schule des kleinen Dorfes. Dort halten wir uns links und gehen in die Weinberge **(Kintzheim, gelb-weiß-gelbes Rechteck).** Nach 600 Metern biegen wir links und unmittelbar danach rechts ab. Wir wandern weiter durch die Weinberge und biegen nach 300 Metern erneut rechts ab (gelb-weiß-gelbes Rechteck).

Am Ortseingang von Kintzheim führt unser Weg nach links. Aus der Ferne hören wir jemanden über Mikrofon sprechen. Der Blick wandert nach links oben. Dort ist das **Château de Kintzheim** zu sehen. Über der Burg kreisen Greifvögel. Wir verlassen die Weinberge, biegen links in die **Rue des Chars** ab und nach 200 Metern rechts in die **Rue du Général de Gaulle.** Nach wenigen Metern führt die Straße links nach oben zum Parkplatz. Anhänger der elsässischen Gastronomie könnten noch einen Abstecher in die Ortsmitte von Kintzheim machen. Empfehlenswert sind die **Auberge Saint-Martin** **8** sowie das **S'Hislé** **9.**

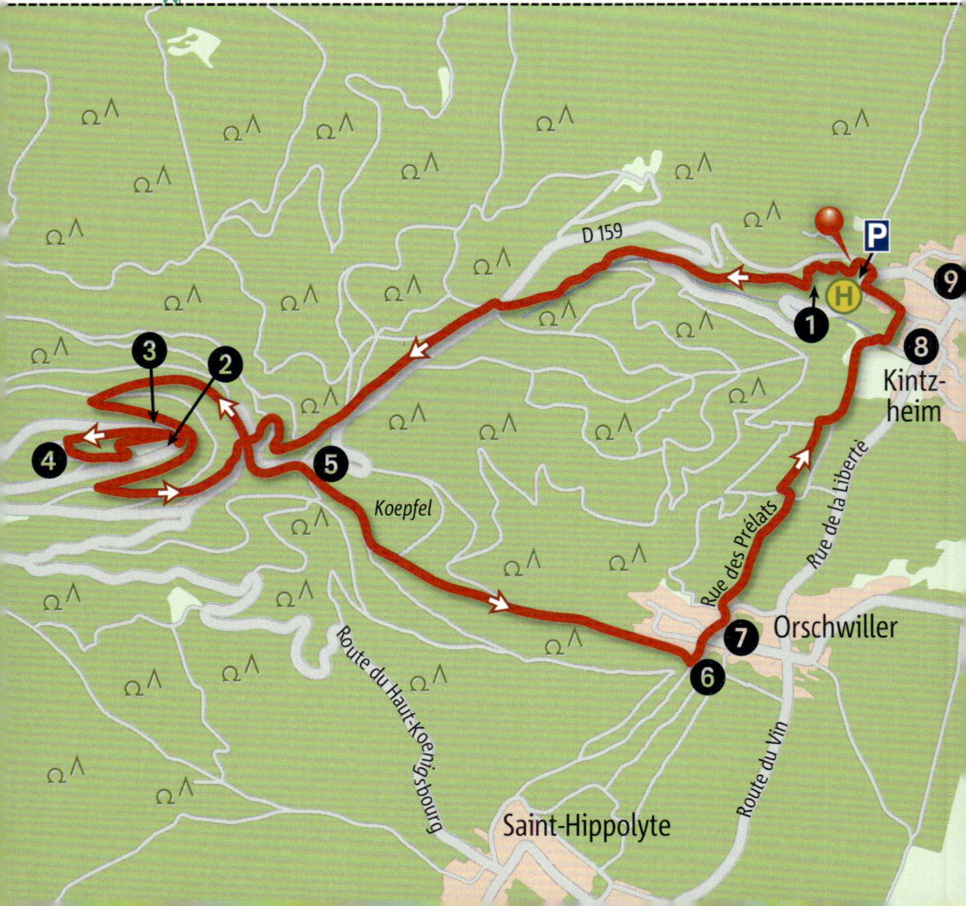

Alles auf einen Blick

WIE & WANN:

Überwiegend leicht begehbare Waldwege und -pfade. Teils felsig.
Beste Wanderzeit: Frühling bis Herbst. Im Sommer zieht die Haut-Koenigsbourg insbesondere an Wochenenden viele Menschen an.

HIN & WEG:

Auto: Parkplatz der Volerie des Aigles in 67600 Kintzheim (GPS: 48.25672, 7.3889)
ÖPNV: Navette du Haut-Koenigsbourg ab Sélestat Gare (nur im Sommer und Herbst), Haltestelle Volerie des Aigles

ESSEN & ENTSPANNEN:

Le 757 - Pavillon du Haut-Koenigsbourg und Le 757 – Le Réstaurant ❸
Haut-Koenigsbourg, 67600 Orschwiller, Tel. +33 (3) 88 82 37 80,
www.haut-koenigsbourg.fr/de/praktische-hinweise/die-wirtschaft-auf-der-burg

Entspannung ✱✱✱✱✱
Genuss ✱✱✱✱✱
Romantik ✱✱✱✱✱

Restaurant L'Orée du Chateau ❺ Schaflager, 67600 Orschwiller,
Tel. +33 (3) 89 22 00 05, www.loreeduchateau.com
Auberge du Kirchberg ❼ 8 Grand Rue, 67600 Orschwiller,
Tel. +33 (3) 69 30 18 51, www.aubergedukirchberg.fr
Auberge Saint-Martin ❽ 80 Rue de la Liberté,
67600 Kintzheim, Tel. +33 (3) 88 82 04 78
S'Hislé ❾ 50 Rue du Géneral de Gaulle,
67600 Kintzheim, Tel. +33 (3) 90 58 52 19

ENTDECKEN & ERLEBEN:

Château de Kintzheim ❶
Haut-Koenigsbourg ❷
Château d'Oedenbourg ❹
Kirche Saint-Maurice ❻

Haut-Ribeaupierre

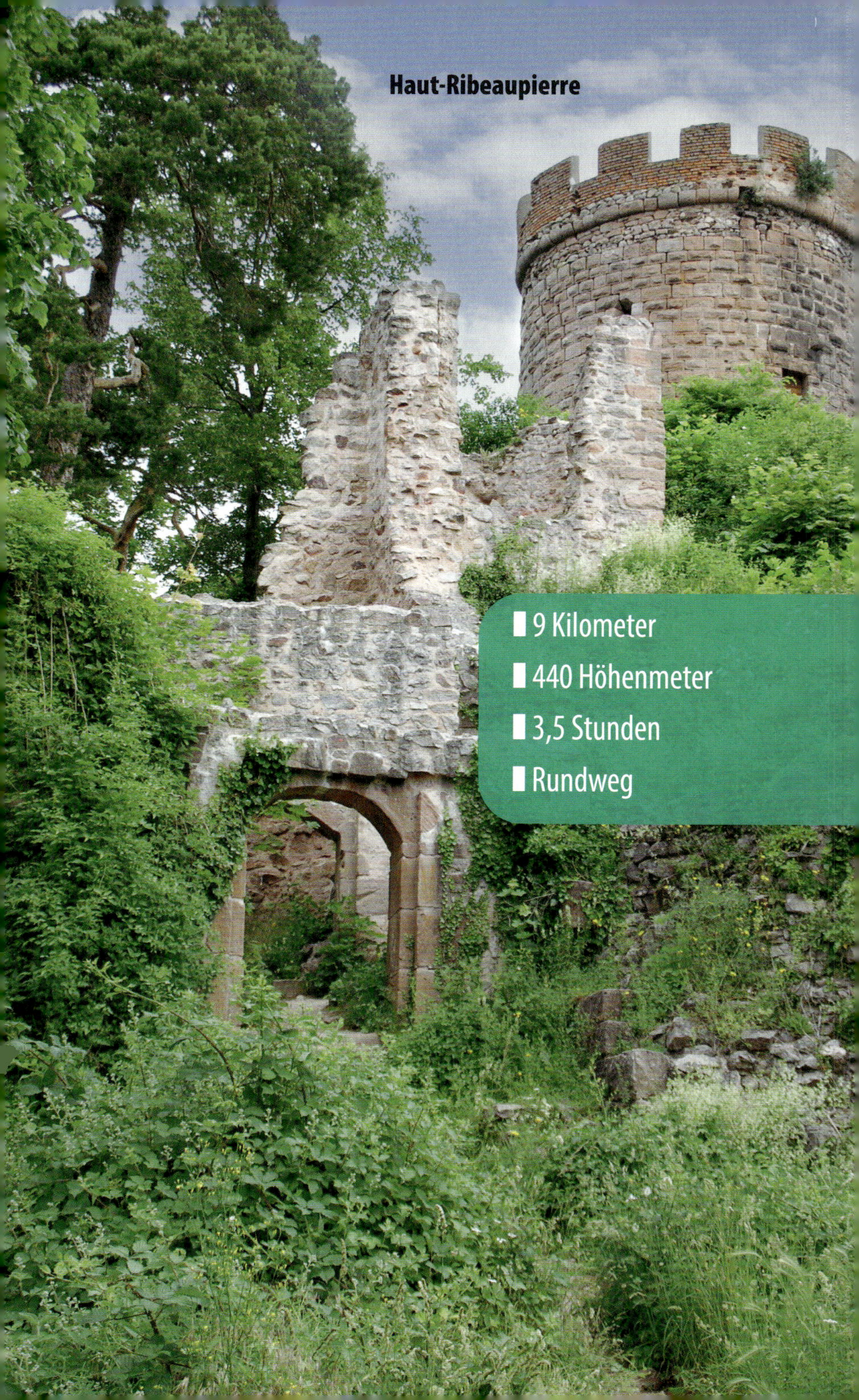

- 9 Kilometer
- 440 Höhenmeter
- 3,5 Stunden
- Rundweg

Wir starten früh. Zum einen, weil der kostenlose Parkplatz neben dem **Stadtpark** bei Einheimischen und Besuchern sehr beliebt ist. Zum anderen, weil wir mittags in einem der Restaurants von **Ribeauvillé** (Rappoltsweiler) sitzen und die Wanderung mit einem kulinarischen Genuss abschließen möchten. Doch bis dahin vergehen noch erlebnisreiche Stunden.

Nach unserer Ankunft gehen wir in nördlicher Richtung und biegen links in die **Rue du Cimetière** ab. Kurz darauf erreichen wir die **Route de Bergheim.** In der Ferne erblicken wir die drei Burgen **Haut-Ribeaupierre** (Hohrappoltstein), **Girsberg** und **Saint-Ulrich** (Ulrichsburg), die majestätisch über **Ribeauvillé** thronen. Dort werden wir in rund 2 Stunden

Blick aufs Mittelalter

Ribeauvillé und seine Burgen

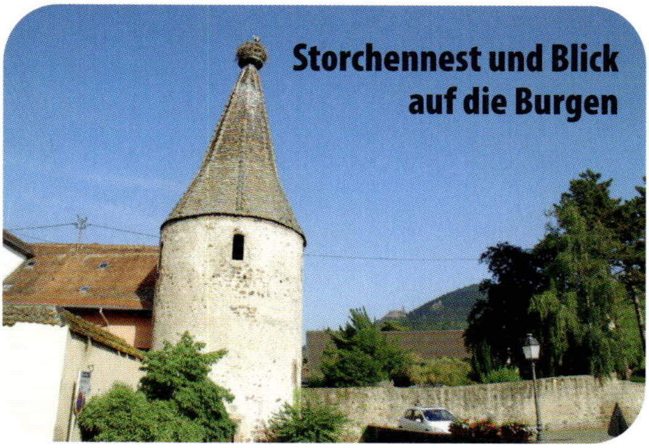
Storchennest und Blick auf die Burgen

sein. Zur Szenerie gehört ebenfalls ein alter Turm auf der gegenüberliegenden Straßenseite, auf dessen Spitze Weißstörche es sich in ihrem Nest gemütlich gemacht haben. Immer wieder strecken sie ihre Hälse nach hinten und klappern mit ihren Schnäbeln. Wir beobachten die anmutigen Klapperstörche bei ihrem Treiben und überqueren dann die Route de Bergheim. Nach einigen Metern in der **Rue Klée** führt der Weg nach rechts in den **Osterbergweg.**

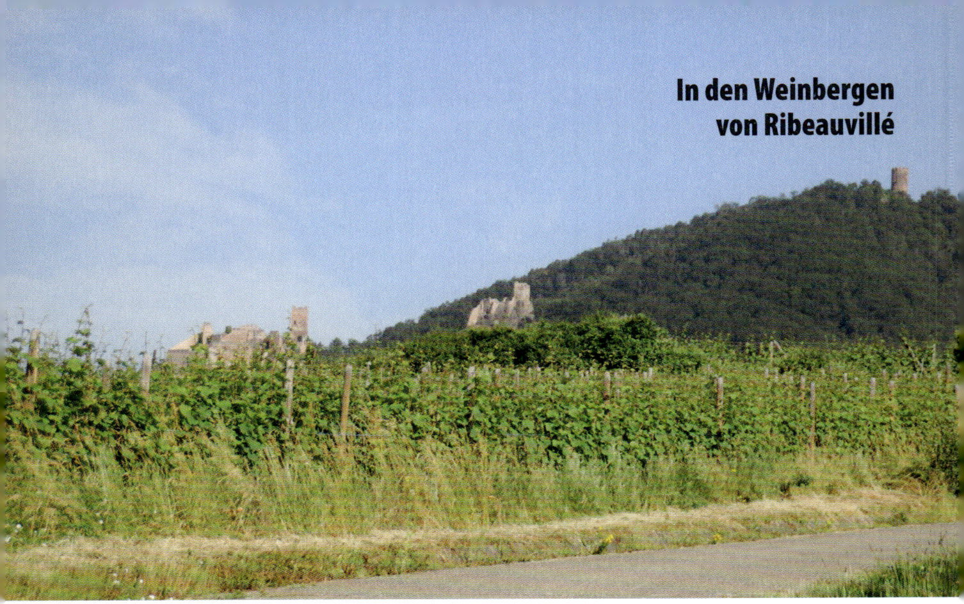

In den Weinbergen von Ribeauvillé

Als Orientierung dient das Schild **Sentier Viticole Panoramique.**

Ab jetzt geht es bis zur Burg **Haut-Ribeaupierre** fast ausschließlich bergauf. Zunächst durch die Weinberge von **Ribeauvillé.** Ein Weißwein wäre später doch eine gute Idee! Bei der ersten Möglichkeit biegen wir links in den **Wartweg** ab und setzen unseren Weg durch die Weinberge fort. Dabei wandert der Blick immer wieder hoch zu den Burgen und auf **Ribeauvillé.** Gelegentlich treffen wir auf Kreuzungen. Wir gehen jedoch weiter geradeaus und bergauf. Als Orientierung hilft das Schild **Schlüsselstein (gelbes Dreieck).** Schließlich mündet die asphaltierte Straße in einen landwirtschaftlichen Weg, der einige Hundert Meter später in einen Wald führt.

Nach dem Aufstieg durch die Weinberge ist die kühle Frische der grünen Ruheoase sehr willkommen. Kurz nach dem Eintritt in den Wald gabelt sich der Weg. Wir bleiben rechts. An der nächsten Kreuzung könnten wir nach rechts zur Felsformation **Schlüsselstein** gehen. Wir biegen jedoch links ab (Schild **Ribeauvillé par le Vallon de Lutzelbach)** und wandeln über einen breiten Waldweg. Wie herrlich es hier nach Kiefern duftet! Nach einer lang gezogenen Linkskurve gehen wir noch einige Meter geradeaus und biegen dann bei der ersten Möglichkeit rechts ab (Schild **Les Châteaux).** Nun führt der Weg wieder bergauf. 200 Meter später stehen wir vor einer Kreuzung. Wir bleiben nicht auf dem Weg geradeaus zu den drei Burgen. Stattdessen nehmen wir den schmalen Pfad, der nach rechts oben führt. Auf dem Schild lesen wir: **Chat. Ht.-Ribeaupierre (rot-weißes Rechteck).** Mehrmals bleiben wir auf dem kleinen Waldpfad stehen und lauschen den Vögeln. Zwei Artgenossen scheinen miteinander zu kommunizieren. Erst der eine, dann der andere, beide in derselben Tonlage. Wir lächeln. Kurz darauf sehen wir einen Specht bei der Arbeit. Er beobachtet uns einen

Für die Seele

Nach einer sinnlichen Tour durch Weinberge, Wälder und vorbei an Burgen folgt ein kulinarischer Spaziergang im mittelalterlichen Städtchen Ribeauvillé.

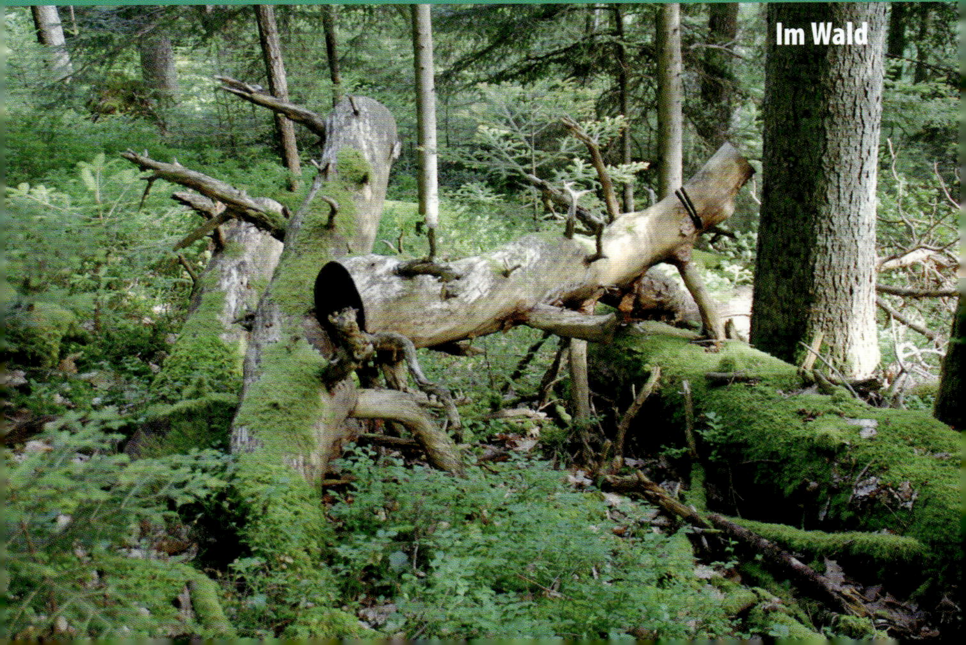

Im Wald

Moment und setzt dann seine Arbeit fort. Sorry für die Störung.

Zwischendurch haben wir die Möglichkeit abzubiegen. Wir folgen jedoch weiterhin dem **rot-weißen Rechteck.** Schließlich erreichen wir eine Kreuzung, an der wir links abbiegen. Nun folgt der letzte Anstieg **(rotes Rechteck)** zur Burg. Dann ist es geschafft. **Haut-Ribeaupierre 1** liegt vor uns. Oder genauer gesagt: die Ruinen. Die Natur hat sich einen großen Teil zurückerobert. Aber genau das macht den Charme der Burg aus. Die teilweise überwachsene Toranlage, dahinter der Bergfried; Haut-Ribeaupierre ist ein charmantes Relikt des Mittelalters mitten im Grünen.

Nun könnten wir vor der Burg einen steilen Weg bergabwärts nehmen. Wir gehen jedoch ein Stück zurück und biegen links ab (Schild **Cht. St-Ulrich, rot-weißes Rechteck).** Mit den frischen Eindrücken wandern wir über den wurzeligen Steinpfad nach unten zum **Château Saint-Ulrich 2.** Die Burg ist größer und deutlich besser erhalten. Gedankenverloren wandeln wir durch die verwinkelte Anlage, erkunden

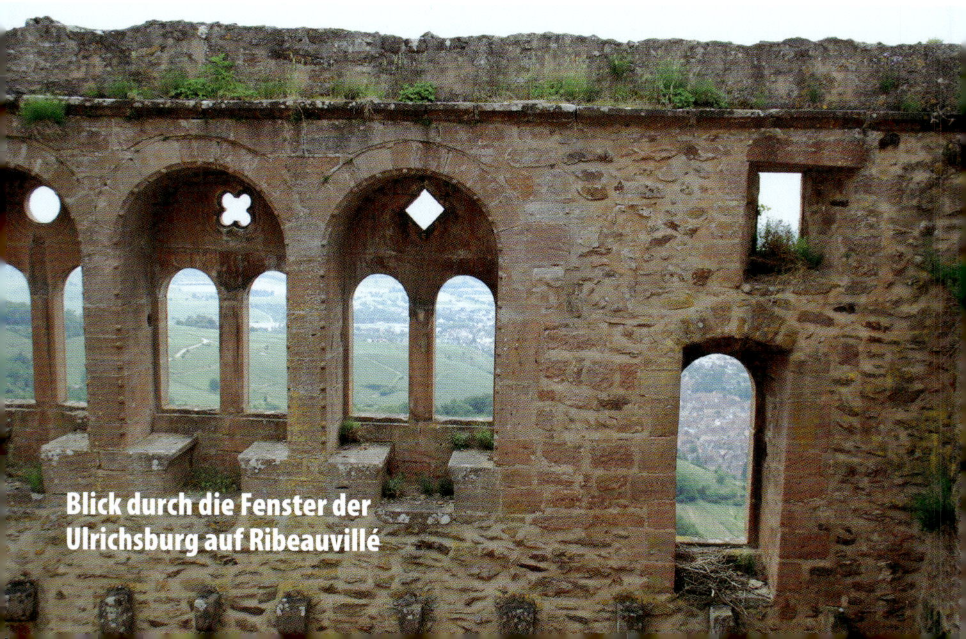

Blick durch die Fenster der Ulrichsburg auf Ribeauvillé

die einzelnen Räume und entdecken Ornamente auf dem roten Sandstein. Wie die einstigen Bewohner blicken wir im Rittersaal durch die romanischen Zwillingsfenster hinunter auf **Ribeauvillé.** Am Ende der Visite kraxeln wir die Holztreppe im Bergfried nach oben. Der Blick in die oberrheinische Tiefebene ist unglaublich unterhaltsam. Die Szene wirkt wie ein Wimmelbild. Ortschaften und Felder. Traktoren, Autos und Fahrräder. Überall gibt es etwas zu entdecken.

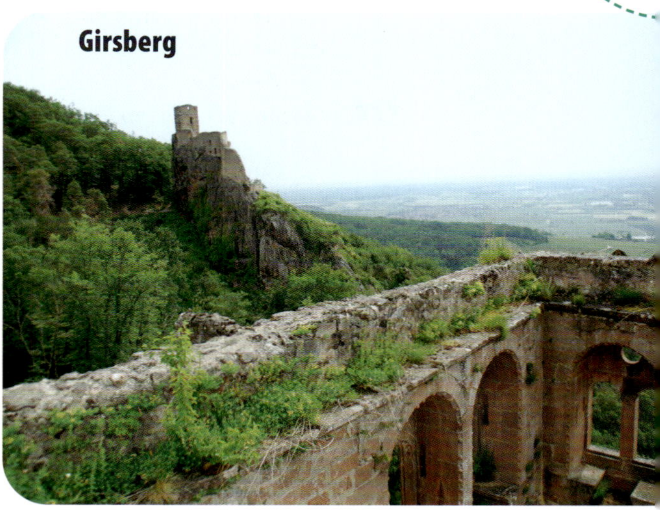

Nach der Visite der Ulrichsburg nehmen wir nicht den direkten Weg in Richtung **Ribeauvillé,** sondern steigen einige Meter nach oben. Der Pfad **(gelbes Kreuz)** führt uns direkt zur Burg **Girsberg ❸.** Sie ist die kleinste der drei Burgen, thront aber auf einem beeindruckenden 20 Meter hohen Granitfelsen. Wir verweilen hier einige Minuten und entspannen bei dem Ausblick auf die Ulrichsburg.

Im Anschluss gehen wir auf den Pfad zurück und biegen bei der nächsten Gelegenheit rechts Richtung **Ribeauvillé** ab **(rot-weißes Rechteck).** Alternativ könnte man weiter geradeaus gehen und rund 450 Meter später rechts abbiegen. Denn der folgende Abstieg ist relativ steil (am besten möglichst weit links halten). Bei den beiden nächsten Weggabelungen halten wir uns ebenfalls rechts. Lockeren Schrittes wandern wir an Gräsern, Beerensträuchern und Blumen vorbei. An der folgenden Kreuzung orientieren wir uns

***Haut-Ribeaupierre** ist die älteste der drei Burgen. Eine vom 9. bis ins 11. Jahrhundert entstandene Burganlage wurde im 13. Jahrhundert mit der heutigen Burg überbaut. Keramik- und Münzenfunde belegen, dass bereits Kelten und Römer hier siedelten.*

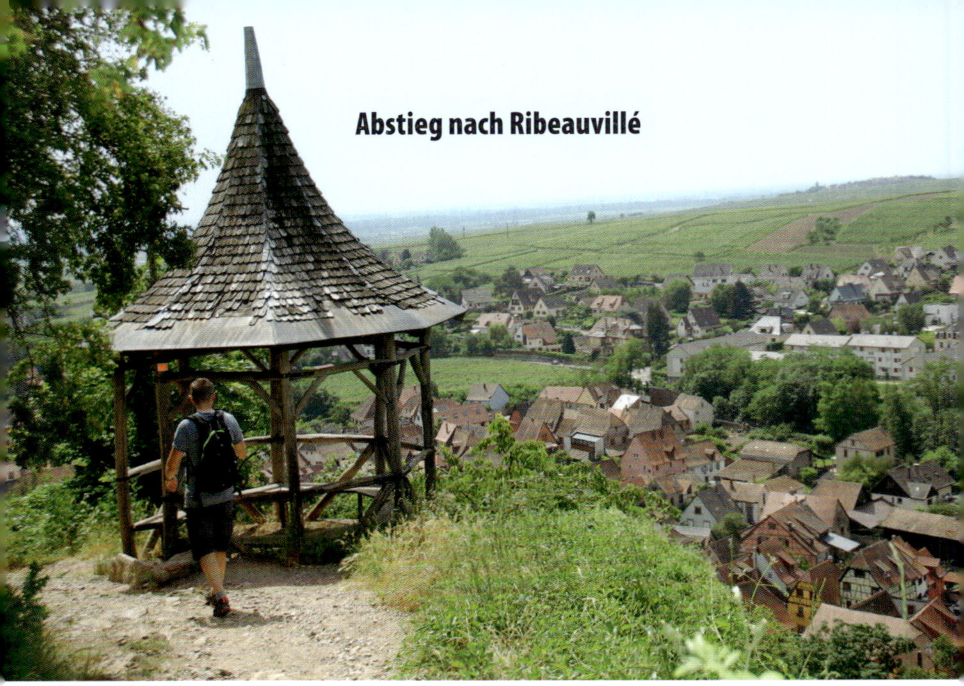

links **(rotes Rechteck)** und nehmen den **Hagelpfad** aus dem Wald heraus ins Tal. Nach rund 500 Metern treffen wir auf einen Schatten spendenden Pavillon. Wir nehmen die Einladung an und erfreuen uns an der Aussicht auf die Burgen und **Ribeauvillé.**

Am Ende des Hagelpfads gehen wir nach rechts (gelbes Kreuz). Der Weg führt uns zwischen Stadtmauer und Weinbergen hinunter nach **Ribeauvillé.** Dort biegen wir links in die **Grand Rue** ab. In der Hauptstraße des mittelalterlichen Städtchens sind allerlei Restaurants, Bars und Geschäfte angesiedelt, die uns mit lokalen Spezialitäten verwöhnen. Direkt an der Kreuzung, an der wir gerade angekommen sind, befindet sich das Restaurant **Aux Trois Châteaux ❹.** Hier kommen vor allem Wanderer mit großem Hunger auf ihre Kosten. Das Restaurant der Familie Muller ist sowohl für seine Qualität als auch für seine großen Portionen bekannt. Ein Stückchen weiter ist auf der rechten Seite neben dem Brunnen am Place de la Republique die **Bar Saint Ulrich ❺.** Hier kann man in lockerer Atmosphäre lokale und internationale Biere genießen.

*Für den ganz großen Hunger: Bestellen Sie im Restaurant **Aux Trois Châteaux** das Cordon bleu.*

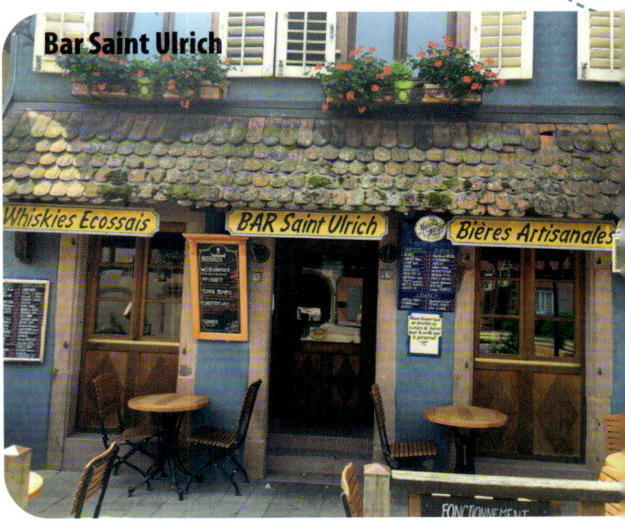

Bar Saint Ulrich

Ribeauvillé ist ein wunderschöner Ort. In bester Stimmung spazieren wir über das Kopfsteinpflaster. Der kleine Stadtbach plätschert gemütlich dahin. Bunte, mit Blumen geschmückte Fachwerkhäuser flankieren die Grand Rue. Wir lugen in die Seitenstraßen und schmalen Gassen. Was es hier wohl zu entdecken gibt? Ein Besuch in dem pittoresken Ort ist jedes Mal eine erholsame Auszeit.

Die optischen Sinne sind befriedigt, nun ist der Gaumen dran. Wir essen im Restaurant **Au Passage de la Tour** ❻ direkt neben dem mittelalterlichen **Metzgerturm** ❼. Hier gibt es typische elsässische Gerichte in traditioneller Atmosphäre. Gemütlich und authentisch. Wir wählen jeweils Sauerkraut mit fünf verschiedenen Fleischsorten, ein klassisch elsässisches Gericht, und dazu ein Glas Riesling sowie einen Burger des Hauses. Derart gestärkt machen wir uns auf den Heimweg und setzen unseren Spaziergang durch die Grand Rue fort. Die Fromagerie **La Place** ❽ verwöhnt ihre Gäste mit exzellenten

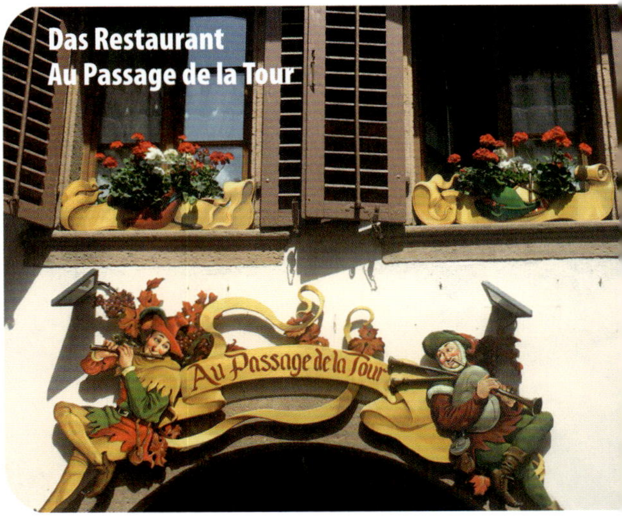

Das Restaurant Au Passage de la Tour

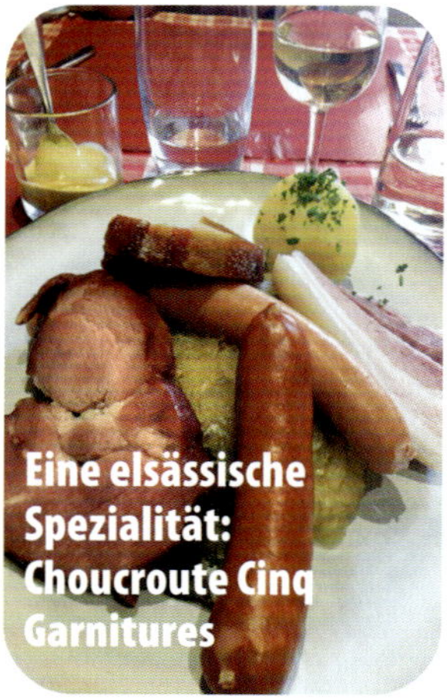

Weinen und Käsespezialitäten. Praktisch: Im hauseigenen Geschäft kann man gleich seinen Lieblingskäse für zu Hause kaufen. Eine hervorragende Weinauswahl hat auch die Weinbar **Le Goupil ⑨.** Der letzte Genussort auf unserer Tour durch die Grand Rue ist das Restaurant **Schaal´É Sucré ⑩.** Hier lohnt es sich vor allem, für einen Kaffee und ein leckeres Dessert vorbeizuschauen. Schließlich erreichen wir das Ende der Grand Rue, halten uns rechts in Richtung Kreisverkehr und biegen bei der ersten Gelegenheit links zum **Stadtpark** ab.

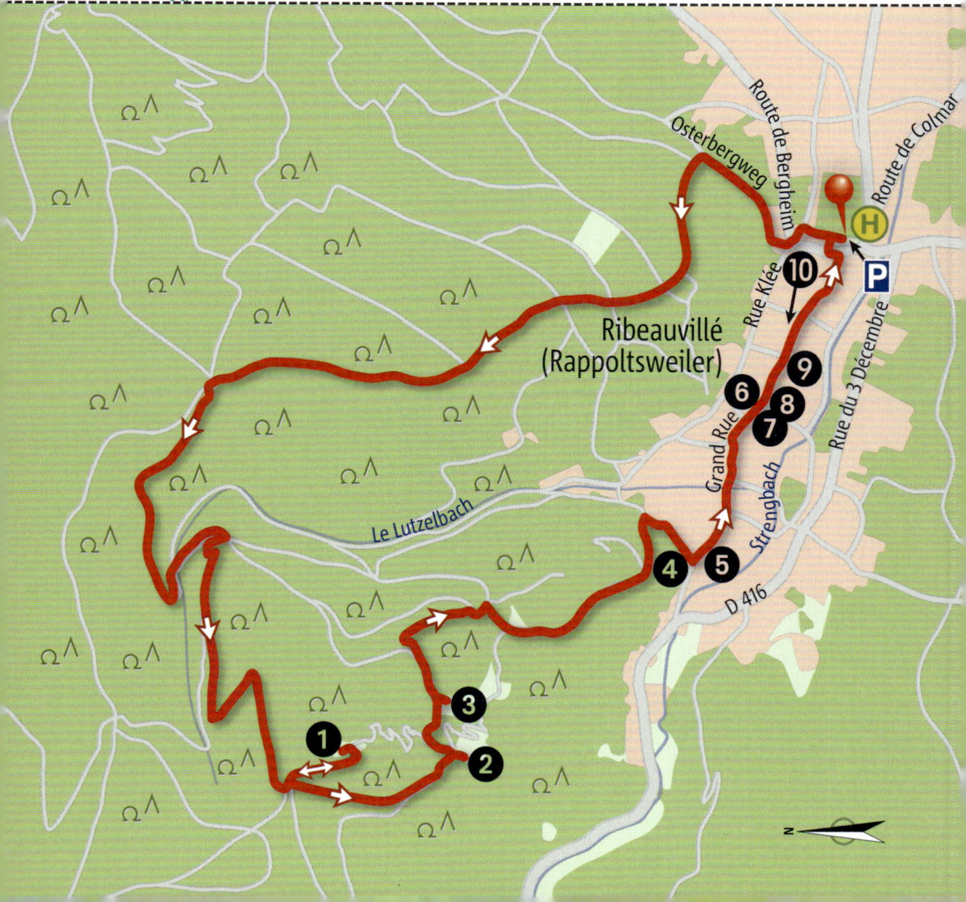

Alles auf einen Blick

WIE & WANN:
Überwiegend gut begehbare Wege. Am Anfang und Ende asphaltierte Straßen. Mittendrin Waldwege. In den ersten 2 Stunden fast ausschließlich Aufstieg. Beste Wanderzeit: Frühling bis Herbst.

HIN & WEG:
Auto: Parkplatz neben dem Stadtpark/Jardin de Ville, 68150 Ribeauvillé (GPS: 48.19301, 7.32524)
ÖPNV: Bus 106 und 109 aus Colmar, Haltestelle Gare Routière Ribeauvillé

ESSEN & ENTSPANNEN:
Restaurant Aux Trois Chateaux ❹ 2 Route de Sainte-Marie aux Mines, 68150 Ribeauvillé, Tel. +33 (3) 89 73 82 22, www.hotelrestaurant3chateaux.fr

Entspannung ✱✱✱✱✱ (3 von 5)
Genuss ✱✱✱✱✱
Romantik ✱✱✱✱✱

Bar Saint Ulrich ❺ 3 Place de la République, 68150 Ribeauvillé, Tel. +33 (3) 89 73 74 38
Au Passage de la Tour ❻ 70 Grand Rue, 68150 Ribeauvillé, Tel. +33 (6) 32 37 71 54
La Place ❽ Place de l'Hôtel de Ville, 68150 Ribeauvillé, Tel. +33 (9) 53 13 69 10, https://la-place-cheese-shop.business.site
Le Goupil ❾ 2 Place de l'Ancien Hôpital, 68150 Ribeauvillé, Tel. +33 (3) 89 78 81 23, www.goupilbaravin.wordpress.com
Schaal'É Sucré ❿ 2 Place de la 1E Armée, 68150 Ribeauvillé, Tel. +33 (3) 89 73 34 97, www.schaalesucre.com

ENTDECKEN & ERLEBEN:
Chateau Haut-Ribeaupierre ❶
Château Saint-Ulrich ❷
Château Girsberg ❸
Metzgerturm ❼

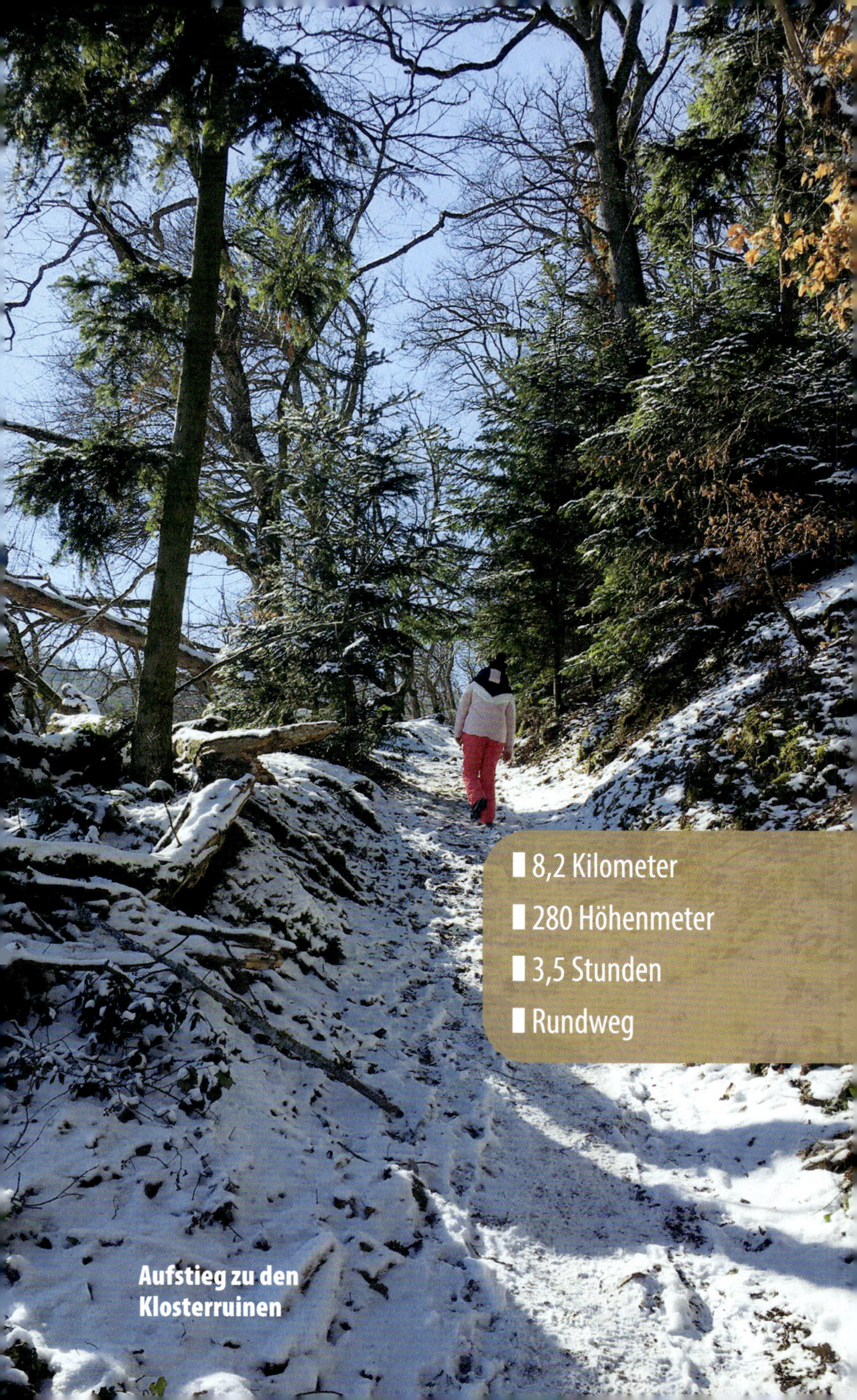

- 8,2 Kilometer
- 280 Höhenmeter
- 3,5 Stunden
- Rundweg

Aufstieg zu den Klosterruinen

Die Wanderung beginnt auf einem großen Parkplatz, dem **Parking de la carrière,** am nordwestlichen Ortsrand der kleinen Gemeinde **Saint Nabor ①**.

Bevor wir losmarschieren, machen wir einen Abstecher auf die gegenüberliegende Straßenseite. Dort gibt ein Schild mit der Aufschrift **Circuit des Abbayes** interessante Informationen über den Rundweg preis – inklusive den wichtigsten Wegmarken und Wandermarkierungen. Ein paar Schritte weiter führt eine kunstvoll geschwungene Treppe zu einer **Aussichtsplattform ②.** Der Aufstieg lohnt sich. Von hier oben bietet sich bei strahlend blauem Himmel ein wunderschöner Ausblick auf Saint Nabor und die umliegenden Dörfer.

*Ihren Namen verdankt die Ortschaft dem heiligen **Nabor,** einem römischen Soldaten, der für seinen christlichen Glauben sein Leben gab.*

Danach geht es wieder zurück auf die andere Straßenseite und von dort aus ein Stück an der Landstraße D 254 entlang. Wir werfen rechts einen Blick auf den beachtlichen **Steinbruch,** der schon seit Jahrhunderten Baumaterial für die Gebäude im Umkreis liefert. Nach einer Linkskurve beginnt die **Rue des Carrières (blaues Kreuz).** Wenige Meter später biegen wir rechts in die **Rue de la Foret** (weiterhin blaues Kreuz).

Gechillte Zeitreise

Der Klosterweg am Odilienberg

Nun beginnt der Aufstieg. Dabei lassen wir den Blick immer wieder über Saint Nabor und die **oberrheinische Tiefebene** gleiten. Die Häuser werden immer spärlicher, und schließlich sind wir mitten im Wald. Nur noch das Zwitschern der Vögel ist zu hören, während uns die Sonne das Gesicht wärmt. Wir sind noch

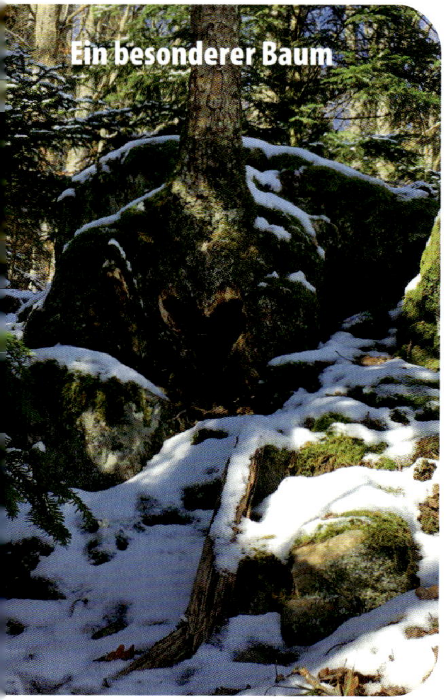
Ein besonderer Baum

nicht lange unterwegs. Aber schon jetzt stellt sich ein Gefühl der inneren Ruhe ein. Der Anstieg wird zunehmend steiler. Immer wieder stoppen wir für kurze Momente und lauschen der erhabenen Stille der Natur. Wir haben Zeit.

Nach einer Weile entdecken wir einen Baumstumpf mit einer Aushöhlung, die wie ein Herz aussieht. Natürlich oder von Menschen gemacht? Wie dem auch sei: Ein Schmunzeln huscht über unser Gesicht. Zunächst leise, dann immer deutlicher vernehmen wir ein Geräusch. Das dahinplätschernde Wasser des **Dachsbachs.** Schließlich erreichen wir einen Forstweg und biegen links ab. Der Weg führt nun abwärts, bis wir den Dachsbach kreuzen. Hier erschafft die Natur im Winter bizarre, spektakuläre Eisskulpturen, die im Zusammenspiel mit

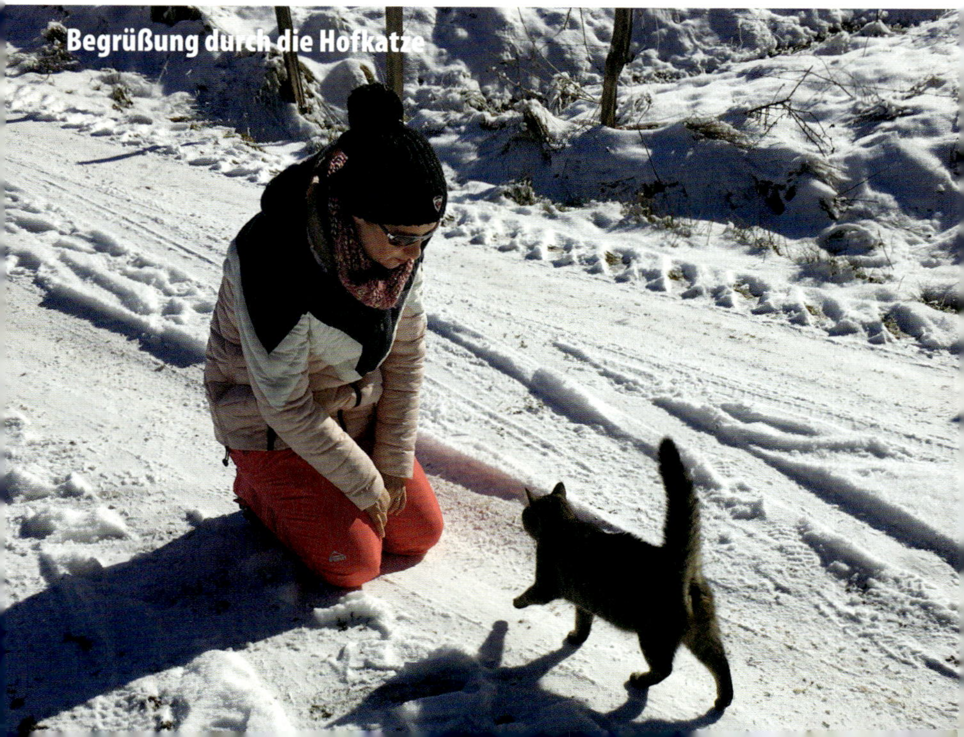
Begrüßung durch die Hofkatze

dem Wasser ein anmutiges Schauspiel bieten. Wir folgen dem Pfad parallel zum Dachsbach und erreichen den Parkplatz der Abbaye de Niedermunster. Nun ändert sich die Wegmarkierung. Ab jetzt dient uns ein **gelber Punkt** als Orientierung.

*Ursprünglich war das **Kloster Niedermünster** ein Hospitium, eine Herberge für Pilger, denen der Aufstieg bis zum Kloster Hohenburg zu beschwerlich war.*

Wenige Minuten später erblicken wir auf einem Feld die kleine **Kapelle St. Nicolas,** neben der einige Pferde herumtollen, und kurz danach die Ruinen des Klosters Niedermünster. Darüber ist hoch oben auf dem **Odilienberg** das Kloster Hohenburg zu sehen, von dessen Dach die überlebensgroße Statue der heiligen Odilie, der Schutzpatronin des Elsass und Gründerin des Klosters, zu uns herunterblickt. Der Weg gabelt sich nun. Links befindet sich unser späterer Weg, der Schlenker nach rechts führt zu den **Klosterruinen Niedermünster** ③ (Abbaye de Niedermunster).

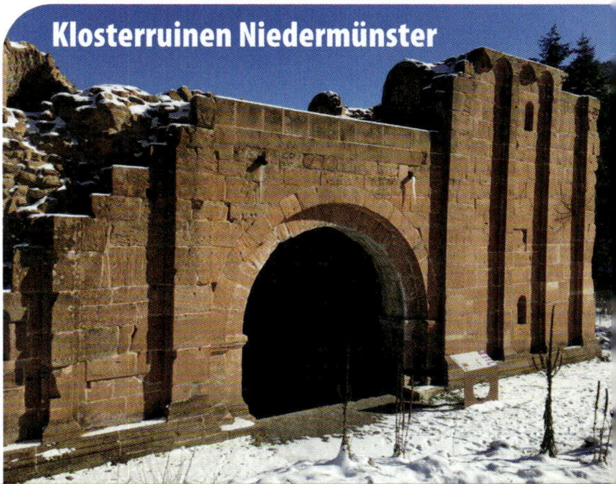
Klosterruinen Niedermünster

Für die Seele

Am Fuße des Mont Sainte Odile tauchen wir nicht nur tief in die Natur, sondern auch in die Geschichte des Odilienbergs ein.

Oft tritt man hier auf die Haus-und-Hof-Katze, die Touristen und Wanderer bei ihrer Besichtigung begleitet. Die 2019 restaurierte Anlage ist zwar eingezäunt, aber ein Rundweg führt um die beeindruckenden Ruinen. Mehrere Stationen mit mehrsprachigen Schildern geben einen Einblick in die Geschichte und Funktionsweise der Klosteranlage.

Der Legende nach transportierten im frühen Mittelalter fünf Ritter auf einem Kamel eine kostbare Kreuzreliquie zum Kloster Niedermünster. Anschließend ließen sie sich in der Nähe als Einsiedler nieder und gründeten die ***Kapelle St. Jacques.***

Wir begeben uns wieder auf den Weg mit der gelben Markierung. An der nächsten Weggabelung könnte man weiter zum Mont Sainte Odile aufsteigen. Wir folgen jedoch der scharfen Linkskurve und gehen in Richtung **Chapelle St. Jacques** ④. Kurze Zeit später biegen wir nach rechts oben ab und erreichen nach wenigen Minuten einen Weg, der uns links zu den Ruinen der kleinen Kapelle führt.

Wenn die umstehenden Bäume keine Blätter tragen, hat man von hier einen Ausblick auf die gesamte Klosteranlage Hohenburg auf dem Odilienberg. In direkter Nachbarschaft zur Kapelle befindet sich die Ferienanlage **Domaine St. Jacques.** An der Kreuzung Carrefour St. Jacques verrät das Schild, dass wir uns auf 570 Meter Höhe befinden und es bis Santiago de Compostela nur noch 2289 Kilometer sind.

Wir folgen allerdings der gelben Markierung in Richtung Abbaye de **Truttenhausen** und gehen einige Meter auf der Landstraße D 109. Nach der Kurve führt die zweite Abzweigung nach Truttenhausen. Der Weg bringt uns nun abwärts durch einen Mischwald mit

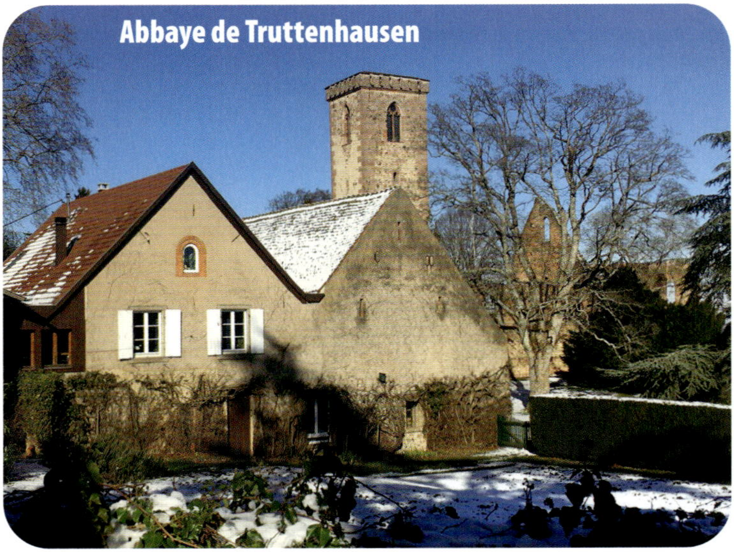
Abbaye de Truttenhausen

riesigen Bäumen. Dazwischen entwirft die nachmittägliche Sonne ein herrliches Spiel aus Licht und Schatten. Bei den folgenden Weggabelungen achten wir darauf, dass wir weiterhin **dem gelben Punkt folgen.** An der **Fontaine Zimmermann ⑤,** einem 1881 vom Wanderverein Club Vosgien errichteten Brunnen, lichtet sich der Wald. Hier bietet sich ein grandioser Ausblick auf die oberrheinische Tiefebene, den Schwarzwald und die umliegenden Dörfer. Eine Sitzbank lädt zum Verweilen ein.

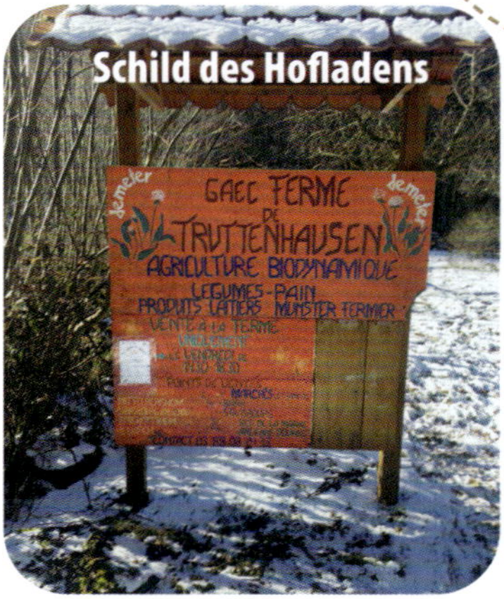

Schild des Hofladens

Nach einigen Minuten des Innenhaltens setzen wir die Wanderung fort. Der Weg führt nach unten. Als Orientierung dient weiterhin der gelbe Punkt. Schließlich erreichen wir die **Abbaye de Truttenhausen ⑥,** ein im 12. Jahrhundert durch Herrad von Landsberg gegründetes Kloster.

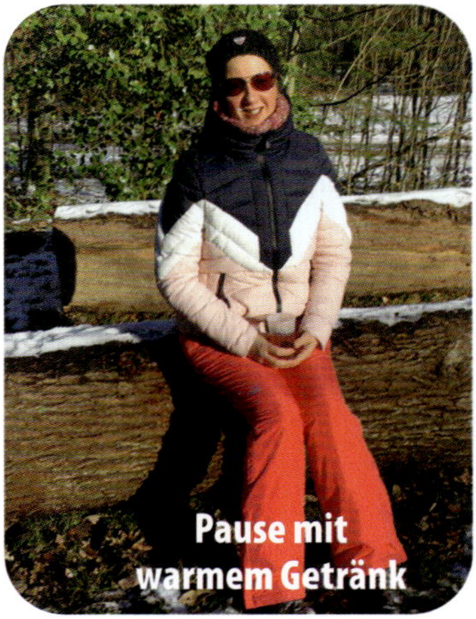

Pause mit warmem Getränk

Die Ruinen von Truttenhausen sind in Privatbesitz. Daher können wir sie nur von außen bestaunen. Der beste Blick bietet sich im Herbst und Winter, wenn die benachbarten Bäume keine Blätter tragen. Daneben liegt ein Bauernhof, der einen Besuch wert ist. An Freitagnachmittagen öffnet der **Hofladen ⑦** und bietet leckere Milchprodukte (darunter auch den berühmten Munster-Käse), knusprige Backwaren und frisches Gemüse – allesamt nach den Demeter-Richtlinien angebaut beziehungsweise produziert.

Wir gehen ein kleines Stück zurück, da die Wanderroute nach dem Abstieg durch eine scharfe Linkskurve führt. Als Orientierung dient uns nun ein **blauer Kreis.** Am **Maison Forestière** führt der Weg nach links **(blaues Dreieck).** Wir machen es uns für einige Minuten auf den von Forstarbeitern gefällten Baumstämmen bequem und genießen unseren Tee aus der Thermoskanne. Die Strecke ist nun nahezu eben, und wir

Herrad von Landsberg *war Äbtissin des Klosters Hohenburg auf dem Odilienberg und die nachweislich erste Autorin einer Enzyklopädie. In ihrem Buch „Hortus Deliciarum" (Garten der Köstlichkeiten) befindet sich die älteste Darstellung einer Brezel.*

erhöhen unsere Schrittzahl. Gelegentlich kreuzen wir den Weg von Hundebesitzern, die mit ihren Vierbeinern Gassi gehen.

Nach einer Weile überqueren wir erneut den **Dachsbach** und erreichen **Saint Nabor.** Die ersten Bewohner, auf die wir treffen, sind einige Kühe, die sichtlich die Sonne genießen. Wir durchstreifen die **Rue du Général de Gaulle** bis zu einer Kreuzung. Hier schlendern wir nach links in die Route du Mont Sainte-Odile und danach rechts in die Rue de l'Église. Am **Rathaus** von Saint Nabor biegen wir nach rechts ab, nehmen in der Route d'Ottrott die erste Abbiegung nach links in die **Rue des Alcines,** gehen am Friedhof sowie dem Gemeindefestsaal vorbei und erreichen den Parkplatz.

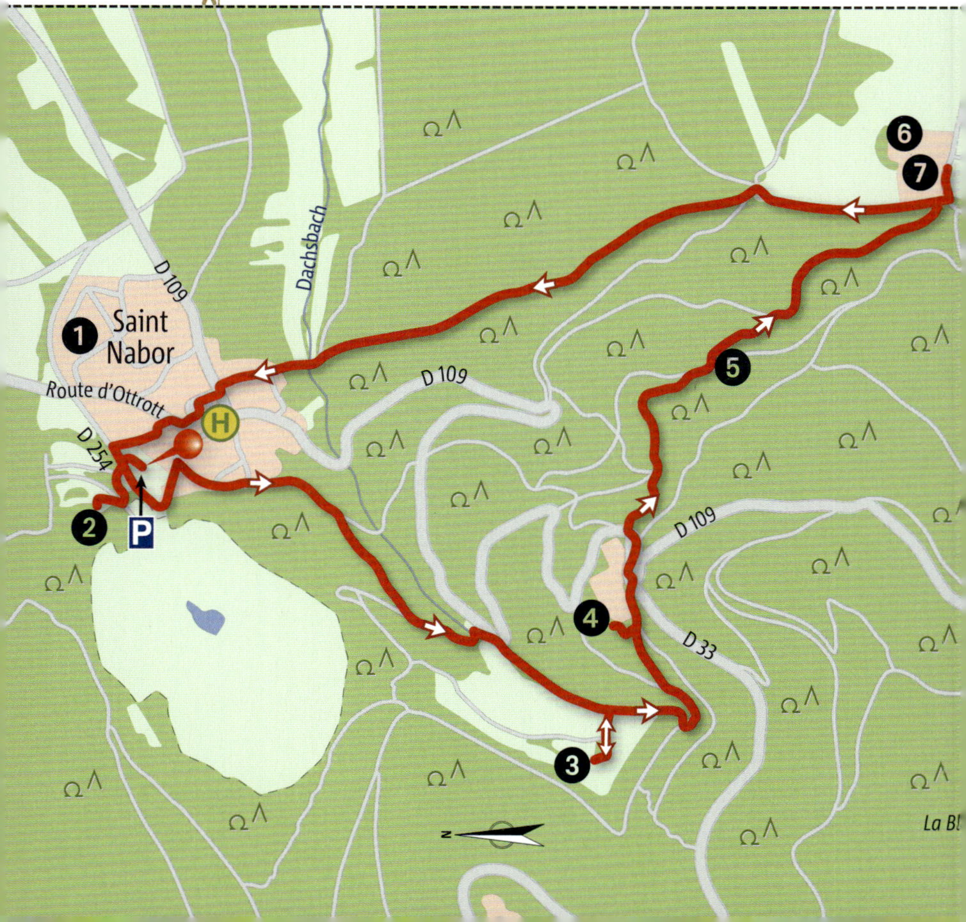

Alles auf einen Blick

WIE & WANN:
Waldwege und Pfade, aber auch asphaltierte Wege in Saint Nabor. Ganzjährig begehbar, im Herbst und Winter mit besonders schönen Ausblicken.

HIN & WEG:
Auto: Parkplatz Parking de la carrière an der D254 in 67530 Saint Nabor (GPS: 48.44709, 7.4216)
ÖPNV: Bus 262 aus Erstein (südlich von Strasbourg), Haltestelle am Rathaus („Mairie") von Saint Nabor direkt in der Nähe des Parking de la carrière

ESSEN & ENTSPANNEN:
GAEC La Ferme de Truttenhausen ❼ Truttenhausen, 67140 Heiligenstein, Tel. +33 (3) 69 64 95 75, www.truttenhausen.jimdofree.com, nur freitags von 14:30 bis 18:30 Uhr geöffnet

ENTDECKEN & ERLEBEN:
Saint Nabor ❶
Aussichtsplattform ❷
Klosterruinen Niedermünster ❸
Chapelle St. Jacques ❹
Fontaine Zimmermann ❺
Abbaye de Truttenhausen ❻

Entspannung ★★★★★
Genuss ★★★☆☆
Romantik ★★★★★

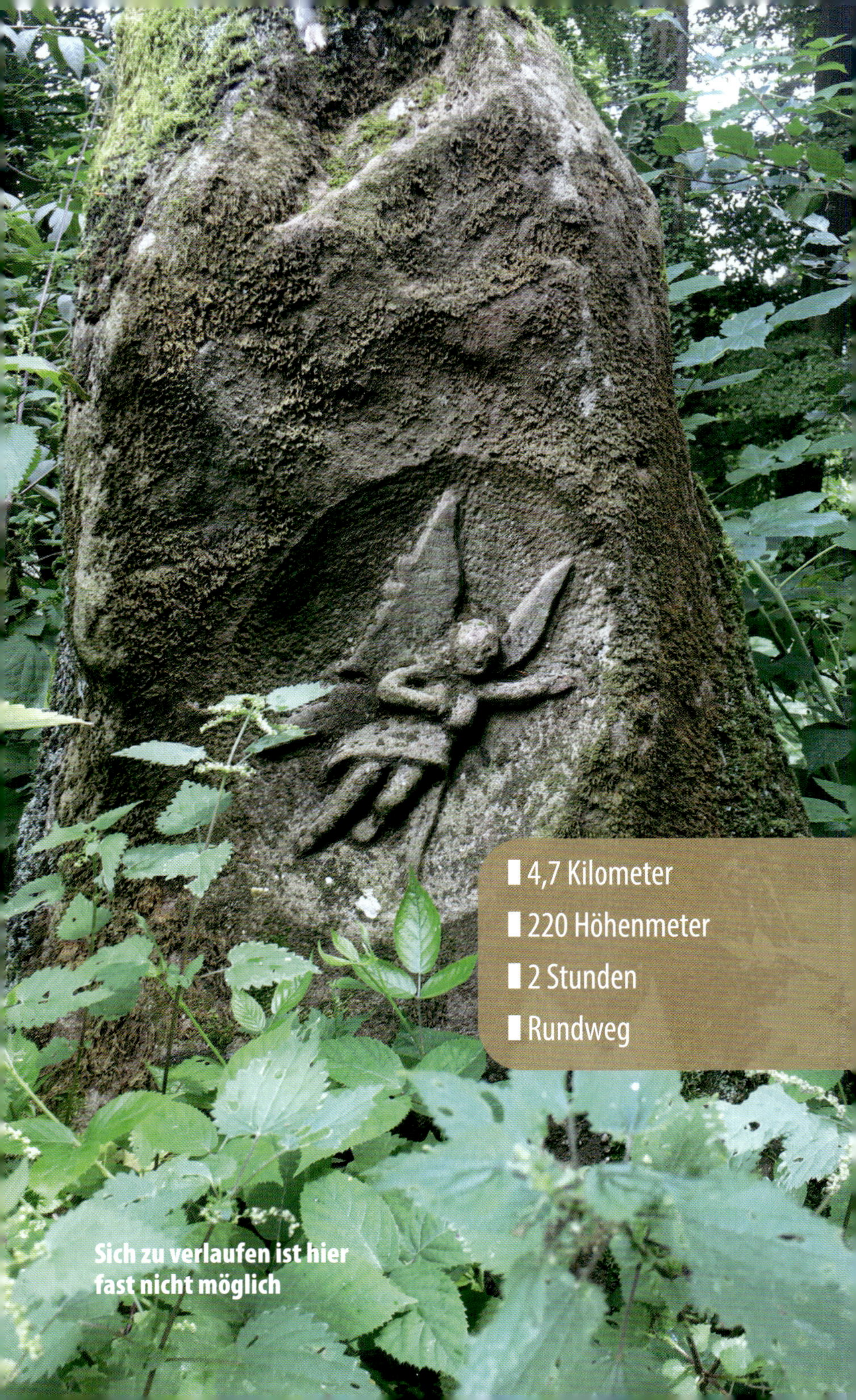

- 4,7 Kilometer
- 220 Höhenmeter
- 2 Stunden
- Rundweg

Sich zu verlaufen ist hier fast nicht möglich

Ausgangspunkt ist der Parkplatz **Parking 2 du Guirbaden.** Wir ignorieren den Feldweg neben uns und nehmen stattdessen den Weg links daneben in den Wald hinein. Eine **Fee** weist uns den Weg. Oder genauer gesagt: ein Schild mit einer Fee darauf. Der **Sentier de Découvertes** führt uns auf einen pädagogischen Lehrpfad durch die Zauberwelt des Waldes und eine Reise durch seine Geschichte und Mysterien.

Im Jahr 58 v. Chr. besiegten die Legionen des römischen Feldherrn Gaius Iulius Caesar die Streitkräfte des Germanen Ariovist in der sogenannten ***Schlacht im Elsass*** *nordwestlich von Mulhouse.*

Unmittelbar nach dem Beginn glauben wir uns in einem Urwald. Ein schmaler Pfad schlängelt sich durch grünes Dickicht bergaufwärts. Ist das tatsächlich der richtige Weg? Ja, eine in einen Felsenbrocken geritzte Fee weist mit einer Handbewegung weiter nach oben. Von diesen hilfreichen, steinernen Zauberwesen werden wir noch mehrere auf unserer Wanderung entdecken.

Nach rund 300 Metern kommen wir an eine Kreuzung. Abermals hilft uns eine Fee. Sie zeigt nach links. Be-

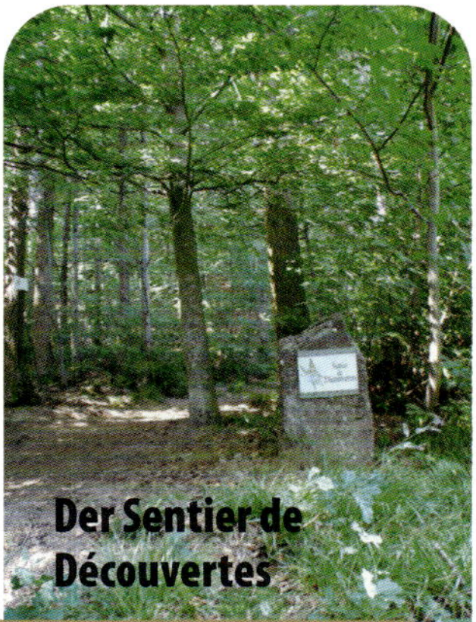

Der Sentier de Découvertes

Zauberhaft

Auf dem Feenweg

vor wir ihrem Tipp folgen und weiter nach oben steigen, schauen wir uns jedoch die Info-Tafel neben ihr an und erfahren Spannendes über die antike Epoche des Elsass. Dann geht es weiter. Vorbei an Bäumen, unzähligen abgeknickten Ästen, Gesteinsbrocken unterschiedlicher Größen und Steinmännchen. Liegt es

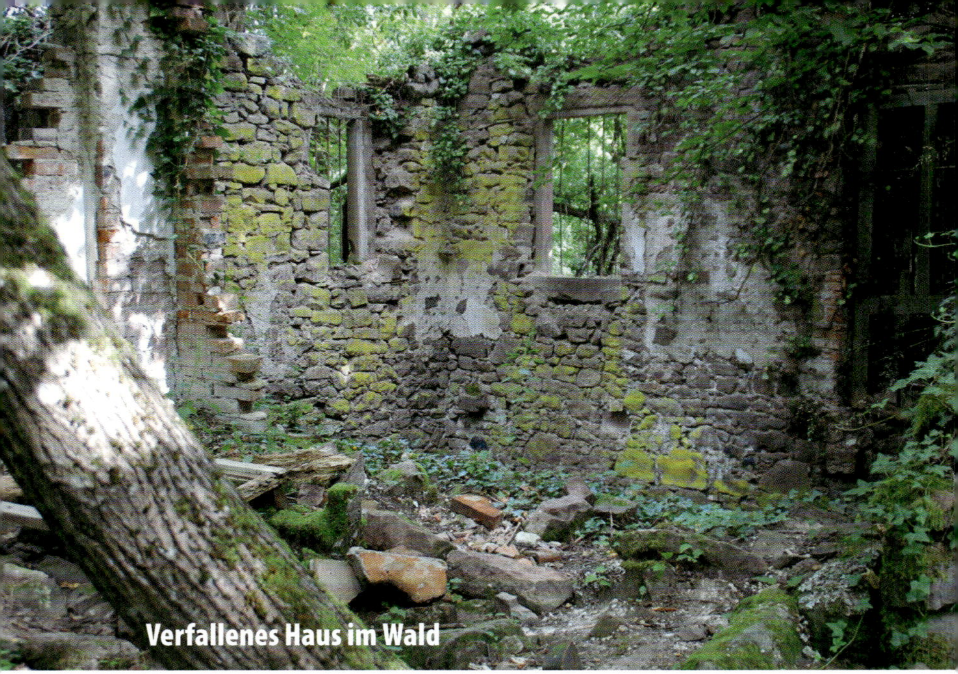
Verfallenes Haus im Wald

an unserem Kopfkino, oder hat dieser Wald tatsächlich etwas Magisches an sich?

Wir steigen hinauf und wandern durch eine Rechtskurve. Kurz danach erreichen wir ein ausgetrocknetes Flussbett. Nach der Schneeschmelze und bei starkem Regen kann das talwärts fließende Wasser eine ungeheure Kraft entwickeln. Davon zeugt die lädierte Holzbrücke, die zwischen zwei Bäumen hängen geblieben ist. Wir gehen geradeaus, wechseln auf den schmalen Pfad rechts neben dem ausgetrockneten Flussbett und steigen weiter den Berg hinauf.

Nach knapp 250 Metern verlassen wir den Feenweg und biegen links ab **(Guirbaden, gelbes Kreuz),** um der größten Burganlage des Elsass einen Besuch abzustatten. 100 Meter später erreichen wir ein **Flurkreuz.** Auch hier geht es nach links (gelbes Kreuz am Baum). Lockeren Schrittes wandern wir über den weichen Waldboden und gelangen kurz darauf erneut an eine Weggabelung. Sowohl der mittlere als auch der rechte Weg führen uns ans Ziel. Wir nehmen auf der Hintour den mittleren Weg und kommen nach wenigen Metern an ein **verfallenes Haus 1.** Allmählich erobert sich der Wald diesen Platz zurück. Efeu klettert an den Mauern empor. Im Inneren wachsen Bäume, die ein grünes Dach über dem alten Gebäude bilden. Wir gehen hinein. Im Keller rostet ein metallenes Matratzengestell vor sich hin. Wer hier wohl früher gelebt hat?

Wir grübeln kurz über dieses Rätsel und müssen schon wieder eine Entscheidung treffen. Links führt der relativ steile Weg direkt hoch zur Burg. Wir gehen jedoch geradeaus weiter (gelbes Kreuz) und folgen der Serpentine nach oben. Dabei kommen wir an einem skurrilen Baum vorbei, der einen Wegweiser verschlungen hat. Es sieht so aus, als würde uns ein Baumwesen mit einem Schild im Mund angrinsen. Wir müssen schmunzeln und gehen weiter.

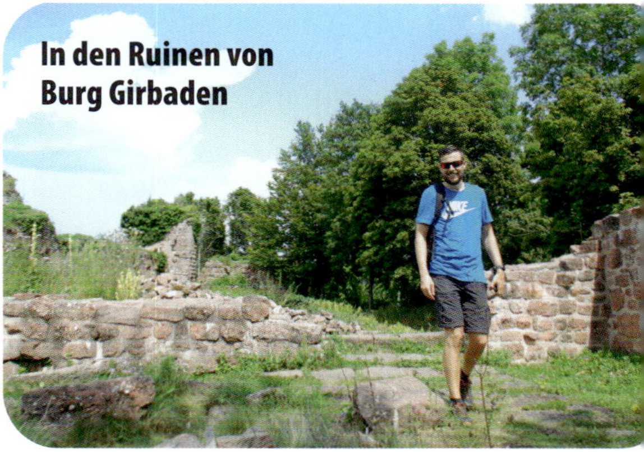
In den Ruinen von Burg Girbaden

An der folgenden Weggabelung führen erneut beide Wege zur Burg. Wir wählen

Für die Seele

Auf dem zauberhaften Feenweg zur Burgruine Girbaden kommen wir innerlich zur Ruhe.

für die Hintour den rechten. Es geht nun noch einmal recht steil hinauf. Allerdings bietet das Blätterdach über uns wohltuenden Schatten. Nach rund 300 Metern spähen wir nach links und entdecken die Mauern des **Château de Guirbaden** ❷ (Burg Girbaden), das über uns auf einem Bergplateau thront. Riesige Bäume, die in die Burganlage hineinragen, Efeu, das an der Mauer entlangklettert, davor bunte Blumen und wilde Sträucher. Die Szene wirkt sehr idyllisch.

Rechts befinden sich die Reste des Saalbaus

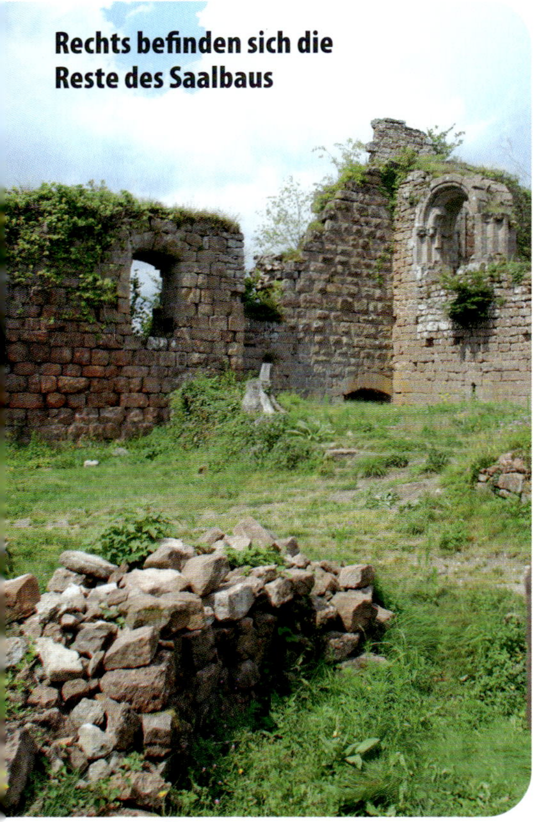

Wir umrunden die Burganlage und bestaunen dabei die großen Felsformationen. Am Eingang halten wir uns links und gehen den kleinen Anstieg hinauf. Oben angekommen, blicken wir auf eine große ummauerte Wiese. Schatten spendende Bäume laden zu einem Picknick ein. Wir schlendern über die Wiese, schauen uns den immer noch imposanten Wehrturm an und werfen einen Blick in die Kapelle. Dann verlassen wir das Plateau, gehen den Weg wieder hinunter und durchschreiten das Tor zur Hauptburg. Wenige Meter später informiert eine Info-Tafel über die Geschichte der Burg und die Restaurierungsarbeiten. Die folgenden beiden Eingänge sind gesperrt. Wir umrunden daher die Burg und gehen nach einem kleinen Anstieg auf der Nordseite hinein. Gräser, Blumen und Efeu dominieren hier oben. Dennoch sind die Grundrisse der Anlage noch deutlich zu erkennen. Den einst sicherlich prächtigen Saalbau schmückt immer noch ein mit Ornamenten verziertes Fenster – wie ein stummer Zeuge aus einer längst vergangenen Zeit mit Rittern und adeligen Damen. Nach einer ausgiebigen Visite, inklusive eines herrlichen Blicks auf die umliegenden Vogesengipfel, lassen wir uns im ehemaligen Saalbau neben einigen Säulenresten nieder und machen eine Picknickpause.

*Die im Jahr 1137 erstmals urkundlich erwähnte **Burg Girbaden** ist mit 280 Metern Länge und 60 Metern Breite die flächenmäßig größte Burgruine des Elsass. Seit 2015 kümmern sich die ehrenamtlichen Helfer des Vereins Sauver le Guirbaden um den Erhalt der Anlage.*

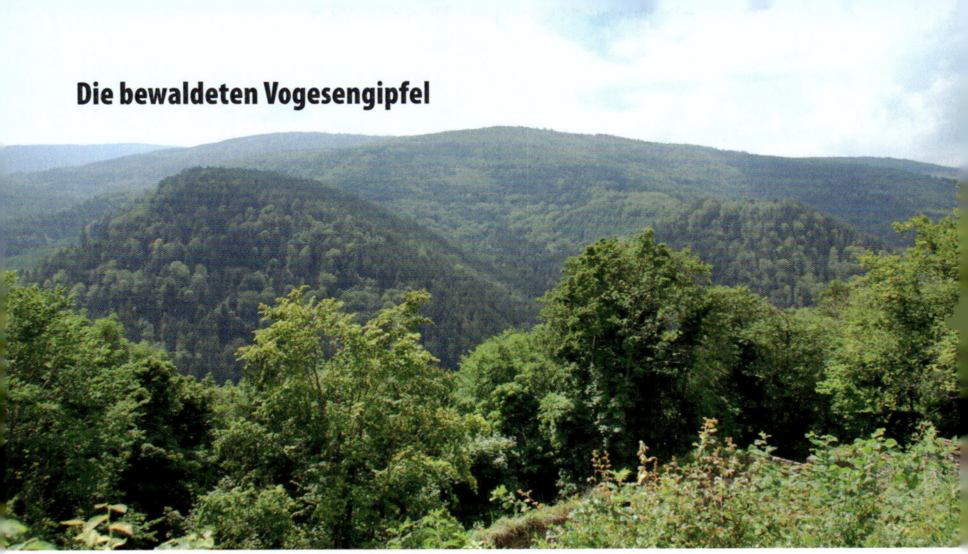

Die bewaldeten Vogesengipfel

Derart gestärkt verlassen wir die Burg und folgen dem Schild mit der Aufschrift Mollkirch **(gelbes Kreuz).** Dieses Mal nehmen wir nicht die Serpentine, sondern den direkten Weg nach unten. Erneut begegnen wir dem grinsenden Baum. Kurz danach biegen wir nicht nach rechts zum verfallenen Waldhaus ab. Stattdessen gehen wir weiter geradeaus und nehmen jetzt den Weg, der parallel dazu verläuft. Hier treffen wir auf zwei bemerkenswerte, innen hohle **Kastanien ❸.** Laut der Info-Tafel betrug im Jahr 2012 der Umfang einer der beiden 5,40 Meter. Mit ihren zahlreichen Knoten, Ästen, Windungen und herausgebrochenen Stücken wirken sie wie Fantasiewesen, die uns beobachten. Diese Bäume passen definitiv in diesen Zauberwald.

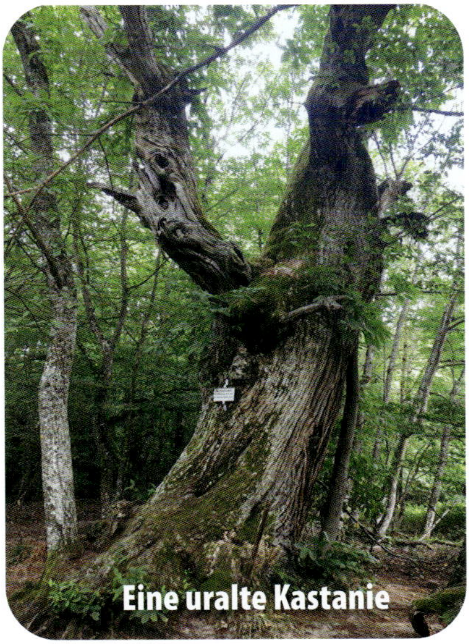

Eine uralte Kastanie

Danach halten wir uns links in Richtung Mollkirch (gelbes Kreuz), biegen unmittelbar danach rechts ab und kommen erneut an das **Flurkreuz.** Hier folgen wir weiter dem **gelben Kreuz** und stehen 100 Meter später an der Kreuzung, an der wir den Feenweg verlassen hatten. Wir gehen geradeaus und über einen Schotterweg nach unten. Mit Moos überwachsene Steine liegen auf dem Abhang neben uns. Auch treffen wir wieder auf Felsen mit Feenfiguren. Gemütlich trotten wir über den Weg. Der Schotter knirscht unter unseren Schuhen.

An der folgenden Kreuzung biegen wir nach rechts ins Dickicht ab. Eine Fee weist uns hier den Weg. Wir wandern nun über einen engen verschlungenen Pfad durch den Wald. Erneut treffen wir auf eine Kreuzung. Hier gehen wir weiter geradeaus – über den schmalen Pfad nach unten. Schließlich gelangen wir an ein weißes Gebäude. Der breite Feldweg führt uns nun parallel zu unserer Hintour abwärts und nach rund 200 Metern erreichen wir wieder den Parkplatz.

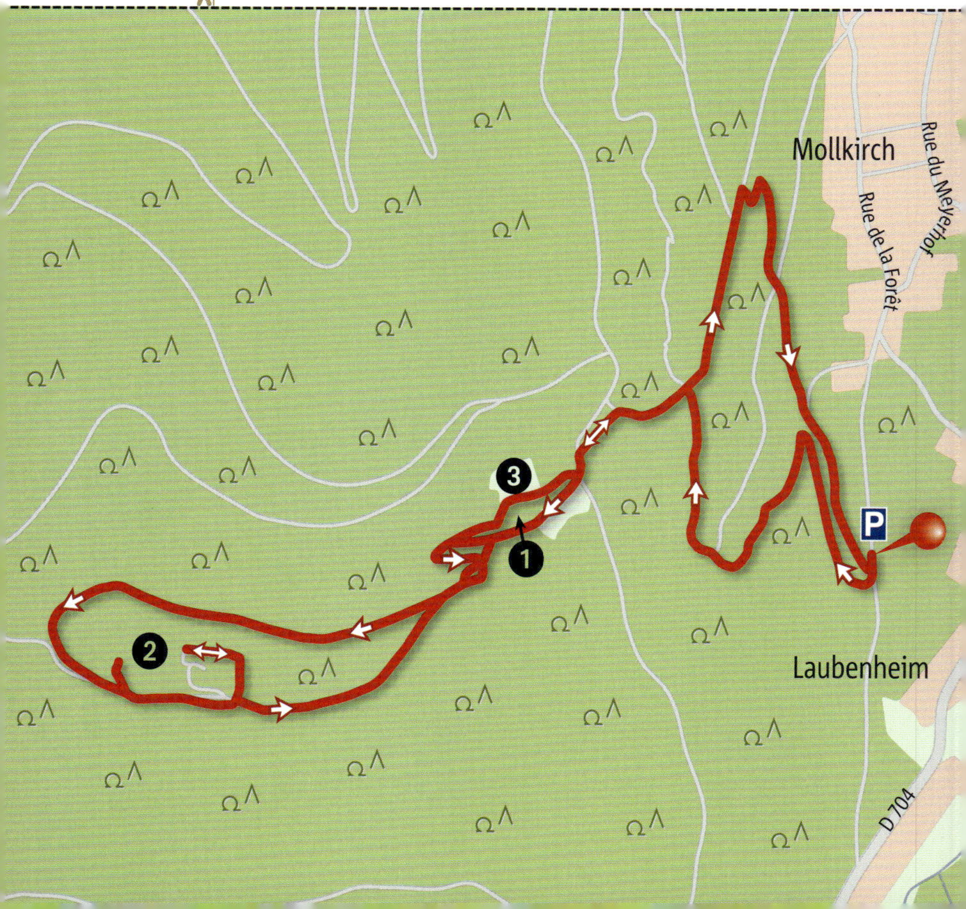

Alles auf einen Blick

WIE & WANN:
Überwiegend leicht begehbare Waldwege und -pfade, aber relativ steiler Aufstieg durch unebenes Gelände. Beste Wanderzeit: Frühling bis Herbst.

HIN & WEG:
Auto: Parkplatz 2 Guirbaden in 67190 Mollkirch (GPS: 48.49493, 7.38353)
ÖPNV: keine direkte Anbindung

ESSEN & ENTSPANNEN:
Bitte an Rucksackverpflegung denken!

ENTDECKEN & ERLEBEN:
Verfallenes Haus ❶
Château de Guirbaden ❷
Alte Kastanienbäume ❸

Entspannung ✱✱✱✱✱ (4 von 5)
Genuss ✱✱✱✱✱ (3 von 5)
Romantik ✱✱✱✱✱ (5 von 5)

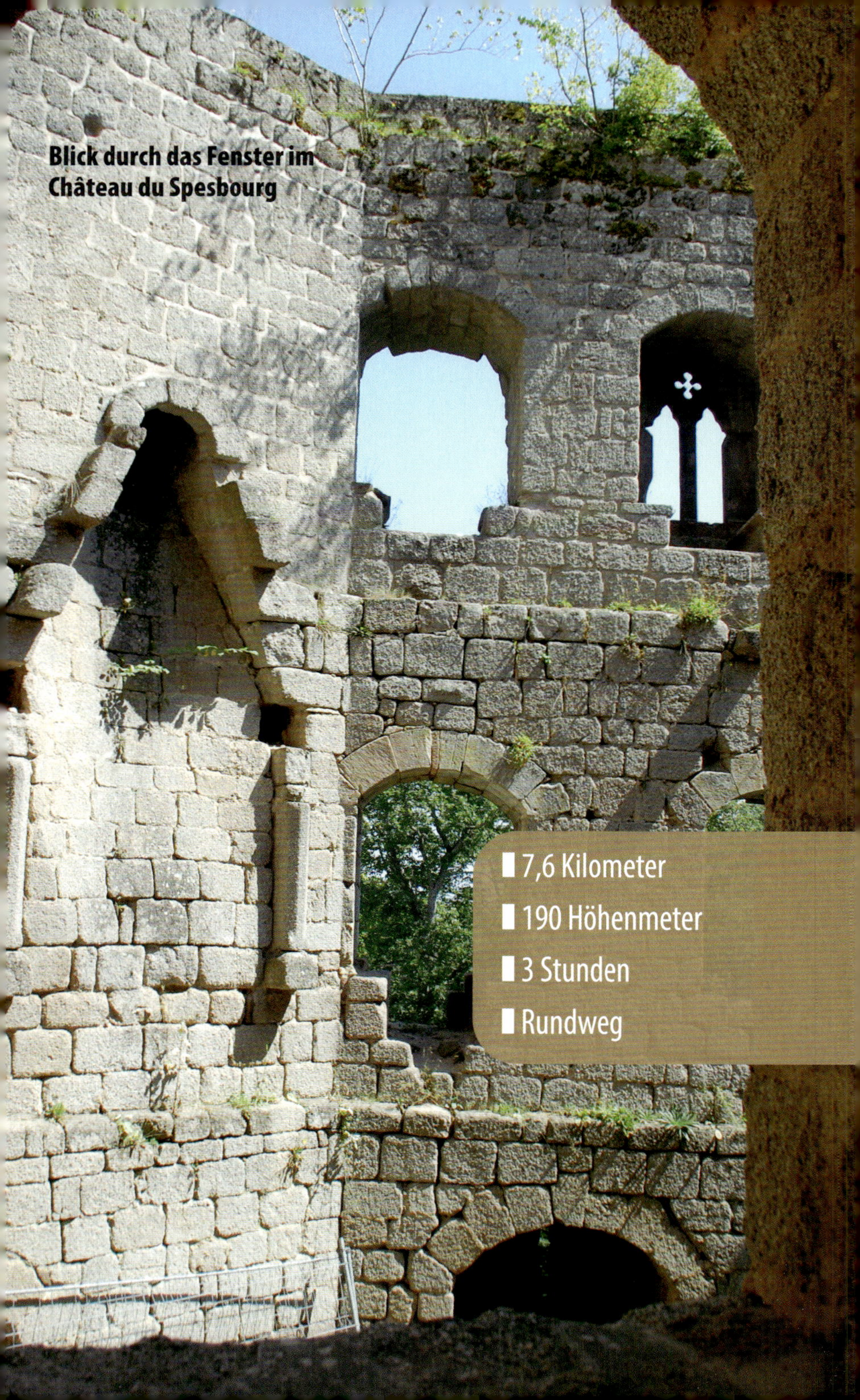

Blick durch das Fenster im Château du Spesbourg

- 7,6 Kilometer
- 190 Höhenmeter
- 3 Stunden
- Rundweg

Unsere Tour beginnt auf dem **Holzplatz** westlich von Barr. Warum dieser so heißt, wird mit einem Blick einige Meter zur Seite deutlich. Dort lagern riesige Baumstämme. Noch schnell die Wanderschuhe schnüren, und schon kann es losgehen. Wir überqueren die Straße und wechseln auf den Feldweg (neben dem gelben Haus). Kleine Steine knirschen unter unseren Schuhen. Erst leise, dann immer deutlicher vernehmen wir das Rauschen des Flusses **La Kirneck,** der sich einige Meter unterhalb von uns seinen Weg bahnt. Danach ist etwas Aufmerksamkeit erforderlich, da die Abbiegung links in die „grüne Höhle" leicht zu übersehen ist **(Sentier du Schettenberg, gelbes Kreuz und roter Kreis).** Unmittelbar darauf befinden wir uns in einer anderen Welt. Über uns breiten die Bäume ihr Schatten spendendes Dach aus. Federn-

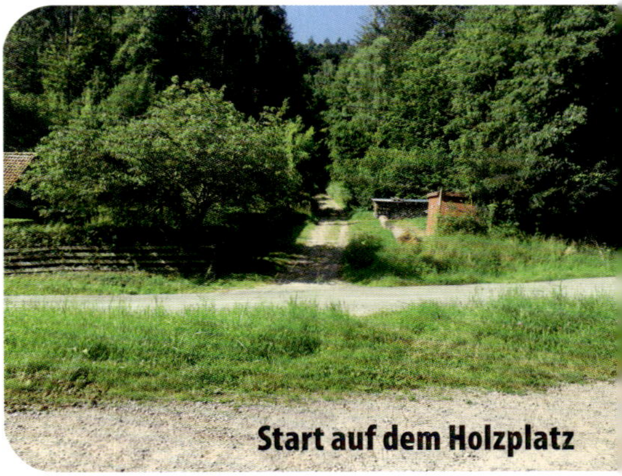

Start auf dem Holzplatz

Ruinen im Wald

Andlau und Spesbourg

den Schrittes wandeln wir über den schmalen Waldpfad und lauschen dem Plätschern des Flusses. Abschalten, runterfahren!

Wir setzen unseren Weg fort – unter den imaginären Blicken der grünen Riesen und vorbei an steinernen Giganten. Dabei achten wir darauf, dass wir stets

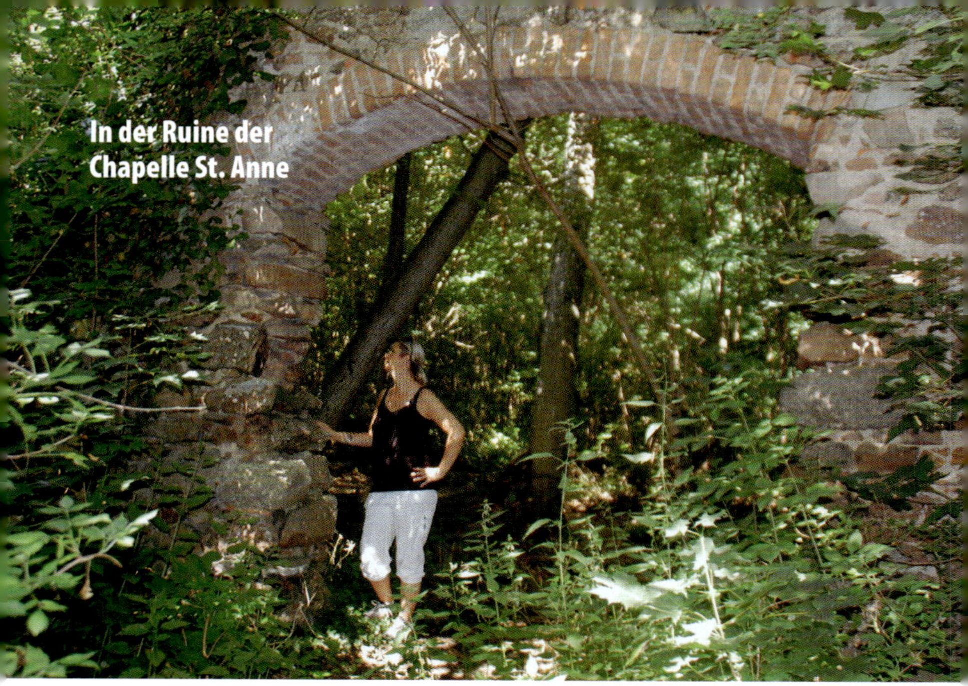

In der Ruine der Chapelle St. Anne

den Schildern mit dem **gelben Kreuz** folgen. Nach rund 1,8 Kilometern biegen wir nach rechts ab **(Chapelle St. Anne, blaues Dreieck)** und nehmen den felsigen Weg bergauf. 150 Meter später folgen wir dem Weg nach links und erreichen kurz darauf die **Chapelle St. Anne ❶.** Von der Kapelle aus dem 15. Jahrhundert ist im Wesentlichen nur noch die imposante Vorderseite mit dem Eingang erhalten. Dahinter hat die Natur sich ihren Platz zurückerobert. Die Grundmauern und Ausmaße sind noch zu erkennen. Ansonsten dominiert heute das Grün des Waldes an diesem Ort.

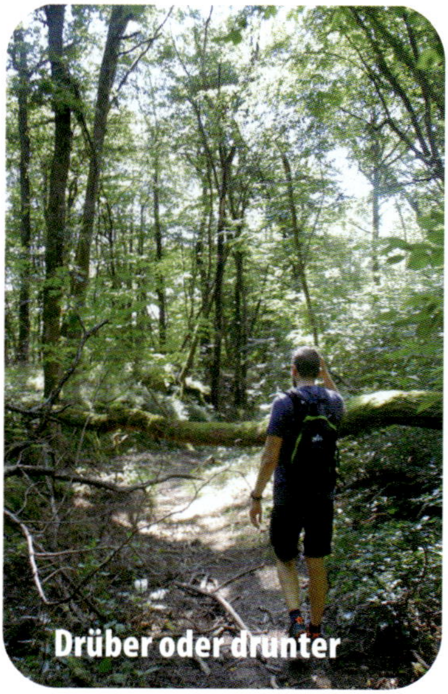

Drüber oder drunter

Wir folgen weiterhin dem blauen Dreieck. Die Natur wird zunehmend wilder, ursprünglicher. Moose, Farne, abgebrochene Äste, bunte Blumen und umherschwirrende Insekten. Mehrmals klettern wir auf unserem Weg über umgestürzte Bäume (oder darunter hindurch). Schließlich erreichen wir den **Carrefour des Trois Chênes ❷.** Wir sind sofort von der Magie dieses Ortes fasziniert. Beeindruckende Felsformationen und Eichen dominieren den Platz. Mehrere Wege kreuzen sich hier. Wo soll es als Nächstes hingehen? So viele Möglichkeiten. Wir folgen weiterhin dem **blauen Dreieck** und gehen geradeaus – zunächst ein kleines Stück hinunter über den Carrefour des Trois Chênes und dann hinauf. Abermals dürfen wir uns sportlich betätigen und umgestürzte Bäume überwinden. Allmählich bekommen wir Übung darin.

*Der **Rocher Sainte Richarde** ist nach der elsässischen Adligen Richardis benannt. Die römisch-deutsche Kaiserin verbrachte ihre letzten Lebensjahre in der 880 gegründeten Benediktinerinnen-Abtei Andlau.*

An der nächsten Kreuzung orientieren wir uns wie zuvor am blauen Dreieck. Unser nächstes Etappenziel ist der **Rocher Sainte Richarde** ❸. Zuvor gilt es allerdings einige Höhenmeter zu überwinden. Circa 10 Minuten später erreichen wir den felsigen Aussichtspunkt. Die Anstrengung hat sich gelohnt. Wir machen es uns auf dem Felsen bequem und öffnen den Rucksack. Zeit für einen wohlverdienten Imbiss! Während unserer Auszeit lassen wir den Blick über die bewaldeten Vogesengipfel streifen. Links sind die oberrheinische Tiefebene und noch weiter hinten der Schwarzwald zu sehen. Unterhalb von uns befindet sich das schöne Dörfchen **Andlau** mit seiner ehemaligen **Abteikirche Saints-Pierre-et-Pauls.**

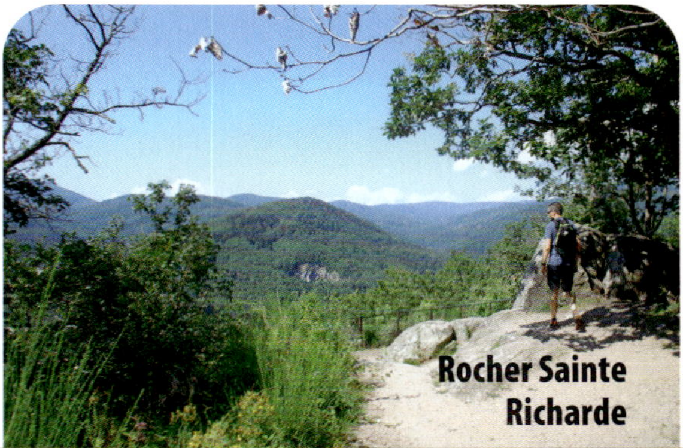

Für die Seele

Bei dieser entspannten Wanderung durch den Wald treffen wir auf zwei romantische Burgruinen und träumen in unserem Kopfkino von Prinzessinnen und Rittern.

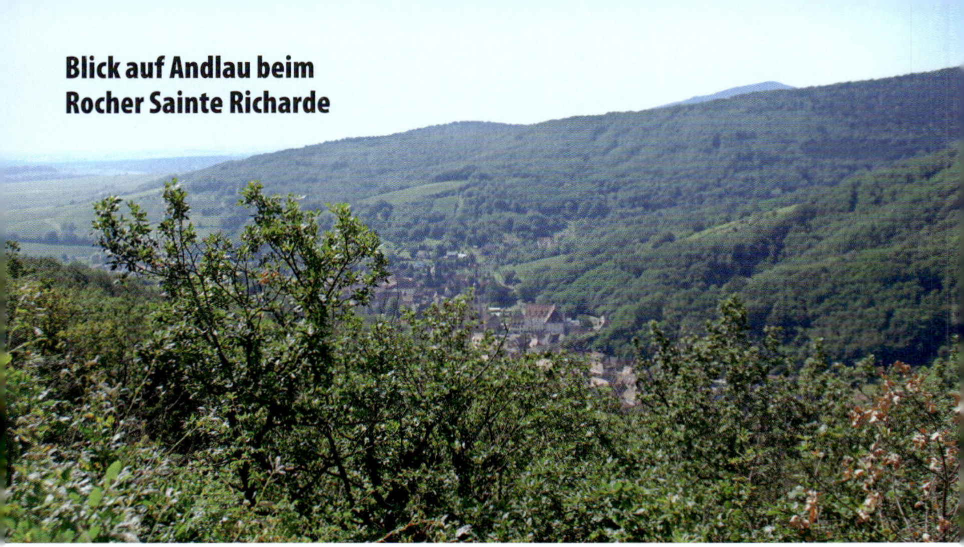

Blick auf Andlau beim Rocher Sainte Richarde

Nach unserer Pause folgen wir dem Hinweisschild in Richtung **Château d'Andlau** – weiter nach oben und vorbei an riesigen, mit Moos überwachsenen Felsen des Silberbergs. Schließlich erreichen wir einen forstwirtschaftlichen Weg und biegen rechts ab. Hier bleiben wir allerdings nur kurz. Nach rund 50 Metern geht es nach links. Wir halten uns danach links und folgen der Kurve nach oben. Dort angekommen, biegen wir nach rechts ab und erreichen kurz darauf das **Château d'Andlau** ❹ (Burg Hoh-Andlau). Mit ihren mächtigen Mauern und den zwei charakteristischen Türmen wirkt die auf dem Granitfelsen thronende mittelalterliche Burg äußerst beeindruckend.

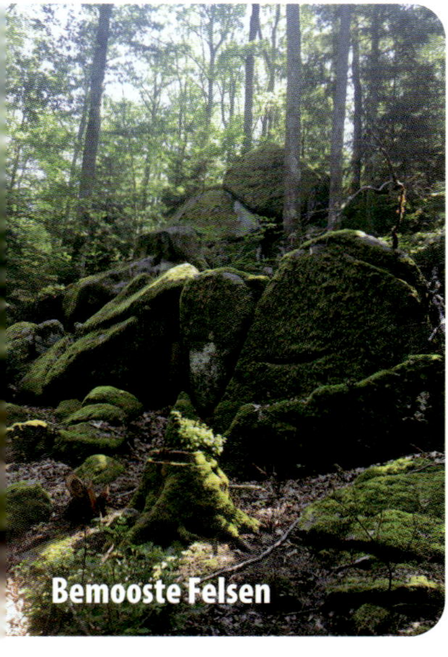

Bemooste Felsen

Wir erreichen den Eingang zur Vorburg. Früher standen hier bewaffnete Torwächter. Heute schlendern Familien mit ihren Kindern durch das Tor und studieren die Infotafel. Wir durchqueren die Vorburg, wo sich einst die wirtschaftlichen Gebäude befanden, und steigen zur Hauptburg hinauf. Im Inneren setzen wir uns auf den grünen Boden. Wir lehnen uns mit dem Rücken gegen die Mauer und entspannen. Mit ihren schmalen, langen Ausmaßen wirkt die Burg beinahe wie eine Kirche. Der Blick streift über die zahlreichen formschönen Fenster. An einer Stelle ist an den Einbuchtungen in der Wand deutlich zu erkennen, dass hier einmal ein großer Kamin für Wärme gesorgt hat.

Nach der Visite folgen wir dem Schild mit dem **roten Kreuz (Château Spesbourg)** und steigen in den Wald hinab. An der nächsten Kreuzung geht es weiter geradeaus mit dem **roten Kreuz.** Unmittelbar danach steht abermals eine Entscheidungsmöglichkeit an. Wir biegen links ab und folgen jetzt dem **blauen Kreuz (Hungerplatz).** Vereinzelt treffen wir auf andere Wanderer. Ansonsten dominiert die Stille des Waldes. Entspannung pur. Wir schlendern gemütlich über den weichen Waldboden und biegen bei der nächsten Kreuzung links ab **(Schild Château Spesbourg Direct).**

Im folgenden Waldabschnitt scheinen häufiger Pfadfinder unterwegs zu sein. Zumindest entdecken wir neben dem Weg zahlreiche mit Ästen errichtete Unterstände. An der nächsten Weggabelung nehmen wir den Weg nach rechts (Château Spesbourg). Als

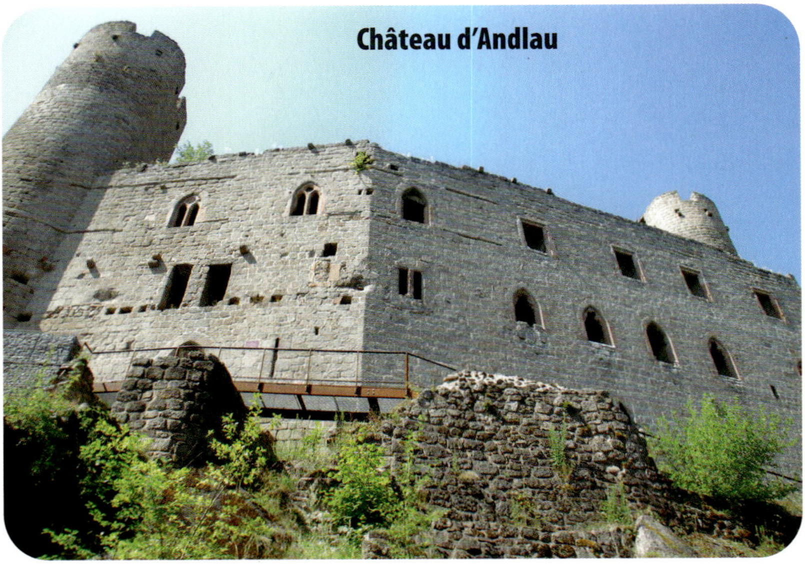

Château d'Andlau

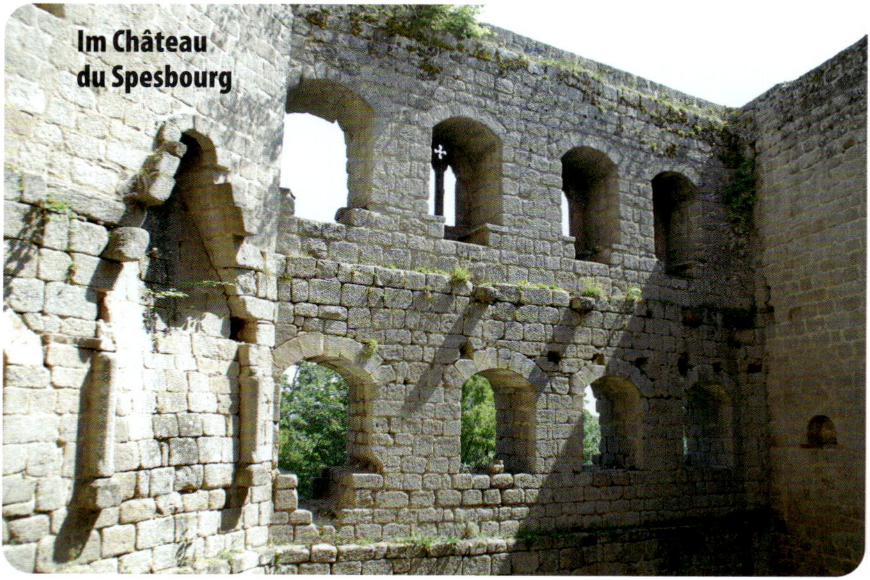

Die um 1250 errichteten **Burgen Hoh-Andlau und Spesburg** dienten dem Schutz der Benediktinerinnen-Abtei Andlau.

Orientierung dient ein gelber Kreis, der uns nun bis zur zweiten Burgruine begleitet. Das **Château du Spesbourg** ❺ (Spesburg) ist zwar etwas kleiner als das **Château d'Andlau,** aber ebenso gut erhalten. Wie wohl einst das Leben hier oben war? Wir blicken durch eines der gotischen Fenster auf die Vogesen. Das Kopfkino setzt ein. Auch im Mittelalter haben hier schon Menschen gestanden und ebenfalls die wunderschöne Aussicht genossen. Apropos Ausblick. Direkt vor der Burg befindet sich ein Aussichtsfelsen. Vor hier dürfen wir abermals die Aussicht auf **Andlau** bestaunen.

Im Anschluss folgen wir dem **gelben Kreis** in Richtung **Hungerplatz** und treffen kurze Zeit später auf einen bemerkenswerten alten Baum, der mit seinen dicken, in sämtliche Richtungen gewachsenen Ästen an einen Kraken erinnert. Wir bleiben fasziniert stehen und bewundern ihn. Kurz darauf biegen wir rechts in einen Feldweg ab und folgen diesem rund 200 Meter. Dann ist der Hungerplatz erreicht. Passenderweise befindet sich hier ein Gasthof, die **Auberge du Hunger-**

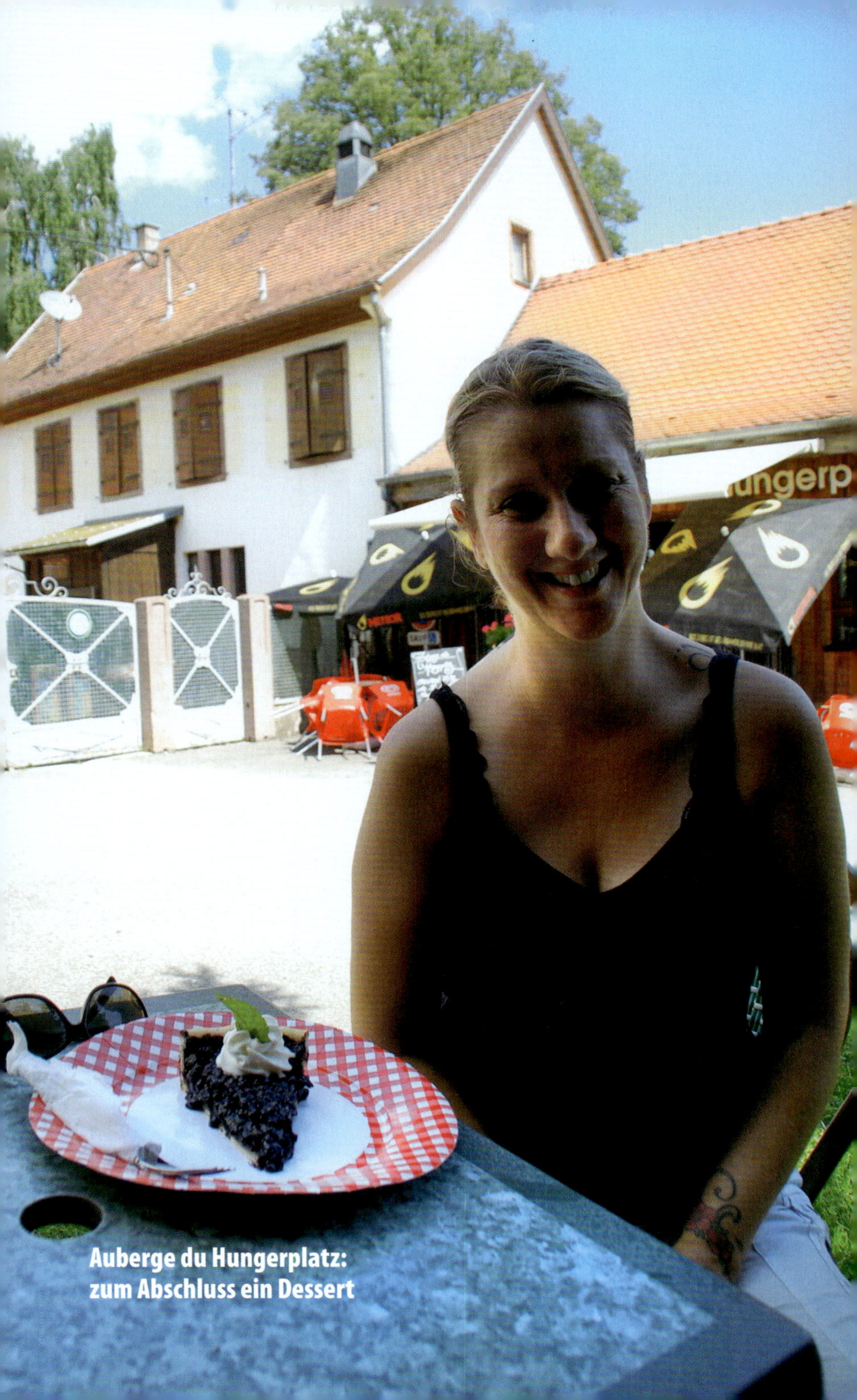

Auberge du Hungerplatz:
zum Abschluss ein Dessert

platz 6. Ein Blaubeerkuchen ist jetzt genau das Richtige! Lecker.

Nach der kulinarischen Stärkung verlassen wir die Auberge in Richtung Osten und biegen unmittelbar darauf links ab **(Holzplatz, blauer Kreis).** Neben der Auberge trotten einige Pferde über die bunte Wiese. Wir machen es ihnen gleich und gehen in gemütlichem Tempo durch den Wald. Durch mehrere Kurven geht es nun bergab in Richtung unseres Startpunktes. An den folgenden Weggabelungen dient das Schild mit dem Hinweis Holzplatz weiterhin als Orientierung. Schließlich kommen wir wieder am Eingang in die „grüne Höhle“ und dem Fluss vorbei, überqueren die Straße und erreichen den **Holzplatz.**

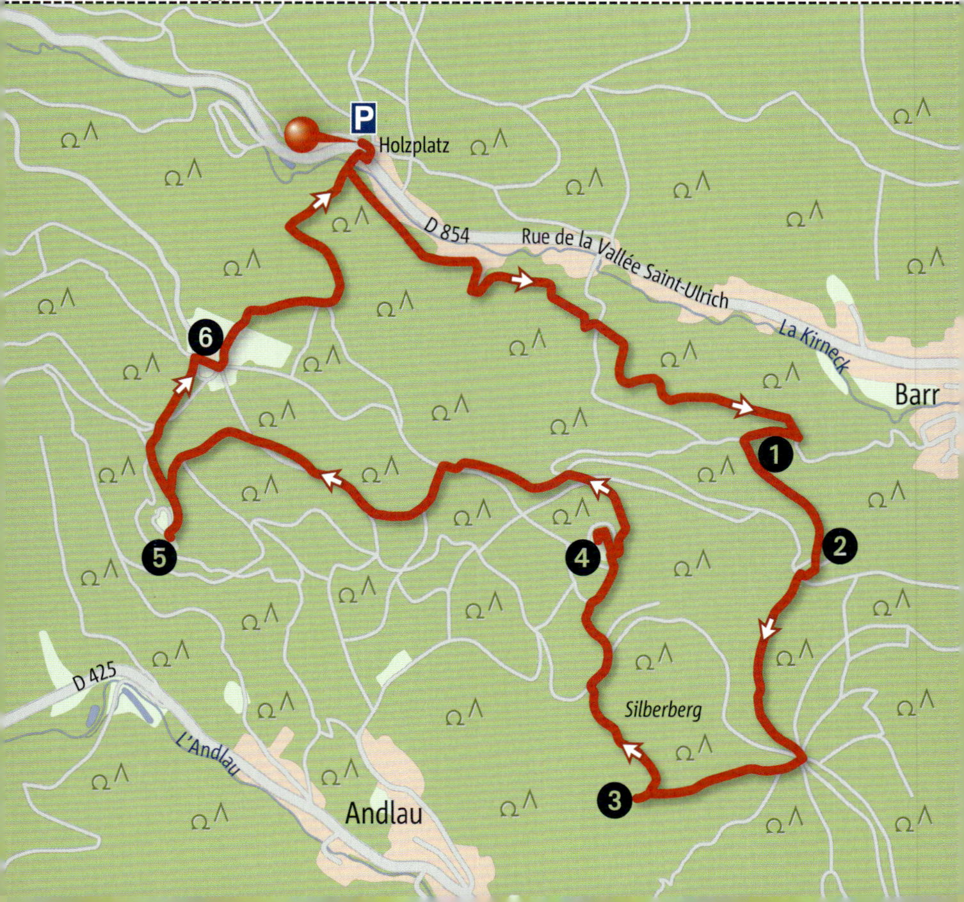

WIE & WANN:
Überwiegend leicht begehbare Wanderwege und -pfade.
Ganzjährig gut begehbar.

HIN & WEG:
Auto: Parkplatz auf dem Holzplatz neben der Rue le la Vallée Saint-Ulrich, 67140 Barr (GPS: 48.4103, 7.40405)
ÖPNV: keine direkte Anbindung

ESSEN & ENTSPANNEN:
Auberge du Hungerplatz ❻ Hungerplatz, 67140 Andlau, Tel. +33 (3) 88 08 92 16

ENTDECKEN & ERLEBEN:
Chapelle St. Anne ❶
Carrefour des Trois Chênes ❷
Rocher Sainte Richarde ❸
Château d'Andlau ❹
Château du Spesbourg ❺

Entspannung ✱✱✱✱✱
Genuss ✱✱✱✱✱
Romantik ✱✱✱✱✱

Abfahrt am Bahnhof Cernay St. André

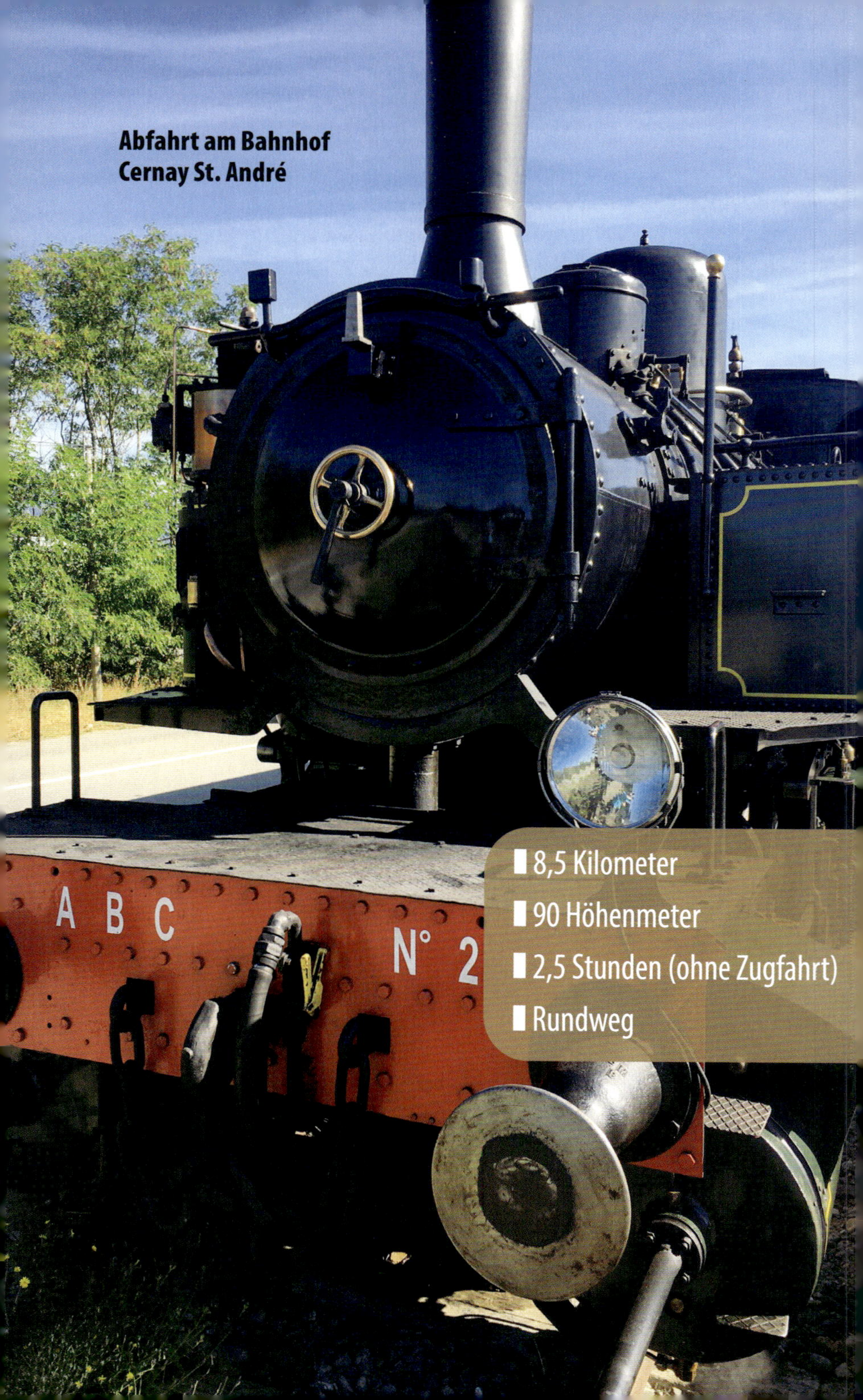

- 8,5 Kilometer
- 90 Höhenmeter
- 2,5 Stunden (ohne Zugfahrt)
- Rundweg

Während unserer Wanderungen durch die Vogesen machen wir so manche Zeitreise. Oftmals ins Mittelalter, wenn wir auf eine der zahlreichen Burgruinen treffen. Dieses Mal jedoch reisen wir ins frühe 20. Jahrhundert, ins Zeitalter der Dampflokomotiven, und später sogar noch durch die Erdgeschichte.

Unsere Fahrt beginnt auf dem **Bahnhof Cernay St. André.** Langsam fährt die Lokomotive an. Ein kurzer Ruck geht durch die Waggons. Nun beginnt die Reise. Die Fahrt mit der Dampflokomotive ist ein entschleunigtes Erlebnis. Mit einer Höchstgeschwindigkeit von 30 km/h tuckern wir vorbei an Dörfern, Feldern und Wiesen. Sanft schaukeln die Waggons hin und her. Rauch qualmt aus dem Rauchfang der Lokomotive. Spaziergänger und Fahrradfahrer winken uns zu. Die Lokomotivführerin grüßt mit der Signalpfeife der Lokomotive zu-

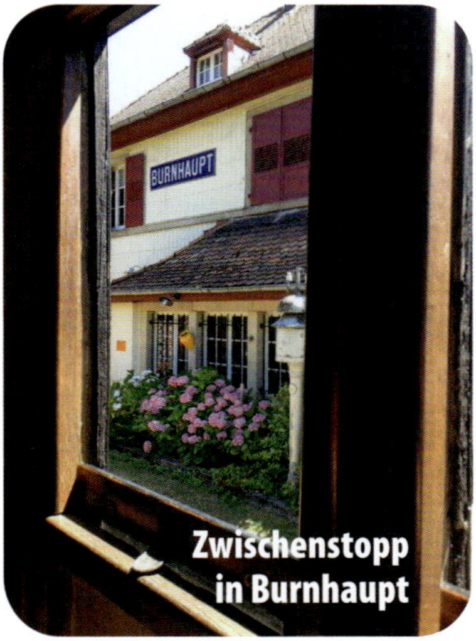

Zwischenstopp in Burnhaupt

Entschleunigte Reise

Von Cernay nach Lauw

rück. Nach einer Zwischenstation in **Burnhaupt-Le-Haut** erreichen wir das 12 Kilometer entfernte **Sentheim** am Rande der Vogesen.

Dort steigen wir aus dem Zug und verlassen den Bahnhof, nun beginnt unsere Wanderung. Wir biegen rechts in die **Rue de la Gare** ab. Nach wenigen Metern

*Das **Maison de la Terre du Haute Alsace** beherbergt in seinem Gebäude eine kleine geologische Sammlung. Zudem bietet die ehrenamtliche Organisation geführte Wanderungen durch die Vogesen an.*

gehen wir links in die **Rue de la Poste.** Am Ende der Straße biegen wir rechts in die **Rue de Soppe-le-Haut.** Ganz entspannt schlendern wir an den Häusern entlang und blicken auf die bewaldeten Vogesen vor uns. Nun geht es geradeaus an mehreren Querstraßen vorbei bis zur Grand Rue. Dort biegen wir links ab. Nach rund 100 Metern erreichen wir das **Maison de la Terre du Haute Alsace ❶** und die **Kirche St. Georges ❷.**

Danach führt uns unsere Wanderung rechts in die **Rue Centrale.** Am Ende der Straße biegen wir links in die **Rue du Kattenbach** ab. An der anschließenden Kreuzung halten wir uns rechts und gehen in Richtung der Vogesen. Wir passieren zwei Querstraßen und erreichen schließlich eine Brücke. Dort geben zahlreiche Infotafeln einen umfassenden Überblick über die Erdgeschichte. Warum? Der folgende **Sentier Géologique** führt durch 360 Millionen Jahre Erdgeschichte. Eine Ewigkeit.

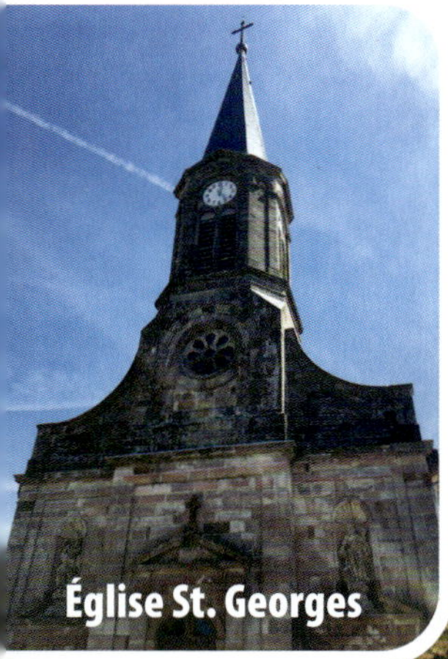

Église St. Georges

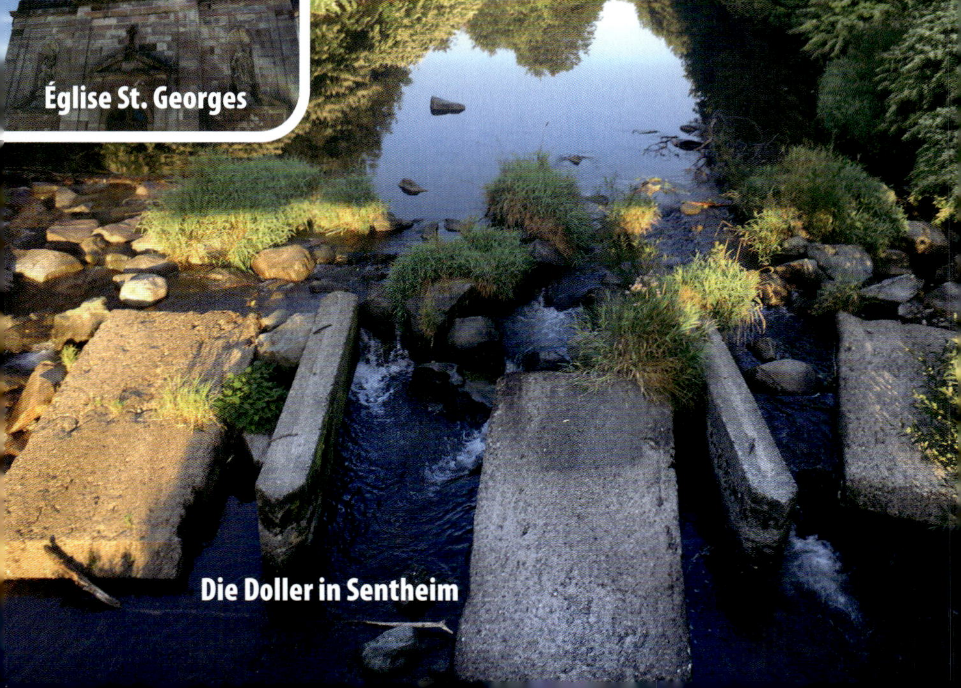

Die Doller in Sentheim

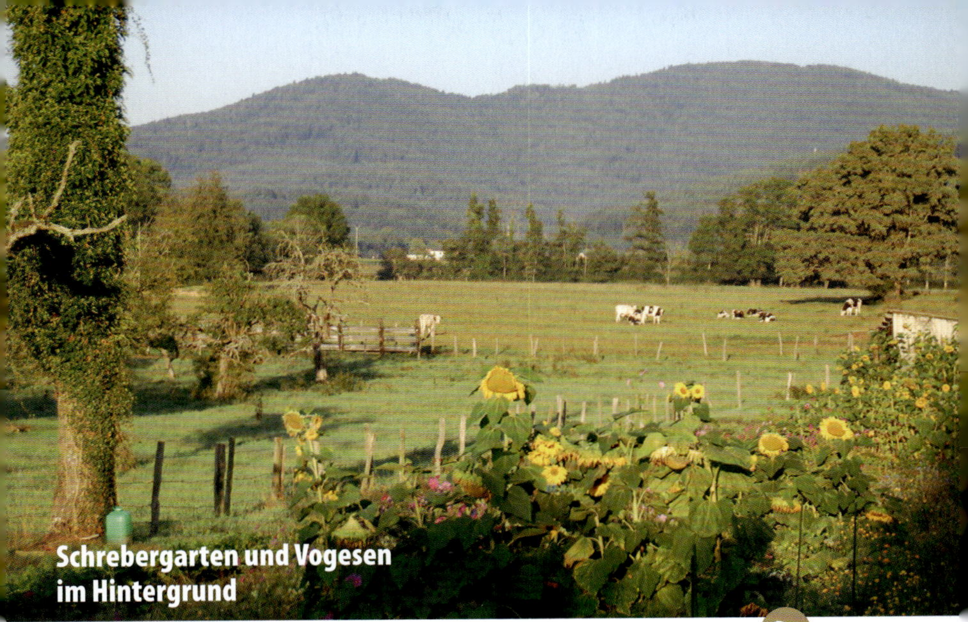

Schrebergarten und Vogesen im Hintergrund

Nachdem wir uns ein wenig in das Thema eingelesen haben, lehnen wir uns über das Brückengeländer und blicken auf den Fluss unter uns. Gemächlich fließt die **Doller** ③ dahin. Bäume und Pflanzen spiegeln sich im klaren Wasser. Wir atmen tief durch.

Weiter geht's! Am Ende des Weges werfen wir einen Blick auf die Infotafel neben der Sitzbank. Sie klärt uns über Flora und Fauna der Umgebung auf. Spannend: Eine Karte zeigt uns detailliert, welche geologischen Epochen wir wo auf unserer Wanderung durchqueren werden. Mit diesen Infos im Gepäck wenden wir uns nach links (Schild **Sentier Géologique).** Direkt vor uns blühen Sonnenblumen in einem kleinen bunten Schrebergarten. Dahinter grasen in aller

*Die **Doller** entspringt auf dem Ballon D'Alsace (Elsässer Belchen) und fließt nach 46,5 Kilometern in Mulhouse in die Ill. Dabei führt ihr Weg sie unter anderem durch Sentheim und Lauw.*

Für die Seele

Während unserer entschleunigten Zeitreise fahren wir gemütlich mit der Lokomotive nach Sentheim und machen auf dem Weg nach Lauw eine geologische Reise durch die Erdgeschichte.

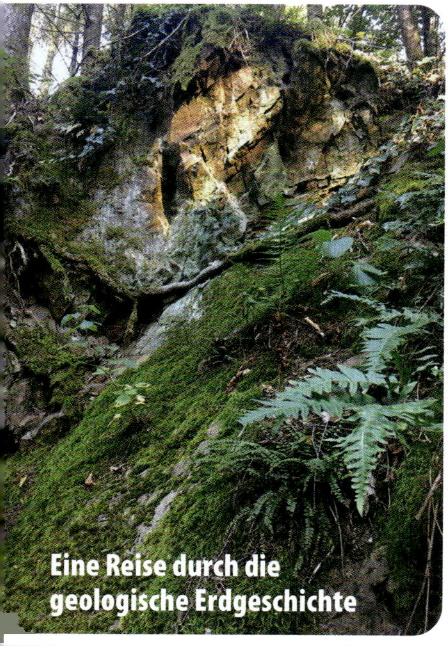

Eine Reise durch die geologische Erdgeschichte

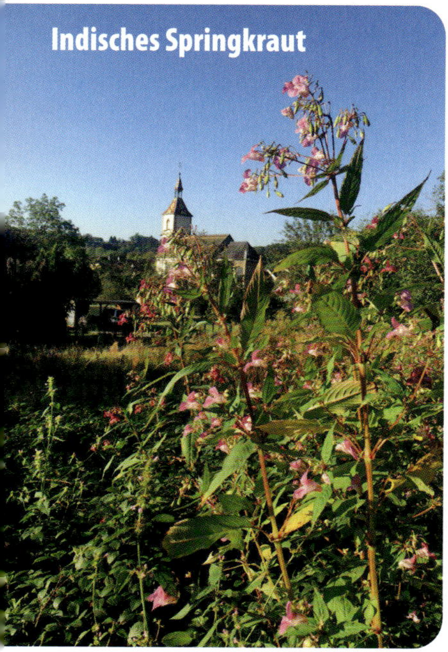

Indisches Springkraut

Ruhe Kühe auf einer Wiese. Eingerahmt wird die Szene durch Bäume sowie die Vogesen im Hintergrund. Es knirscht unter unseren Wanderschuhen, als wir über den steinigen Weg gehen. An der nächsten Weggabelung lädt eine Sitzbank zu einer Ruhepause ein. Hier nehmen wir den Weg durch eine Rechtskurve geradeaus **(Sentier Géologique, blaues Dreieck).** Nun geht es aufwärts – und erdgeschichtlich durch das Känozoikum. Unser Blick geht zur Seite. Am Wegesrand wachsen Brombeeren, Weinreben, Gewöhnliches Pfaffenhütchen und Gänseblümchen.

An der nächsten Weggabelung biegen wir links ab **(blaues Dreieck).** Etwas oberhalb auf einem Hügel bietet ein Picknicktisch erneut die Möglichkeit für eine Rast. Wir steigen weiter hinauf und erblicken eine Felswand. Erdgeschichtlich befinden wir uns nun im Mesozoikum und somit in der Zeit, als Dinosaurier die Erde beherrschten. Glücklicherweise läuft uns heute keine der Riesenechsen über den Weg. Wenige Meter später biegen wir rechts ab. Nun schlängelt sich der Weg durch einen Wald. Es geht hoch runter und runter, durch Kurven, an mit Moos überwachsenen Baumstämmen und beeindruckenden Felsen vorbei. Wir wandern durch das Paläozoikum – und noch einmal durch die beiden vorherigen Erdzeitalter.

Nach rund einem Kilometer auf dem **Sentier Géologique** umrunden wir einen kleinen Teich (weiter dem Schild Sentier Géologique folgen). Wir verlassen den Wald und gehen an einer Wiese vorbei.

Einige Pferde galoppieren umher. Dann verlassen wir den **Sentier Géologique.** Dieser würde links weiter führen und uns später wieder zum Beginn zurückführen. Wir gehen jedoch geradeaus **(Lauw, blaues Dreieck).** Nach einigen Metern treffen wir auf eine asphaltierte Straße und gehen abwärts in Richtung des Dorfes **Lauw –** vorbei an den Häusern des Ortsteils Steingrube. An einer Wiese entdecken wir eine Bank und nehmen Platz. Neben einer Winterlinde blüht ein buntes Potpourri aus Oregano, Gemeinem Pastinak und Zichorie.

Nach der kleinen Auszeit erblicken wir kurz darauf auf der rechten Seite einen großen Teich. Einige Angler haben ihre Ruten ausgeworfen und beobachten geduldig ihren Schwimmer. Wir gehen weiter bis zur Kreuzung im Ort. Dort biegen wir nach rechts in die **Rue des Vignes** und nach einem kurzen Anstieg nach links in den Wald ab. Wir schlendern rund knapp 200 Meter über den Feldweg. Dann halten wir uns an der Kreuzung links und gehen den Weg hinunter. Wir verlassen das Waldstück und blicken nach rechts. Rosa

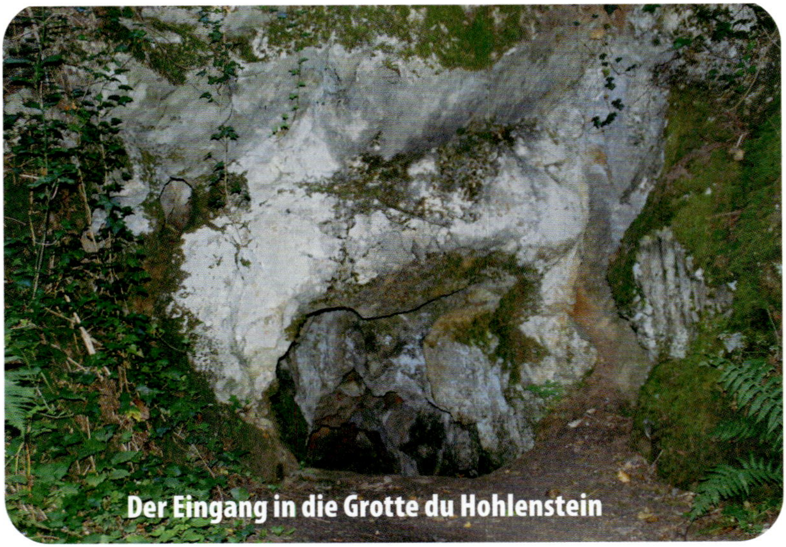

Der Eingang in die Grotte du Hohlenstein

blühendes Indisches Springkraut, die Kirche von Lauw und ein blauer Himmel. Ein tolles Bild.

Gut gelaunt schlendern wir durch die **Rue du Pommier** und biegen rechts in die **Rue Principale** ab. Wir kommen an der **Kirche Saint-Éloi** **4** vorbei und an einen Kreisverkehr. Geradeaus führt die Straße zum 24 Kilometer entfernten Ballon d'Alsace (Elsässer Belchen). Aber heute nicht für uns. Der Elsässer Belchen ist Teil einer anderen Wanderung. Wir biegen links ab und gehen über die mit Blumen geschmückte Brücke. Unablässig plätschert die **Doller** dahin. Auf der rechten Seite bietet sich auf einer Sitzbank neben einem Gedenkstein die Möglichkeit für eine kleine Pause. Schöner ist jedoch der Ruheplatz einige Meter weiter. Wir biegen links ab, gehen am Gebäude vorbei und erreichen einen Spielplatz. Unter den hohen, schattigen Bäumen machen wir es uns auf einer der Sitzbänke bequem, essen einen Imbiss und lauschen dem Rauschen der Doller.

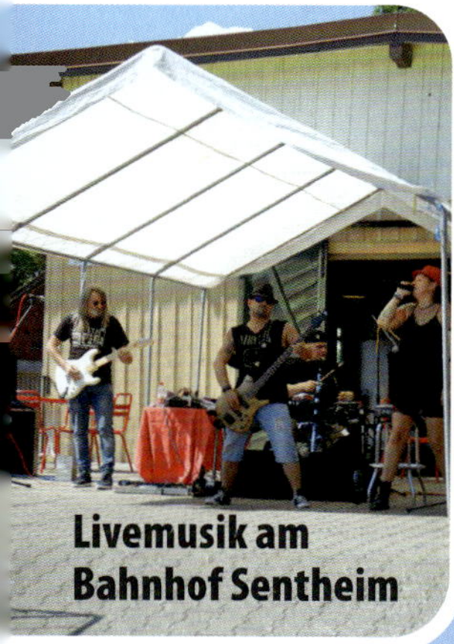

Livemusik am Bahnhof Sentheim

Als Orientierung dient ab jetzt ein **grüner Kreis.** Wir gehen auf dem Pfad parallel zur **Doller.** Gelegentlich stehen Tafeln mit spannenden Infos über den Fluss am Wegesrand. Vor einer Kuhwiese lädt abermals eine

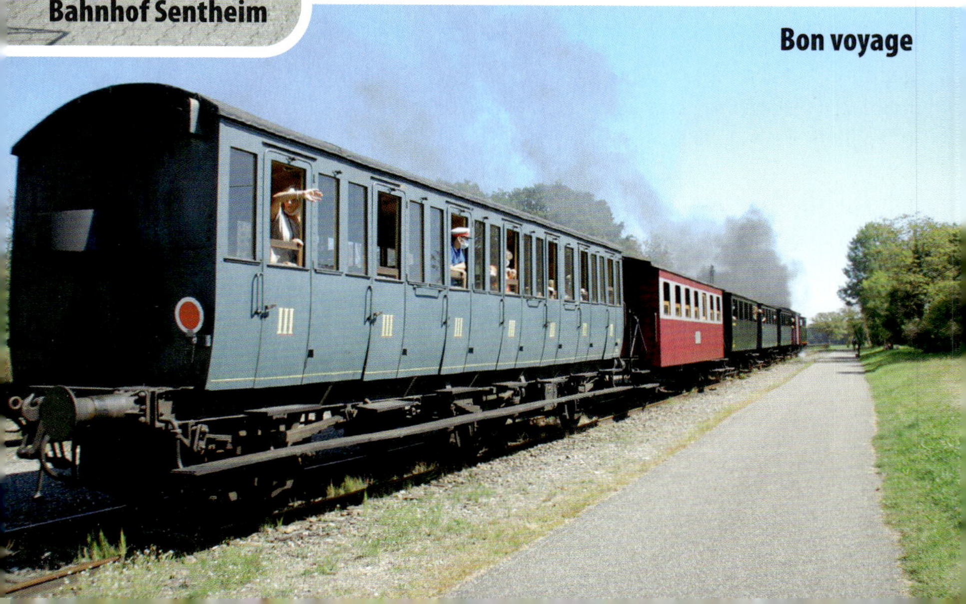

Bon voyage

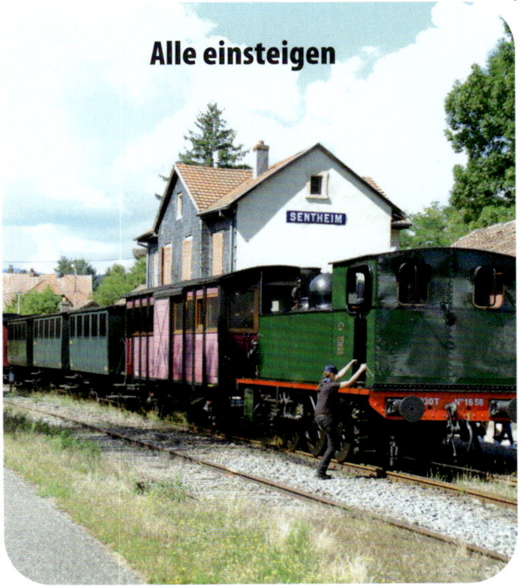

Alle einsteigen

Bank zum Verweilen ein. Danach schlängelt sich der Weg in einen Wald hinein. Nach rund 150 Metern kommen wir an eine Brücke. Vor über einhundert Jahren sind an dieser Stelle noch Dampflokomotiven gefahren. Wir gehen weiter und sehen auf der rechten Seite den Eingang zur **Grotte du Hohlenstein ⑤**, der einzigen Höhle im Elsass, in der ein unterirdischer Fluss fließt.

Wir folgen weiter dem grünen Kreis. Nach einem letzten Blick auf die Doller führt uns der Weg in einer langen Rechtskurve vom Fluss weg. An der Weggabelung dient das Schild **Chapelle Ste-Anne (blaues Rechteck und grüner Kreis)** als Orientierung. Ganz entspannt schlendern wir über den schmalen Pfad. Vögel zwitschern. Einige Sonnenstrahlen scheinen durch das dichte Blätterdach. Nach rund 150 Metern können wir links abbiegen (keine Markierung) oder ein Stück danach den offiziellen Wegweisern **(blaues Rechteck)** nach links folgen. Auch an der unmittelbar darauffolgenden Weggabelung haben wir die freie Wahl. Sowohl der linke als auch der rechte Pfad führen uns zur Kreuzung mit der **Chapelle St. Anne ⑥**. Links von uns ist ein herrliches Vogesenpanorama zu bestaunen. Wir halten einen Moment inne und genießen den Ausblick. Keine Geräusche ringsherum. Ruhe.

Wir werfen noch einen kurzen Blick in die kleine Kapelle und gehen dann weiter durch den Wald. Nach rund 500 Metern erreichen wir **Sentheim** und biegen links in die **Rue des Charbonniers** ab. Der Blick ist dabei auf die Vogesen vor uns gerichtet. Am Ende der Straße biegen wir rechts auf einen Fahrrad- und Fußweg **(VV 23)** ab. Dieser führt uns direkt zum Bahnhof von

Sentheim. Locker schlendern wir an den Häusern vorbei und erreichen nach rund 1,4 Kilometern den **Bahnhof.** Dort werden in der **Bahnhofshalle** ⑦ Essen und Getränke angeboten. Bei gutem Wetter kann man auch draußen in einem der Zelte sitzen. Oder sich ganz entspannt unter einen der Bäume legen, die Augen schließen und die Wanderung Revue passieren lassen. An einigen Tagen wird am Bahnhof Livemusik geboten. So wie heute. Lieder von Deep Purple und Nirvana erfreuen unsere Ohren. Irgendwie passend zum dampfenden Stahlross, das auf uns wartet.

Schließlich neigt sich der Tag dem Ende zu. Alle einsteigen! Der Zug fährt wieder nach Cernay St. André. Ganz gemächlich. Entschleunigt.

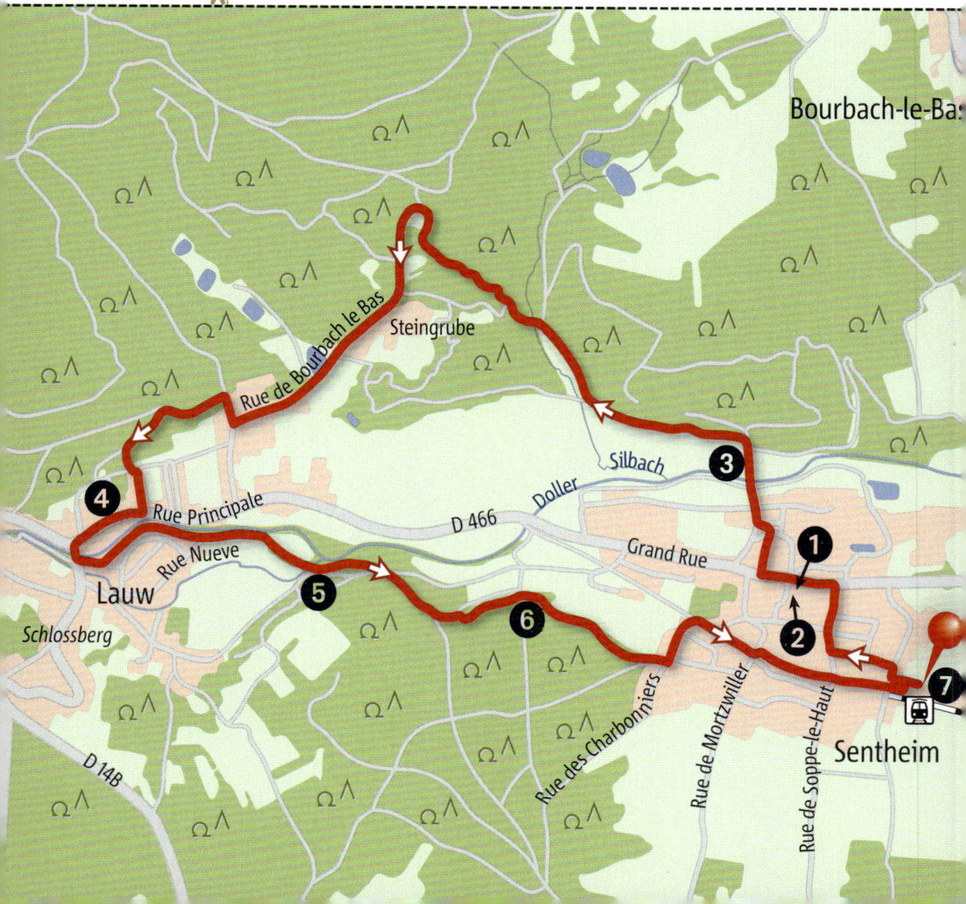

Alles auf einen Blick

WIE & WANN:
Überwiegend leicht begehbare Wanderwege und -pfade. Ganzjährig begehbar. Der Zug verkehrt von Juni bis September (www.train-doller.org).

HIN & WEG:
Auto: Parkplatz neben dem Bahnhof Cernay St. André, 68700 Cernay (GPS: 48.75263, 7.05774)
ÖPNV: Zug zum Bahnhof Cernay (von dort 2 Kilometer Fußweg bis zum Bahnhof Cernay St. André)

ESSEN & ENTSPANNEN:
Bahnhof Sentheim ❼ während des Zugbetriebs geöffnet

ENTDECKEN & ERLEBEN:
Maison de la Terre de Haute Alsace ❶
Kirche St. Georges ❷
Doller ❸
Kirche Saint-Éloi ❹
Grotte du Hohlenstein ❺
Chapelle St. Anne ❻

Entspannung ★★★★★
Genuss ★★★★☆
Romantik ★★★★☆

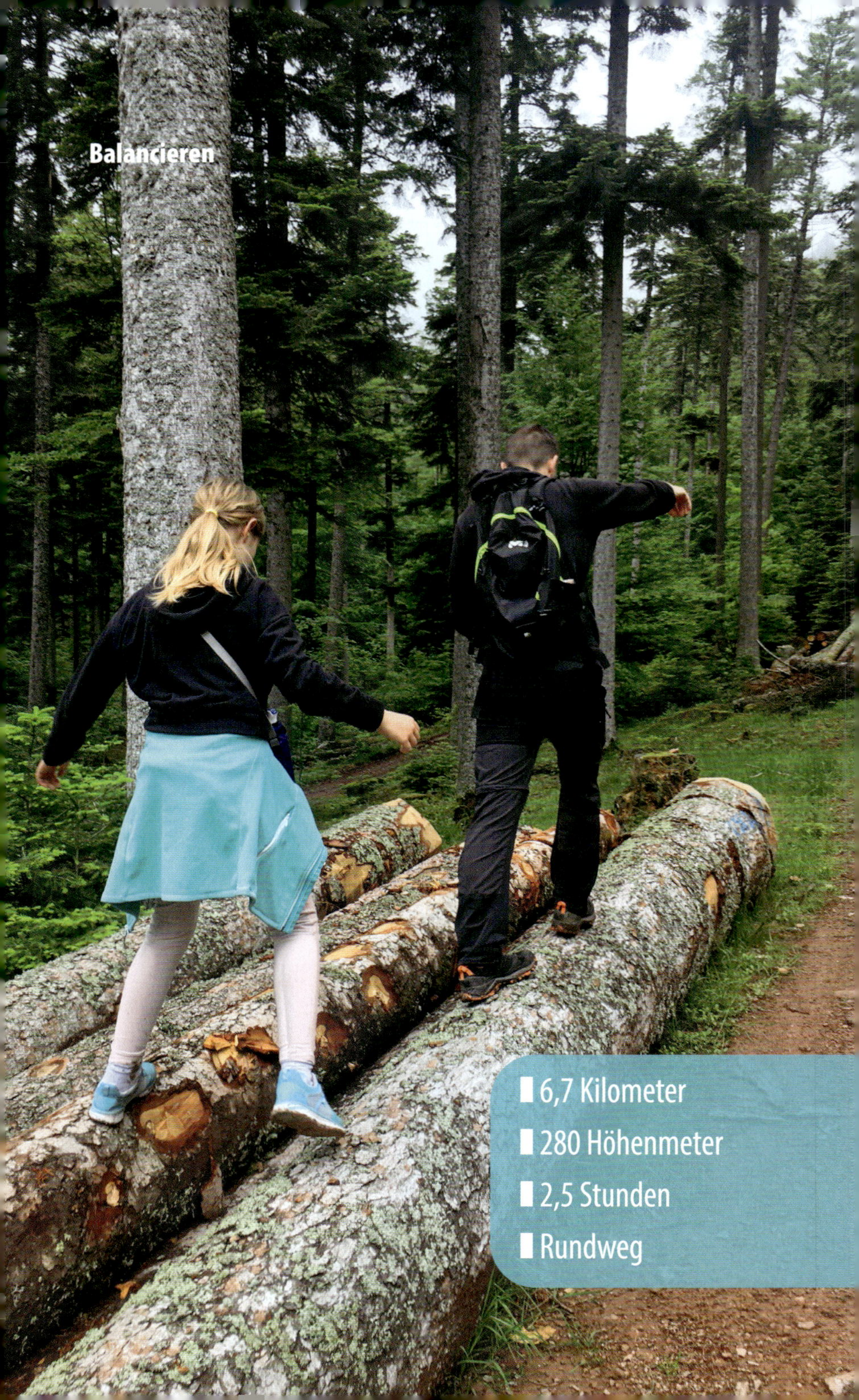

Balancieren

- 6,7 Kilometer
- 280 Höhenmeter
- 2,5 Stunden
- Rundweg

Diese Wanderung führt uns ins Reich der Riesen von Nideck und beginnt auf dem Parkplatz neben dem Gasthof **Auberge du Nideck** ①. Von hier aus führt ein Weg bergaufwärts in den Wald hinein. Nach rund 100 Metern erreichen wir eine Infotafel. An diesem Punkt biegen wir nach rechts ab und beginnen den Aufstieg durch einen Mischwald, dessen riesige Bäume mit ihren Ästen und Blättern ein grünes Dach über uns ausbreiten. Schließlich erreichen wir eine Linkskurve. Der Aufstieg wird nun deutlich steiler und der Weg schmaler. Nach circa 300 Metern kommen wir an eine Weggabelung. Wir biegen links ab und orientieren uns dabei an dem Schild mit dem **roten Dreieck.** Je weiter wir aufsteigen, desto wilder, ursprünglicher wirkt die Natur. Felsen, Moose, Glockenblumen, Farne, dazu der Gesang der Vögel, das Ambiente wirkt unglaublich friedlich und beruhigend.

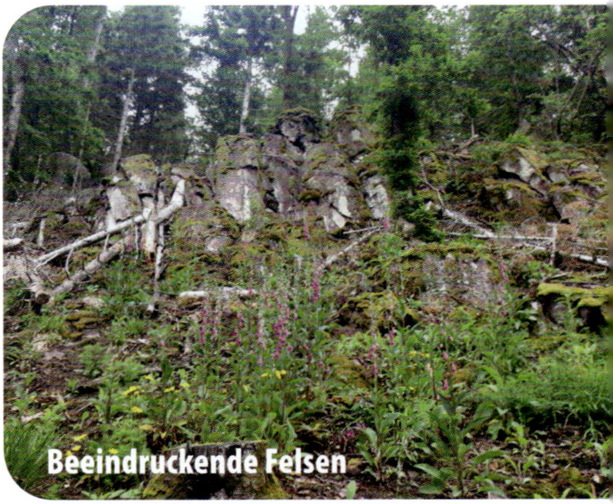

Beeindruckende Felsen

Derart beschwingt wandern wir weiter durch die wunderschöne Natur und erreichen den **Hirschfels** ② in 545 Metern Höhe. Für seine Begehung sind Schwindelfreiheit und eine gute Trittsicherheit vonnöten. Dann bietet sich aber eine herrliche Aussicht auf die

Bei den Riesen

Burgruine und Wasserfall Nideck

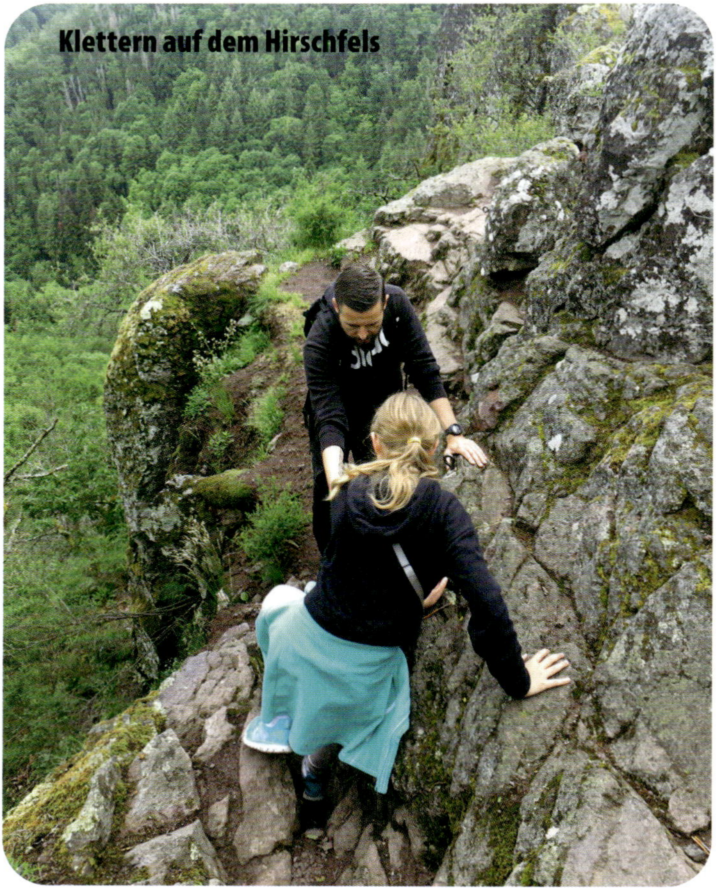
Klettern auf dem Hirschfels

umliegenden bewaldeten Gipfel. Unmittelbar nach unserer Auszeit am Hirschfels kommen wir an eine Weggabelung. Wer abkürzen möchte, der kann hier nach links abbiegen (rotes Dreieck) und in 15 Minuten den Wasserfall **Cascade du Nideck** erreichen. Wir möchten jedoch etwas länger in der Natur verweilen und nehmen den schmalen Pfad, der rechts nach oben führt **(gelbes Kreuz).** Rund 400 Meter später kann man zwischen den Bäumen einen ersten Blick auf die Burgruine Nideck erhaschen. Zudem hören wir das Rauschen des Wasserfalls. Das weckt die Vorfreude.

Lockeren Schrittes setzen wir unsere Wanderung fort und biegen nach weiteren 500 Metern in einen breiten, forstwirtschaftlichen Weg ein. Der Duft frisch geschnittenen Holzes liegt in der Luft. Während wir über dicke Baumstämme balancieren, betrachten wir neben uns die unterschiedlichen Baumgenerationen, die in friedlicher Eintracht nebeneinanderstehen – von den hellgrünen Winzlingen bis zu den riesigen Alten.

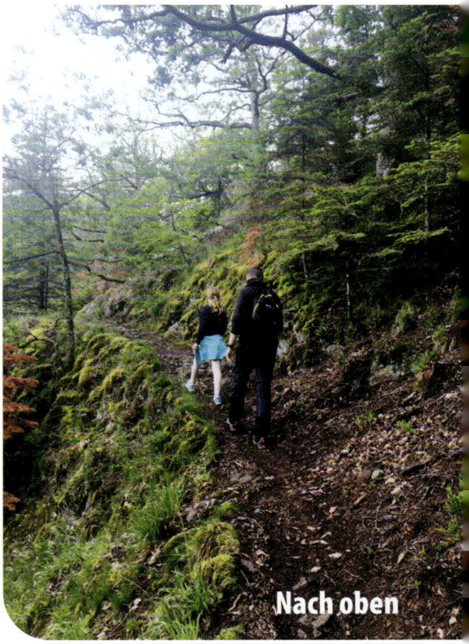
Nach oben

Am Ende des Weges treffen wir auf den Parkplatz des Forsthauses **Maison Forèstiere du Nideck ③.** An diesem Punkt haben wir mit rund 610 Metern die höchste Stelle unserer Wanderung erreicht. Einige Wanderer haben hier ihr Fahrzeug geparkt, um zur Ruine und zum Wasserfall hinabzusteigen. Die Schilder an einem Baum weisen uns den weiteren Weg: **Ruines, Cascade** und **rotes Dreieck.** Neben dem Baum lädt uns eine Bank zum Verweilen ein. Wir nehmen die Einladung an, setzen uns und trinken einen kräftigen Schluck aus der Wasserflasche.

Nach der kurzen Rast steigen wir Treppenstufen hinunter auf einen Waldpfad. Kurz danach gelangen wir an eine Kreuzung. Wir wandern weiter geradeaus und vernehmen ein Geräusch in der Stille des Waldes. Schnell können

Für die Seele

Die Sage der Riesen von Nideck verleiht dieser Wanderung durch bewaldete Wildnis hin zur Burgruine und zum Wasserfall Nideck eine mystische Stimmung.

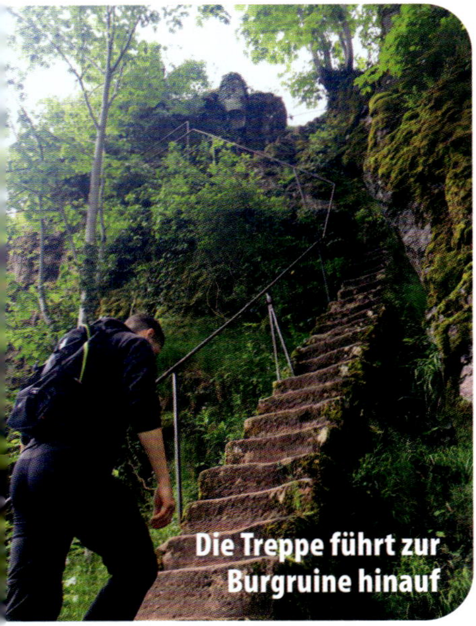

Die Treppe führt zur Burgruine hinauf

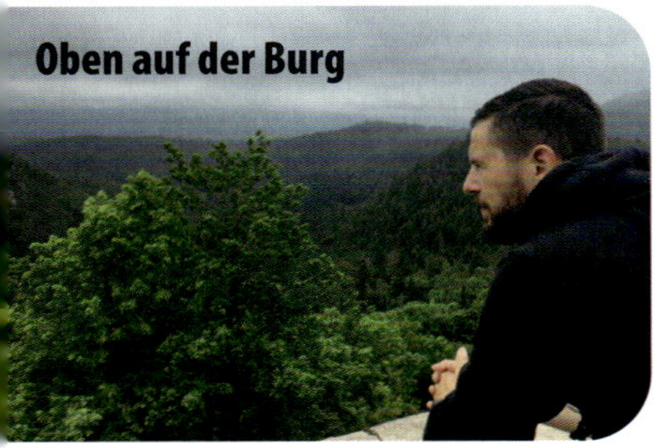

Oben auf der Burg

wir das plätschernde Wasser zuordnen, als wir rechts von uns einen Bach entdecken. Das steigert nun noch einmal die Vorfreude. Denn wir wissen, dass dieses kleine Gewässer in knapp einem Kilometer höchst eindrucksvoll in die Tiefe stürzen wird. Unser Blick ist nun stets auf den quirligen Bach gerichtet, während wir in guter Stimmung unsere Tour durch den Wald fortsetzen. An der folgenden Weggabelung kann man sich sowohl für den linken oberen als auch den rechten unteren Pfad entscheiden. Beide treffen nach knapp 200 Metern wieder aufeinander.

Wenige Minuten später gelangen wir erneut an eine Weggabelung. Links geht es zum Wasserfall. Doch trotz aller Freude auf die Kaskade wollen wir uns nicht die Burgruine entgehen lassen. Wir biegen deshalb nach rechts ab zu einer Brücke, die über den Bach führt. Ein idyllischer Wald, eine kleine Holzbrücke, ein dahinplätschernder Bach und das Rauschen des nicht mehr weit entfernten Wasserfalls, die Szenerie wirkt unglaublich harmonisch, romantisch. Ein echter Wohlfühlort. Wir lehnen uns für einige Zeit gegen das Brückengeländer und lassen das wunderschöne Ambiente auf uns wirken.

Dann widmen wir uns dem rund fünfminütigen Aufstieg und erreichen den unteren Teil der **Burgruine Château du Nideck 4**, die Handlungsort der elsässischen Sage „Das Riesenspielzeug" ist. Die bekannteste Version der Sage stammt aus dem Jahr 1831 von Adelbert von Chamisso. Eine Gedenktafel über dem Tor des viereckigen Bergfrieds erinnert an den deutsch-französischen Dichter.

„Das Riesenspielzeug" *handelt von einem Riesengeschlecht, dessen Tochter einen Bauern als Spielzeug mit nach Hause bringt. Diese wird vom Vater zurechtgewiesen und darüber belehrt, dass die Bauern kein Spielzeug und die Riesen auf sie angewiesen sind.*

Unmittelbar vor dem Turm nehmen wir auf einer der Bänke Platz und lesen gemeinsam die Sage vom Riesenspielzeug, die wir kurz zuvor auf der Infotafel abfotografiert haben. Nach einer kulinarischen Stärkung möchten wir nun auch die Oberburg sehen. Diese ist tatsächlich überwiegend so, wie sie Chamisso seinerzeit beschrieben hat: „Sie selbst ist nun verfallen, die Stätte wüst und leer …“ Vorbei an eingestürzten Mauern, Felsen und Baumwurzeln klettern wir nach oben und erreichen eine steile Treppe (mit Geländer). Diese führt uns auf eine Aussichtsplattform. Bevor wir den Ausblick genießen, marschieren wir schon in Richtung einer weiteren Treppe, die ebenso steil wie die vorherige und noch schmaler ist. Doch der Aufstieg lohnt. Von hier bietet sich ein herrlicher Ausblick auf die umliegenden Wälder und Gipfel.

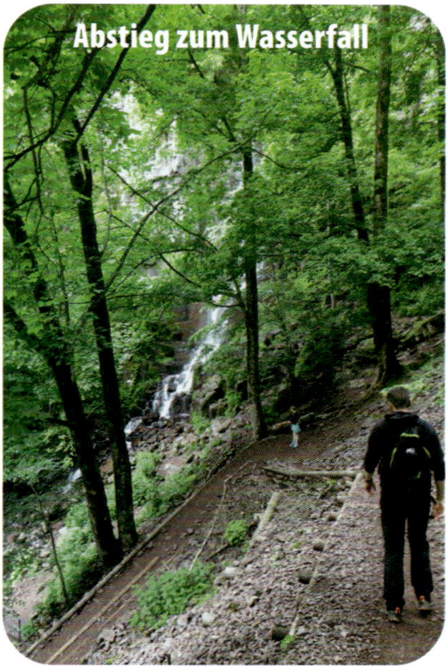
Abstieg zum Wasserfall

Im Anschluss verlassen wir die Burgruine, steigen hinunter und erreichen wieder die Brücke am Bach. Nun halten wir uns rechts und kommen kurz danach an eine weitere Aussichtsplattform. Der Ausblick ist schön. Noch atmosphärischer ist aber die Stelle einige Meter rechts davon. Hier befinden wir uns direkt oberhalb des Wasserfalls. Diesen können wir zwar noch nicht sehen, dafür aber sehr deutlich hören. Wir nehmen nun den Weg links von der Aussichtsplattform. Während des Abstiegs auf dem kurvigen Pfad können wir die **Cascade du Nideck** ⑤ zum ersten Mal sehen. Ein tolles Gefühl.

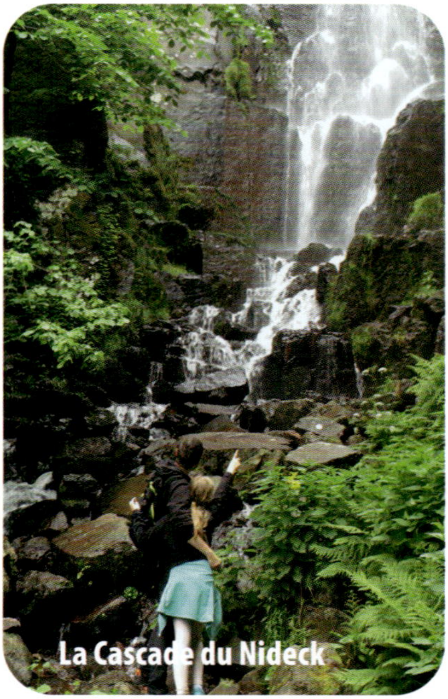
La Cascade du Nideck

Erfrischungstour 17

Der **Wasserfall von Nideck** *stürzt an einer 25 Meter hohen Vulkangesteinswand in die Tiefe.*

Schließlich haben wir den Wasserfall erreicht und bahnen uns vorsichtig unseren Weg über die rutschigen Steine. Dann blicken wir nach oben. Wassertropfen platschen in unser Gesicht. Eine willkommene Erfrischung. Andere Wanderer kommen und gehen, sind ebenfalls ausgelassener Stimmung und erfreuen sich wie wir an diesem nassen Schauspiel der Natur.

Schließlich setzen auch wir unseren Weg fort, vorbei an mit Moos und Efeu bewachsenen Felsen und dem scheinbar endlosen Grün des Waldes. Rund 20 Minuten später erreichen wir den Parkplatz und die Auberge du Nideck, wo sich nun noch die Gelegenheit für eine Erfrischung des Gaumens bietet.

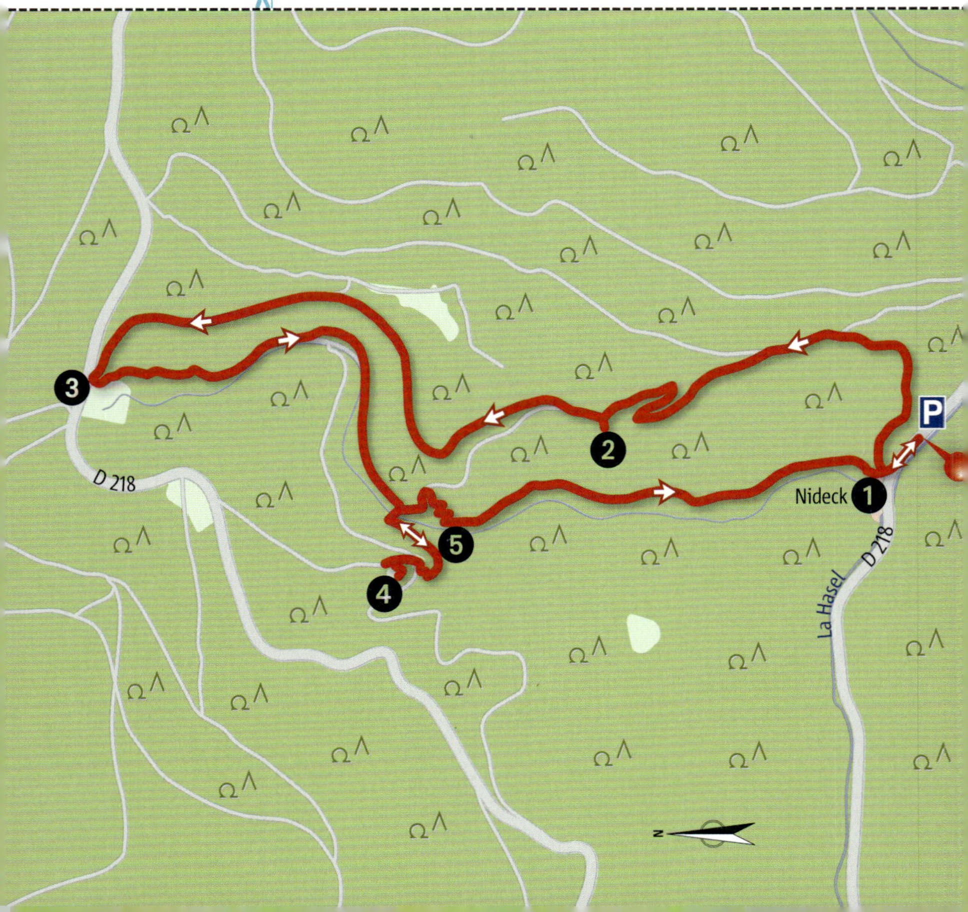

Alles auf einen Blick

WIE & WANN:
Fast ausschließlich leicht begehbare Waldwege und -pfade. Beste Wanderzeit: Frühling bis Herbst. Im Sommer angenehm frisch und schattig, aber der Wasserfall ist vor allem in trockenen Sommern weniger beeindruckend.

HIN & WEG:
Auto: Parkplatz neben der Auberge du Nideck, 98 Rue du Nideck, 67280 Oberhaslach (GPS: 48.56882, 7.28685)
ÖPNV: keine direkte Anbindung

ESSEN & ENTSPANNEN:
Auberge du Nideck ❶ 98 Rue du Nideck, 67280 Oberhaslach, Tel. +33 (3) 89 71 31 31

ENTDECKEN & ERLEBEN:
Hirschfels ❷
Maison Forèstiere du Nideck ❸
Château du Nideck ❹
Cascade du Nideck ❺

Entspannung ✱✱✱✱✱
Genuss ✱✱✱✱✱
Romantik ✱✱✱✱✱

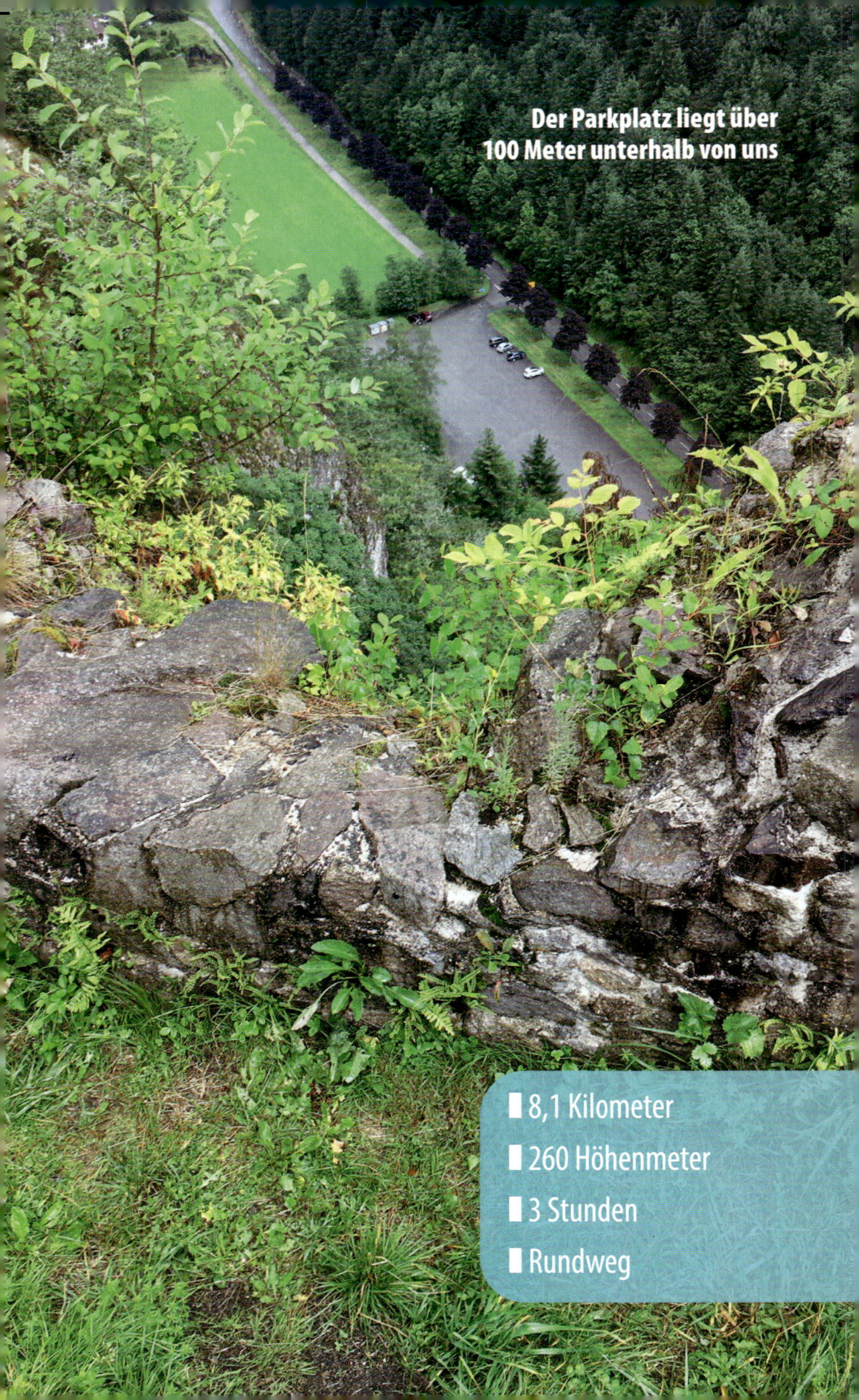
Der Parkplatz liegt über
100 Meter unterhalb von uns
8,1 Kilometer
260 Höhenmeter
3 Stunden
Rundweg

Wir starten auf dem **Parking du Lac de Kruth** und schlendern in Richtung See. Links von uns liegt der **Schlossberg.** Dort oben möchten wir hin. Den direkten Weg über den Felsen überlassen wir allerdings den Kletterexperten, die man hier gelegentlich antrifft. Wir gehen an der **Auberge du Lac** ① vorbei, biegen links in die asphaltierte Straße ab und werfen einen ersten Blick auf den **Lac de Kruth** ②. Hier bleiben wir nur kurz. Nach rund 80 Metern geht es links in den Wald auf den **Circuit du Schlossberg (grüner Kreis).** Nur wenige Meter weiter entdecken wir in luftiger Höhe Plattformen und Seilbrücken. Hier können Wagemutige auf den Spuren von Tarzan und Jane wandeln. Wir befinden uns heute thematisch jedoch bei Robin Hood und Lady Maryanne. Denn unser Ziel auf dem Schlossberg ist die Ruine einer mittelalterlichen Burg.

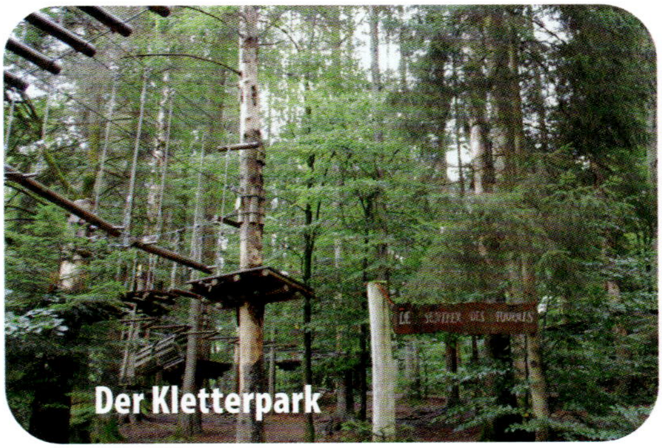
Der Kletterpark

Wir setzen den Aufstieg durch den Wald fort – vorbei an bemoosten Felsen und Bäumen, Farnen und unterschiedlichen Pilzsorten. Der Weg wird zunehmend felsiger. Gelegentlich sind Spuren zu erkennen, die von Reifen zu stammen scheinen. Das Kopfkino beginnt. Wir stellen uns vor, wie Eselskarren vor Hunderten Jahren über diesen steinigen Weg holperten

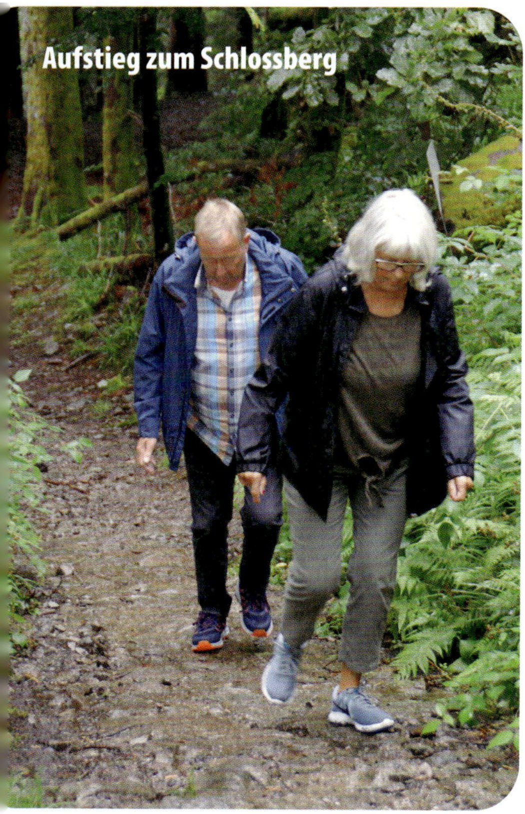
Aufstieg zum Schlossberg

und Waren in die Burganlage brachten. Rund 20 Minuten dauert der Aufstieg. Dann gelangen wir an eine kleine Schlucht. Früher gab es an dieser Stelle eine Zugbrücke. Diese existiert jedoch schon lange nicht mehr. Wir müssen daher hinab- und auf der gegenüberliegenden Seite wieder hinaufsteigen. Dort erreichen wir den außergewöhnlichen Eingang, der einzigartig in den Vogesen ist. Er führt direkt durch den Felsen. In jahrelanger Arbeit hatten die mittelalterlichen Baumeister einen Tunnel durch den Berg graben lassen.

Wie die Bewohner der mittelalterlichen Burganlage durchschreiten wir den Tunnel und erreichen das Plateau des Schlossbergs. Vom **Château de Wildenstein** ❸ sind nur noch einige Mauerreste übrig. Dafür ist der Ausblick genauso schön wie damals. Nein, sogar noch schöner und vielfältiger. Denn den Stausee **Lac de Kruth** gab es damals noch nicht. Wir halten kurz inne und erfreuen uns an der Szene. Wie ein Spielzeugauto sieht unser Wagen dort unten auf dem Parkplatz aus. Über 100 Meter sind es von hier bis nach dort unten. Gut, dass wir nicht den direkten Weg über den Kletterfelsen genommen haben. Daneben schlängelt sich eine Straße durch die dunkelgrünen Vogesen – vorbei an der Auberge du Lac und dem Lac de Kruth, in dem sich die Bäume der Vogesen wunderschön spiegeln. Auf der Südseite des Schlossbergs blicken wir ins **Thurtal.** Malerisch liegt dort das Dörfchen

Kruth zwischen den bewaldeten Erhebungen der Vogesen. Wir entscheiden uns, noch ein wenig hier oben zu verweilen, und nehmen auf der Picknickbank Platz. Das Info-Schild verrät uns, dass an dieser Stelle einst die Kapelle der Burg stand.

Nach dem leckeren Imbiss beginnen wir den Abstieg, dessen Startpunkt sich neben dem hölzernen Unterstand befindet **(grüner Kreis).** Auch hier verwöhnt uns der Schlossberg mit einem idyllischen Ambiente aus bemoosten Felsen und Bäumen sowie Pilzen

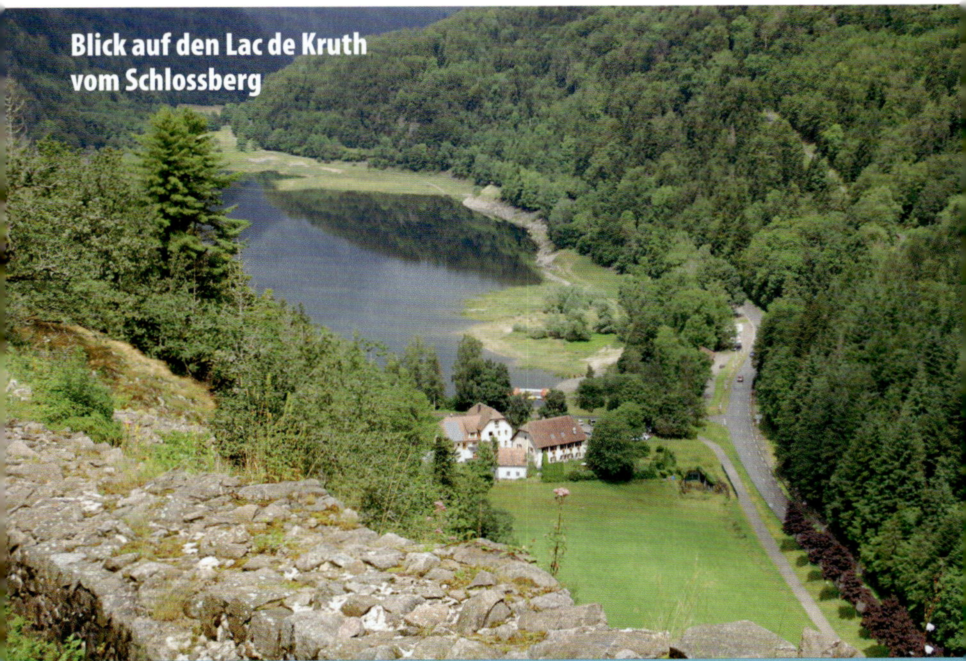

Blick auf den Lac de Kruth vom Schlossberg

Für die Seele

Nach einem Besuch der Burgruine auf dem Schlossberg umwandern wir den Lac de Kruth, treffen auf mehrere Wasserfälle und kommen beim Betrachten des Schauspiels innerlich zur Ruhe.

unterschiedlicher Couleur und Formen. Rund 15 Minuten dauert der Abstieg bis zum See. Dann biegen wir links ab und folgen der asphaltierten Straße neben dem **Lac de Kruth.** Dabei lassen wir immer wieder den Blick über den See schweifen. Nach 400 Metern halten wir uns rechts und gehen über die Staumauer. Unterhalb von uns fließt der Fluss **Thur** ins Tal.

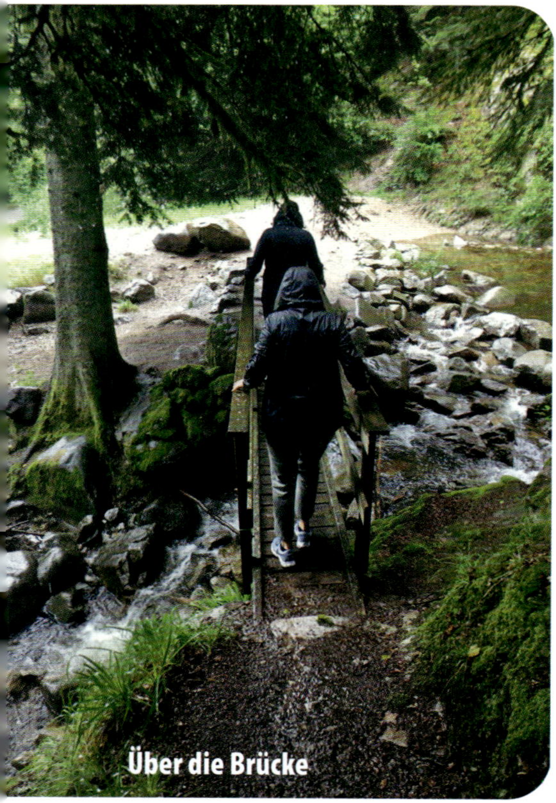
Über die Brücke

Am Ende der Staumauer biegen wir erneut rechts ab und wandern weiterhin parallel zum See. Schließlich treffen wir auf einen kleinen Wasserfall und beobachten das nasse Schauspiel. Direkt danach verlassen wir den asphaltierten Weg, biegen links ab und beginnen erneut einen Aufstieg **(blaues Kreuz).** Das erfordert nochmals etwas Kondition. Dafür ist der breite Waldweg leicht begehbar. Im folgenden Wanderabschnitt treffen wir auf insgesamt drei Wasserfälle – einer spektakulärer als der andere. An jedem Wasserfall machen wir eine Pause und erfreuen uns an dem imposanten Naturspektakel. Tosend stürzt das Wasser in die Tiefe, sammelt sich in kleinen Becken zu einer kurzen Ruhepause, wirbelt umher und stürzt erneut in die Tiefe.

*Die **Thur** entspringt auf der südwestlichen Flanke des nördlich gelegenen Rainkopfs und fließt nach 53 Kilometern bei Ensisheim in die Ill. Der Stausee Lac de Kruth wurde in den Jahren 1959 bis 1963 errichtet, um das Thurtal vor Hochwasser zu schützen.*

Nach dem zweiten Wasserfall folgt eine Verzweigung. Wir gehen weiter geradeaus und folgen dem **blauen Kreuz.** Kurz darauf erreichen wir die **Cascade du Bockloch** ❹. Oberhalb von uns bahnt sich das Wasser seinen Weg an großen Felsbrocken vorbei und stürzt schließlich unterhalb von unserem Weg in die Tiefe. Ein herrliches Schauspiel!

Direkt nach dem Wasserfall folgen wir dem Weg nach rechts unten **(Barrage de Kruth Wildenstein, blaues Kreuz)**. Die Serpentinen führen uns mehrmals nah an die Cascade du Bockloch heran, sodass wir während des Abstiegs immer wieder einen Ausblick auf den Wasserfall genießen dürfen. Unten angelangt, überqueren wir eine kleine Holzbrücke und stehen am Fuße der **Cascade du Bockloch.** Rund 15 Meter fällt das Wasser an einer Felswand senkrecht hinunter, sammelt sich in einem knöcheltiefen Becken, fließt in die **Thur** und schließlich in den Stausee. Wir möchten uns das Schauspiel aus der Nähe ansehen, waten durch das Wasser und nehmen auf einem massiven, herabgestürzten Baumstamm vor dem Wasserfall Platz. Die Naturgewalt flößt Respekt ein, wirkt aber auch unglaublich beruhigend.

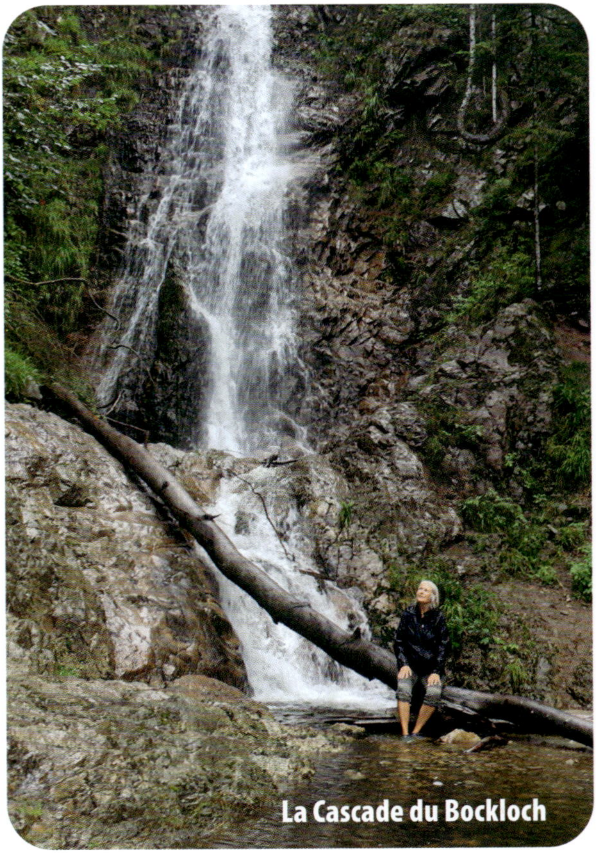

La Cascade du Bockloch

Nach einigen Minuten setzen wir unsere Wanderung fort. Wir überqueren die Straße und eine Brücke über die **Thur** in Richtung See. Gegenüber ragt der Schlossberg empor. Wir biegen rechts ab und folgen dem Uferweg. Auf dem See ziehen einige Enten ihre

Kreise. Ein Stückchen weiter hat eine Anglerin ihre Rute ausgeworfen. Petri Heil!

Nach knapp einem Kilometer entdecken wir bunte Tretboote im Wasser. Daneben plantscht eine Gruppe von Jugendlichen vergnügt im Wasser. Plötzlich saust Indiana Jones über ihre Köpfe hinweg. Nun ja, zumindest fast. Der Hobby-Abenteurer an der Seilrutsche kommt aus dem Kletterpark, den wir zu Beginn unserer Wanderung durchquert haben. Einige Kletterer und Badegäste haben sich am Kiosk **Snack du Lac de Kruth** 5 eingefunden und genießen ein Eis oder ein kühles Getränk. Für eine komplette Mahlzeit ist die **Auberge du Lac** die bessere Adresse, an der wir kurz darauf erneut vorbeikommen.

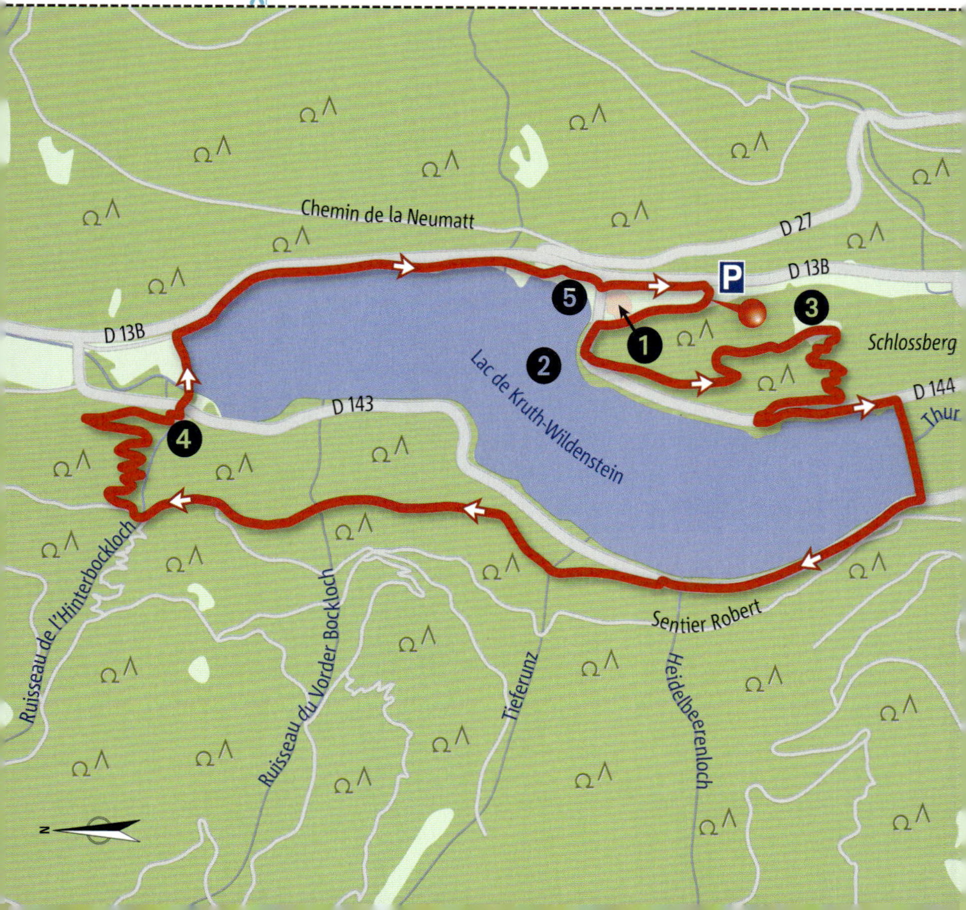

Alles auf einen Blick

WIE & WANN:
Unterschiedliche Wanderwege – von asphaltierter Straße, losem Untergrund bis hin zu felsigen Pfaden. Beste Wanderzeit: Frühling bis Herbst.

HIN & WEG:
Auto: Parking du Lac de Kruth, 68820 Kruth (GPS: 47.95188, 6.96045)
ÖPNV: keine direkte Anbindung

ESSEN & ENTSPANNEN:
Auberge du Lac ❶ La Moraine du Lac, 68820 Kruth, Tel. +33 (3) 89 82 27 05, www.auberge-chambresdhotes-kruth.fr
Snack du Lac de Kruth ❺ Lac de Kruth, 68820 Kruth, Tel. +33 (6) 75 50 75 43

ENTDECKEN & ERLEBEN:
Lac de Kruth ❷
Château de Wildenstein ❸
Cascade du Bockloch ❹

Entspannung ★★★★☆
Genuss ★★★★☆
Romantik ★★★★☆

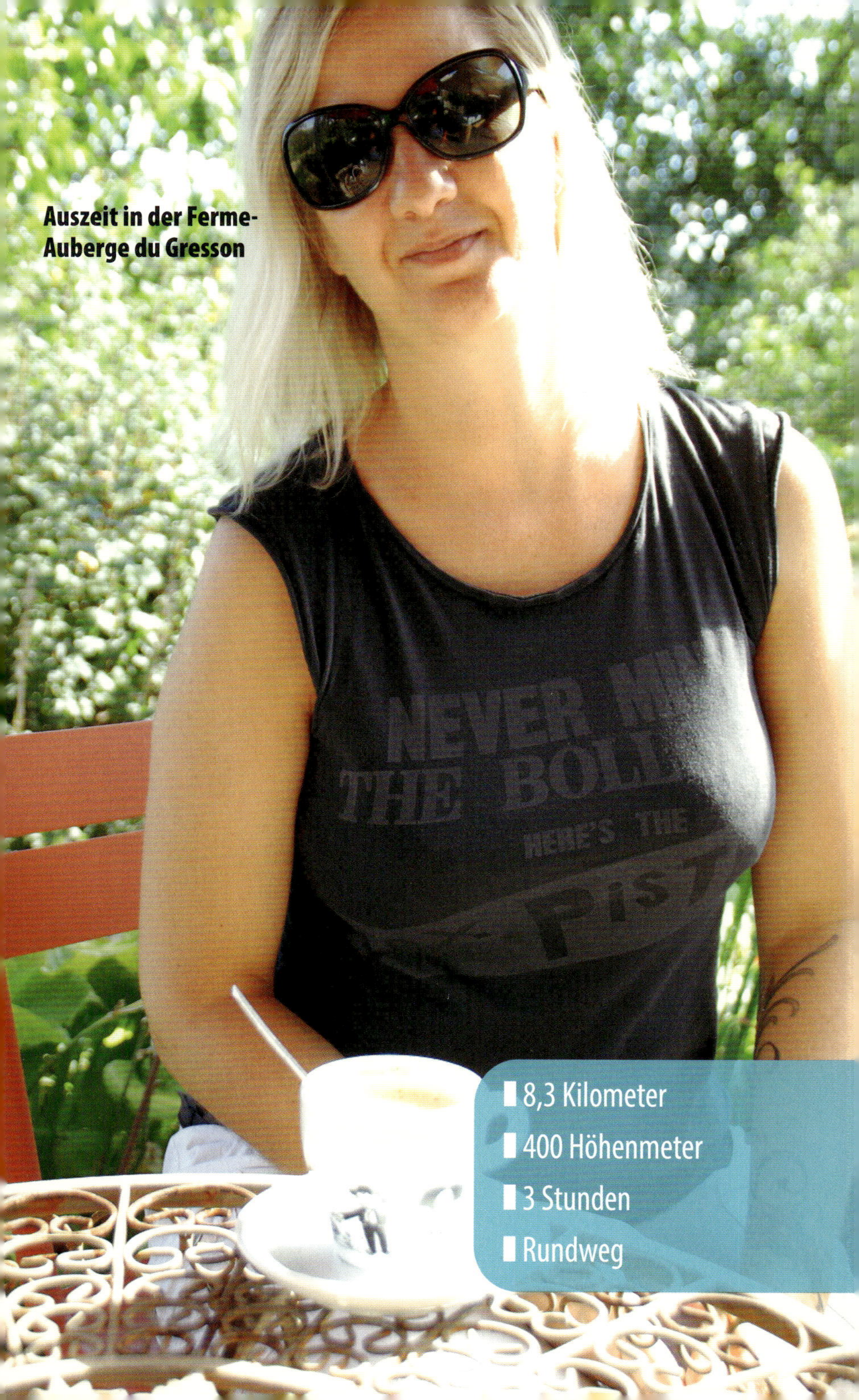

Auszeit in der Ferme-Auberge du Gresson

- 8,3 Kilometer
- 400 Höhenmeter
- 3 Stunden
- Rundweg

Unser Ausflug zu den beiden **Lacs du Neuweiher** beginnt auf einem Parkplatz für Wanderer im Dörfchen **Rimbach-près-Masevaux.** Dort biegen wir links in die **Rue d'Ermensbach** ab und gehen bergauf (Schild **Neuweiher, gelbes Kreuz).** Gemütlich schlendern wir an den Häusern von Rimbach-près-Masevaux vorbei. Gartenzwerge, Störche und allerlei andere Dekofiguren schauen uns aus neugierigen Augen an. Wir passieren eine **kleine Kapelle** sowie mehrere Querstraßen. Nach rund 900 Metern sehen wir auf der linken Seite eine Brücke, die über den **Neuweiherbach** ❶ führt. Hier werden wir später wieder ankommen.

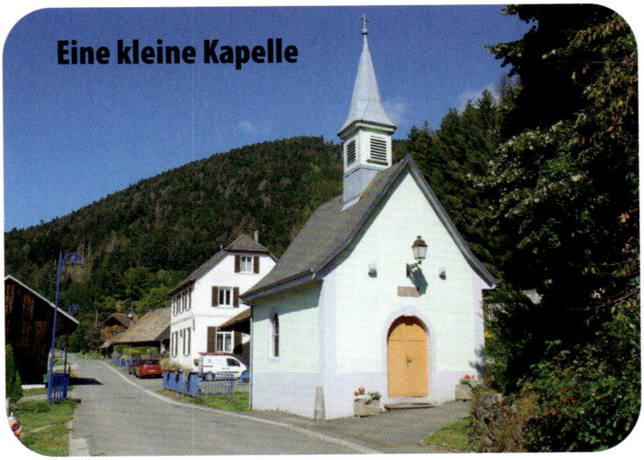

Eine kleine Kapelle

Kurz darauf verlassen wir den Ort und betreten den Wald. An der Weggabelung folgen wir weiter dem **gelben Kreuz,** halten uns zunächst rechts und biegen kurz darauf links ab **(Refuge-Auberge Neuweiher).** Der Weg wird nun zunehmend steiler. In gemächlichem Tempo wandern wir über den steinigen Waldpfad. Unser Blick wandert zur Seite, wo wir Tannen und Brombeeren entdecken. Je weiter wir nach oben gehen, desto größer sind die Gesteinsbrocken auf unserem Weg. Insbesondere bei nassem Wetter kann

Relaxen am See

Die beiden Lacs du Neuweiher

es hier ziemlich rutschig sein. Eine Alternative ist dann ein parallel verlaufender, nicht ganz so steiniger Weg, der in Rimbach-prés-Masevaux kurz nach der Kapelle beginnt **(blauer Kreis).** Landschaftlich schöner ist jedoch unser Weg. Wie ein weicher Teppich haben sich verschiedene Moose über Felsen, Baumstämme und Äste gelegt. Während wir über den felsigen Weg wandern, hören wir das Rauschen des Neuweiherbachs. Gelegentlich kreuzen Rinnsale unseren Weg. Obwohl wir auch einfach mit einem beherzten Schritt hinübergehen könnten, balancieren wir auf einem Baumstamm hinüber.

Schließlich entdecken wir auf unserer linken Seite eine kleine Schlucht. Brausend stürzt das Wasser des **Neuweiherbachs** in die Tiefe, sammelt sich zwischen Felsen und fließt ganz gemächlich weiter talwärts. Vereinzelt fallen Lichtstrahlen durch das dichte Blätterdach auf skurril wachsende, mit Moos bewachsene Bäume und Felsen. Wir verweilen einige Minuten hier und schauen uns das atmosphärische Schauspiel an.

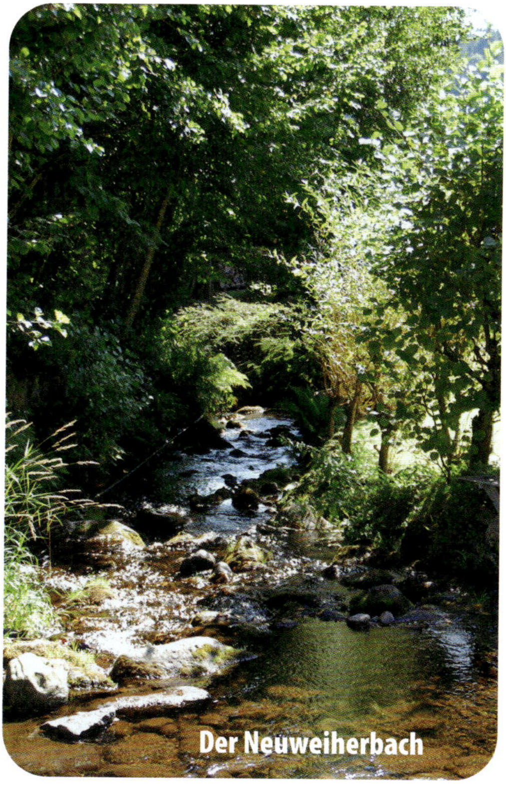
Der Neuweiherbach

Kurz darauf treffen wir auf den Parallelweg **(blauer Punkt),** der von rechts kommend auf unseren Pfad trifft. Wir halten uns links, gehen über eine Mini-Brücke und kraxeln über den felsigen Weg nach oben. Dort treffen wir nach einigen Metern wieder auf den rauschenden Neuweiherbach. Wir überqueren diesen über eine grüne Metallbrücke, wandern über einen mit großen Baum-

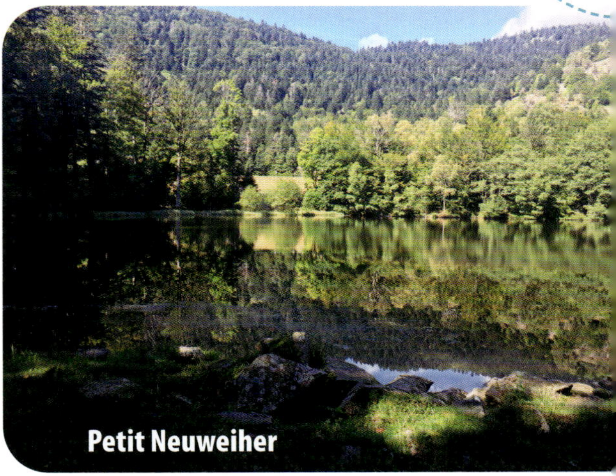
Petit Neuweiher

wurzeln bedeckten Boden und halten uns rechts **(blauer Kreis).** 100 Meter später erreichen wir den Stausee **Petit Neuweiher** **2** (813 Meter Höhe). Wir halten inne und genießen den Moment. Rings um das Ufer herum wachsen zahlreiche Bäume. Die grünen Uferbewohner spiegeln sich im klaren Wasser. Dahinter heben sich die bewaldeten Vogesengipfel vom blauen Himmel ab. 50 Meter danach treffen wir auf den großen Bruder, den **Grand Neuweiher** **3** (824 Meter Höhe). Einige Angler stehen am Ufer und versuchen ihr Glück. Im Sommer sieht man hier viele Wanderer beim Picknick oder bei einem – trotz Verbots – erfrischenden Bad im See. Vor allem Jugendliche nutzen den Felsen auf der Südostseite als Sprungbrett ins kühle Nass.

Auf der Südwestseite des Sees befindet sich die **Auberge du Neuweiher** **4**. Wir nehmen unter einer großen Birke Platz, bestellen eine Tourte (Blätterteig mit Hackfleischfüllung) mit grünem Salat sowie ein erfrischendes Getränk und genießen während unserer leckeren Mahlzeit die wohltuende Aussicht auf den See.

*Das **Baden in einem Stausee** ist nicht ungefährlich. Im unteren Teil der Staumauer befinden sich Durchlässe, an denen bei einer Öffnung Strudel entstehen. Gerät ein Schwimmer in einen solchen Strudel, ist eine Selbstrettung nahezu ausgeschlossen.*

Für die Seele

Nach dem Aufstieg durch wilde Natur relaxen wir am See und setzen die Wanderung über atmosphärische Wald- und Wiesenwege fort.

Danach gehen wir wieder einige Schritte in südlicher Richtung und biegen rechts ab **(Ferme-Auberge Gresson, blaues Rechteck).** Wir steigen den steinigen Weg hinauf, gehen an den beiden nächsten Weggabelungen weiter geradeaus und biegen an der dritten rechts ab (Gresson, blaues Rechteck). Wer nach einer Mahlzeit in der Auberge du Neuweiher nicht weiter aufsteigen möchte, hat nun die Möglichkeit, weiter geradeaus zu gehen und den Abstieg zu beginnen.

*Bei den **Lacs du Neuweiher** handelte es sich ursprünglich um einen eiszeitlichen See, der versandete. Vor dem Bau des Staudamms wurde die Fläche landwirtschaftlich genutzt. Auf dem Grund des Sees befindet sich noch die Ruine eines Bauernhofs.*

Wir steigen jedoch den felsigen Serpentinenpfad nach oben. Auf rund 935 Metern Höhe erreichen wir den höchsten Punkt unserer heutigen Wanderung. Aus der Ferne hören wir Kuhglocken. Einen Moment später entdecken wir die Träger der klingenden Gefäße. Unterhalb von uns grast in aller Ruhe eine Kuhherde auf einer grünen Wiese inmitten des Waldes. Wir verlassen den Wald und erreichen die **Ferme-Auberge du Gresson ❺.** Wir lassen uns an einem der Tische auf der unteren Terrasse nieder. Bei einem Kaffee schweift unser Blick durch den bunten, liebevoll dekorierten Garten und über die Vogesengipfel in der Ferne. Ein wirklich toller Ort zum Relaxen.

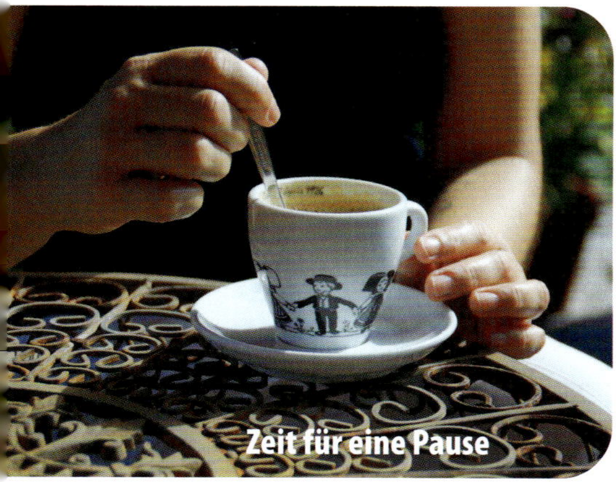

Zeit für eine Pause

Nach unserer kleinen Auszeit in der Ferme-Auberge biegen wir unterhalb des Berggasthofes zunächst links und 20 Meter später rechts ab **(blaues Dreieck/Kreuz).** Wir schlendern über weichen Wiesenboden durch eine Rechtskurve nach unten. Neben uns grast die Kuhherde auf der Wiese. Mit federnden Schritten wandern wir talwärts – vorbei an Brombeersträuchern und riesigen Fichten.

An der folgenden Weggabelung biegen wir links ab (blaues Dreieck/Kreuz) und wandern weiter über die Wiese hinunter. Wir passieren eine prächtige Linde,

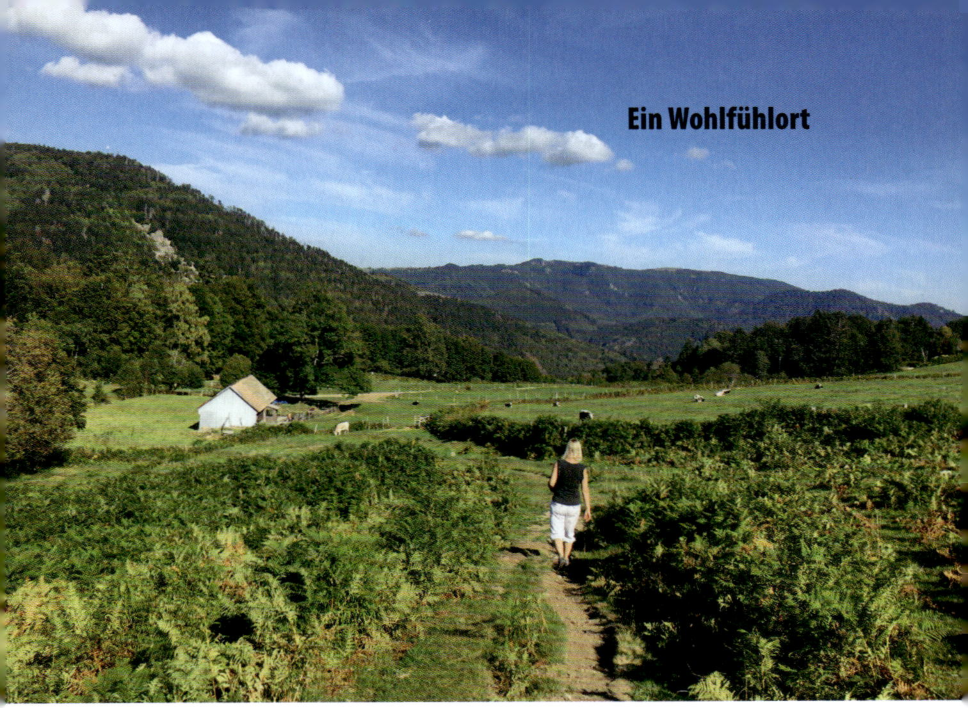

schlendern an Hundsrosen vorbei und bleiben abrupt stehen. Die Szene ist einfach wunderschön. Rings um uns herum unzählige Farnpflanzen, auf den Wiesen grasende schwarz-weiße Kühe, ein kleines Bauernhaus, im Hintergrund die grünen Vogesen und der blaue Himmel mit weißen Wolkenfiguren. Wir hören die Kuhglocken, einzelne Vögel. Ein leichter Wind geht. Ansonsten Stille. Ein Glücksmoment!

Wir gehen weiter über die Wiese hinunter – zwischen den Kühen hindurch. Neugierig schauen wir uns gegenseitig an. An der Weggabelung biegen wir rechts ab (blaues Dreieck/Kreuz). Nach rund 200 Metern erreichen wir einen Wald. Der Weg wird nun wieder steiniger. Wir überqueren einen Feldweg und gehen weiter geradeaus hinunter **(Rimbach, blaues Dreieck).** Kurz darauf geben die Bäume für einen Moment die Sicht auf Rimbach frei. Wir wandern weiter durch den Wald. Indisches Springkraut blüht neben uns. Nicht nur wir scheinen den herrlichen Duft zu mögen. Zahlreiche Bienen fliegen in die Blüten und um sie herum.

Erfrischungstour 19

Bei der folgenden Weggabelung biegen wir links ab. Nach rund 600 Metern über den relativ steilen, felsigen Pfad hören wir erneut den **Neuweiherbach.** Noch ein kleines Stück weiter, und wir erreichen die Brücke in **Rimbach.** Wir biegen rechts ab und gehen die **Rue d'Ermensbach** hinunter. Abermals kommen wir an der kleinen Kapelle vorbei. Wir gehen hinein und nehmen Platz. Ein wunderschönes mit Ornamenten verziertes Retabel aus Holz schmückt den schlichten Altar. Dieser wird von zwei hölzernen Engeln flankiert. Tafeln mit Danksagungen an Maria hängen an einer Wand – auf Französisch und Deutsch. Wir verweilen einen Moment. Danach gehen wir weiter die **Rue d'Ermensbach** hinunter und erreichen schließlich den Parkplatz.

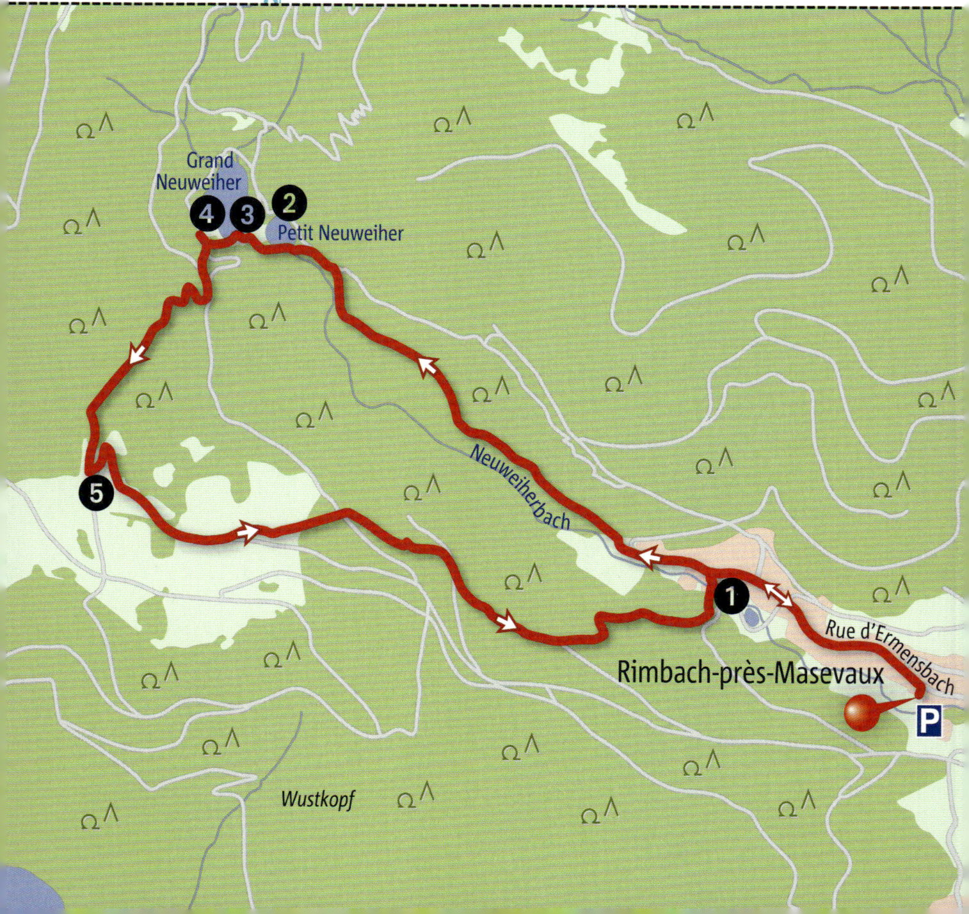

Alles auf einen Blick

WIE & WANN:
Felsige Wege sowie leicht begehbare Wald- und Wiesenwege.
In Rimbach-près-Masevaux asphaltierte Straße.
Beste Wanderzeit: Frühling bis Herbst.

HIN & WEG:
Auto: Parkplatz in Rimbach-près-Masevaux (GPS: 47.81822, 6.94011)
ÖPNV: keine direkte Anbindung

ESSEN & ENTSPANNEN:
Auberge du Neuweiher ❹ Neuweiherwald, 68290 Oberbruck,
Tel. +33 (3) 89 82 02 09, www.auberge-refuge-neuweiher.fr
Ferme-Auberge du Gresson ❺ 68290 Oberbruck,
Tel. +33 (3) 89 82 00 21, www.ferme-auberge-gresson.fr

ENTDECKEN & ERLEBEN:
Neuweiherbach ❶
Petit Neuweiher ❷
Grand Neuweiher ❸

Entspannung ✱✱✱✱✱
Genuss ✱✱✱✱✱
Romantik ✱✱✱✱✱

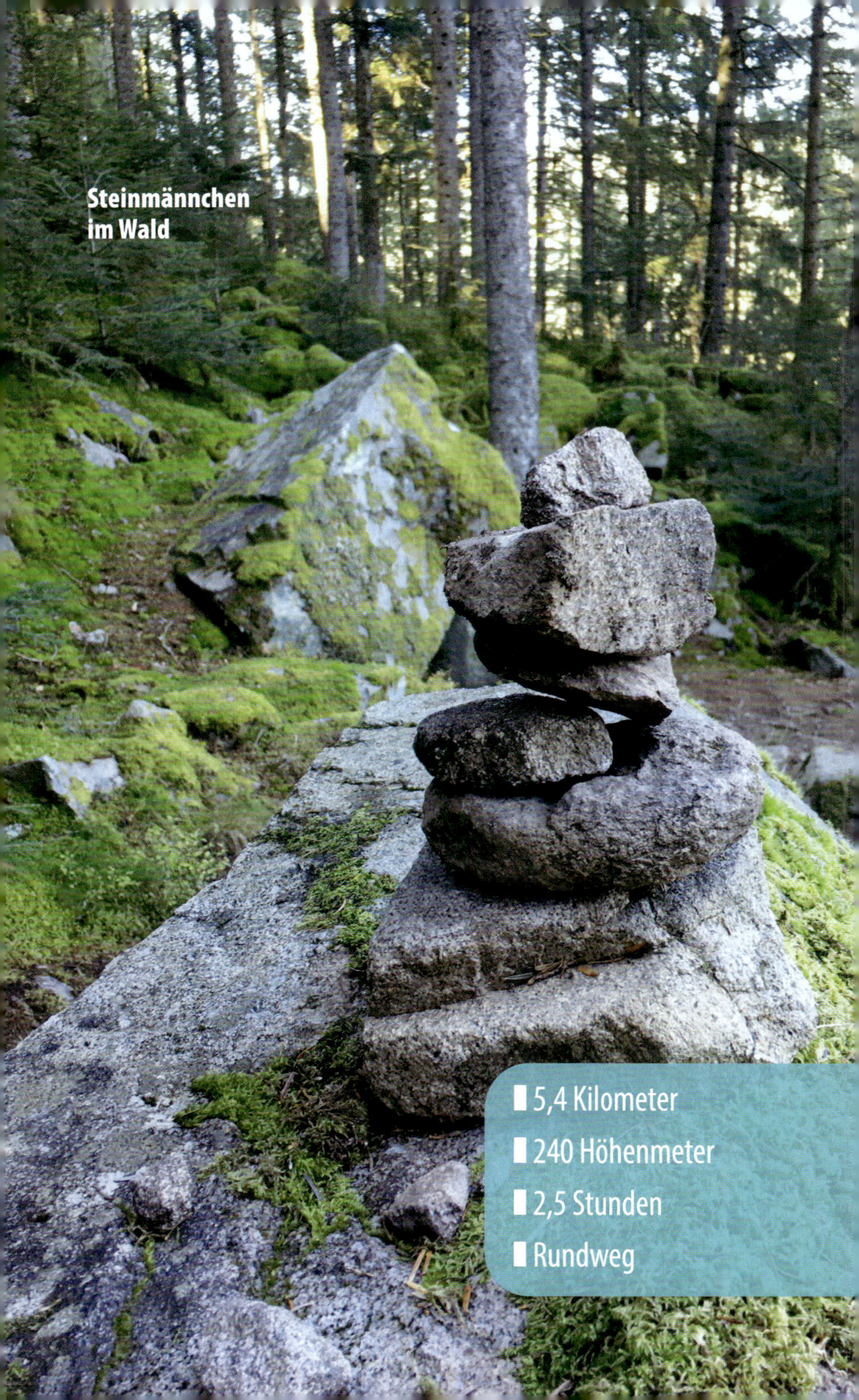

- 5,4 Kilometer
- 240 Höhenmeter
- 2,5 Stunden
- Rundweg

Die Wanderung beginnt auf einem Parkplatz in der Nähe des Restaurants **L'Écho du Lac** ① neben der Straße **Faubourg de Ramberchamp.** Wir steigen aus dem Auto, blicken auf den **Lac de Gérardmer** ② und die bewaldeten Vogesen. Kurz noch die Wanderschuhe anziehen sowie den Rucksack überschnallen, und es kann losgehen! Wir wechseln auf die andere Straßenseite und halten uns links. Zahlreiche Spaziergänger sind unterwegs und flanieren um den See. Nach rund 300 Metern erreichen wir einen **Parkplatz** in der Nähe eines Sportplatzes. Auch hier könnte man die Wanderung beginnen – abhängig davon, wie voll die jeweiligen Parkmöglichkeiten sind. Das Schild **Sentier du Tour du Lac** zeigt an, wohin es als Nächstes geht. Nämlich nach rechts. Wir schlendern über eine Brücke, unter der ein kleiner Bach dahinplätschert. Eine Infotafel klärt uns über den Artenreichtum hier am See auf. Unter anderem gehören Graureiher, Höckerschwäne, Stockenten und Bisamratten zu seinen Bewohnern.

*Der 2,2 Kilometer lange und 750 Meter breit**e Lac de Gérardmer** entstand in der Würmeiszeit durch eine Endmoräne.*

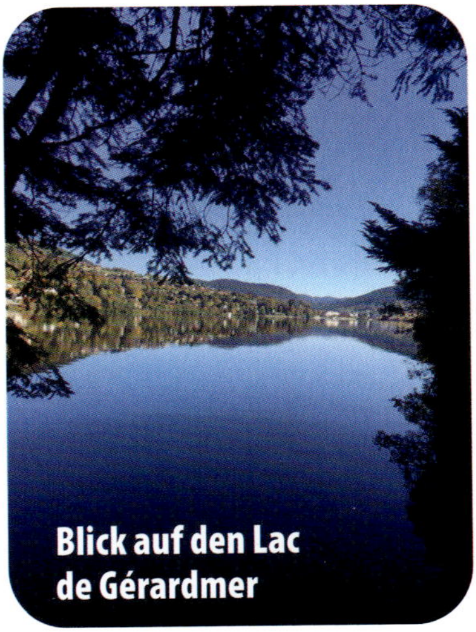

Blick auf den Lac de Gérardmer

Neben uns ragen dicht an dicht Bäume empor. Gelegentlich geben sie jedoch den Blick auf den See frei. Wir halten kurz inne und betrachten die Szene. Ein kleines Segelboot, ein Haus und die dahinterliegenden Bäume spiegeln sich im glasklaren See. Dann verschlingen die Bäume die Sicht auf den See. Der Weg wird nun zunehmend felsig. Auch die zahl-

Wilde Natur

Der Lac de Gérardmer

reichen Baumwurzeln bereiten so manchem Wochenendspaziergänger Probleme. Die Beschaffenheit des Weges ist ein kleiner Vorgeschmack auf das, was später noch kommt. Daher die Empfehlung: Diese Wanderung sollte man ausschließlich bei trockenen Witterungsverhältnissen gehen.

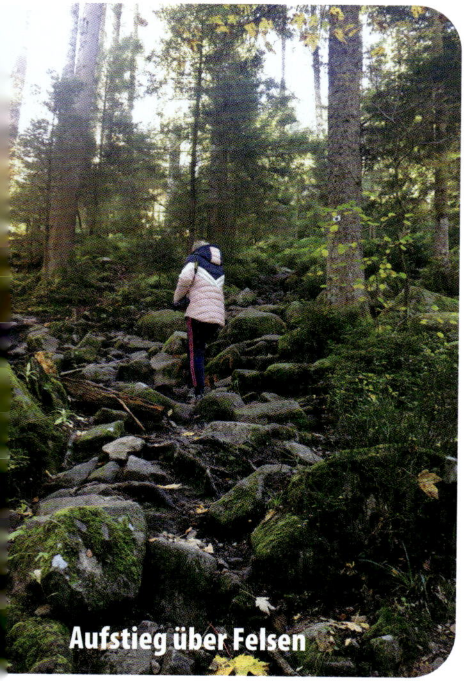

Aufstieg über Felsen

Schließlich erreichen wir eine kleine Lichtung. Vom Ufer aus bietet sich ein herrlicher Blick auf den See und die Häuser an den Vogesenhängen. Wir setzen den Weg fort. Dieser besteht nun teilweise nur noch aus Felsen. Und was schwimmt dort im See? Was zuerst wie ein Miniausgabe eines Seeungeheuers aussieht, entpuppt sich bei näherem Hinsehen als die grüne, bemooste Oberfläche eines Gesteinsbrockens.

Dann erreichen wir das Ende des Uferweges und schlendern über den Parkplatz des Restaurants **Lido ③.** Wir überqueren die Straße und vernehmen ein deutliches Rauschen. Der Grund ist schnell gefunden. Vor uns plätschert und stürzt das Wasser an zahlreichen Stellen über kleinere und größere Gesteinsbrocken in die Tiefe. Ein schönes, ein beruhigendes Schauspiel. Danach sammelt sich das Wasser und fließt als kleiner Bach in rund 200 Metern Entfernung in den **Lac de Gérardmer.**

Wir gehen über eine Holzbrücke und beginnen den Aufstieg. Wer vorher noch einmal Kraft sammeln möchte, hat an einem Picknicktisch die Gelegenheit dazu. Der Aufstieg **(blauer Kreis)** über den felsigen und teilweise rutschigen Pfad ist relativ steil und anstrengend. Doch es lohnt sich. Das Wasser scheint fast überall zwischen Felsen, Farnen und Tannen zu plätschern und zu sprudeln. Wir überqueren eine weitere Holzbrücke. Unter ihr schießt das Wasser über einen großen Felsen in die Tiefe. Wir setzen den Aufstieg fort, kraxeln weiter über Felsen und Baumwurzeln. Erneut führt der Weg über eine Holzbrücke. Wir stoppen und betrachten die Landschaft unterhalb von uns. Tannen, Farne, bemooste Felsen und dazwischen das talwärts fließende Wasser. Augen schließen, tief durchatmen.

Mit der frischen Energie gehen wir auf dem felsigen Pfad weiter. Nach rund 100 Metern halten wir uns rechts **(blauer Kreis).** Der Weg wird nun breiter. Die riesigen glatten Felsplatten hier sehen so aus, als wären sie die Reste einer mittelalterlichen Straße. Schritt für Schritt gehen wir bergaufwärts. Neben uns plätschert bedächtig ein kleiner Bach. Ansonsten herrscht Stille. Abgesehen vom knirschenden Sand unter unseren Wanderschuhen.

In dem nun dichten Wald haben Moose einen riesigen grünen Teppich ausgebreitet. Einzelne Lichtstrahlen fallen durch das Dickicht darauf. An den beiden folgenden Weggabelungen halten wir uns jeweils links (blauer Kreis). Schließlich erreichen wir den Wasserfall **Cascade de Mérelle 4.** Oder sollte man besser sagen „das Wasserfällchen“? Rund 2 Meter stürzt das Wasser über einen Felsvorsprung in die

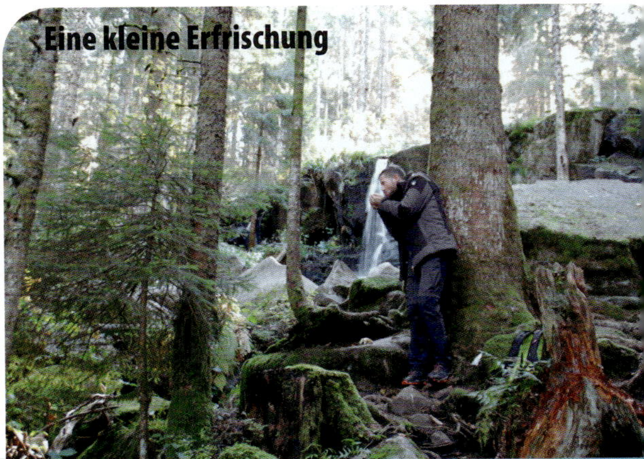
Eine kleine Erfrischung

Für die Seele

Oberhalb vom Lac de Gérardmer wandern wir durch die wilde Natur – entlang an Felsen und rauschendem Wasser – und genießen ganz oben einen wunderschönen Ausblick auf den See.

Tiefe. Das klingt nicht nach besonders viel. Aber der Mittendrin-Faktor ist toll. Wir setzen uns auf einen Felsen in unmittelbarer Nähe des Wasserfalls, machen eine Brotzeit und genießen die Szenerie.

Nach unserer Auszeit steigen wir weiter den Pfad hinauf und halten uns links **(blauer Kreis).** Kurz darauf führt der Weg wieder einmal über eine Holzbrücke – und danach weiter bergauf über den felsigen Pfad. Dann erreichen wir eine Weggabelung, an der wir links abbiegen **(gelbes Dreieck;** bei der nächsten Markierung zusätzlich auch **blauer Kreis).** Zum ersten Mal seit Beginn des Aufstiegs ist der Weg nun nahezu eben. Ganz locker schlendern wir an Rotbuchen und einer alten, mit Moos überzogenen Steinmauer vorbei. Das herbstliche Laub raschelt unter unseren Füßen. Wir erreichen eine Kreuzung, an der ein Picknicktisch zum Verweilen einlädt. Hier biegen wir links ab **(grüner Kreis, Observatoire de Mérelle)** und gehen über die asphaltierte Straße. Nach wenigen Metern gelangen

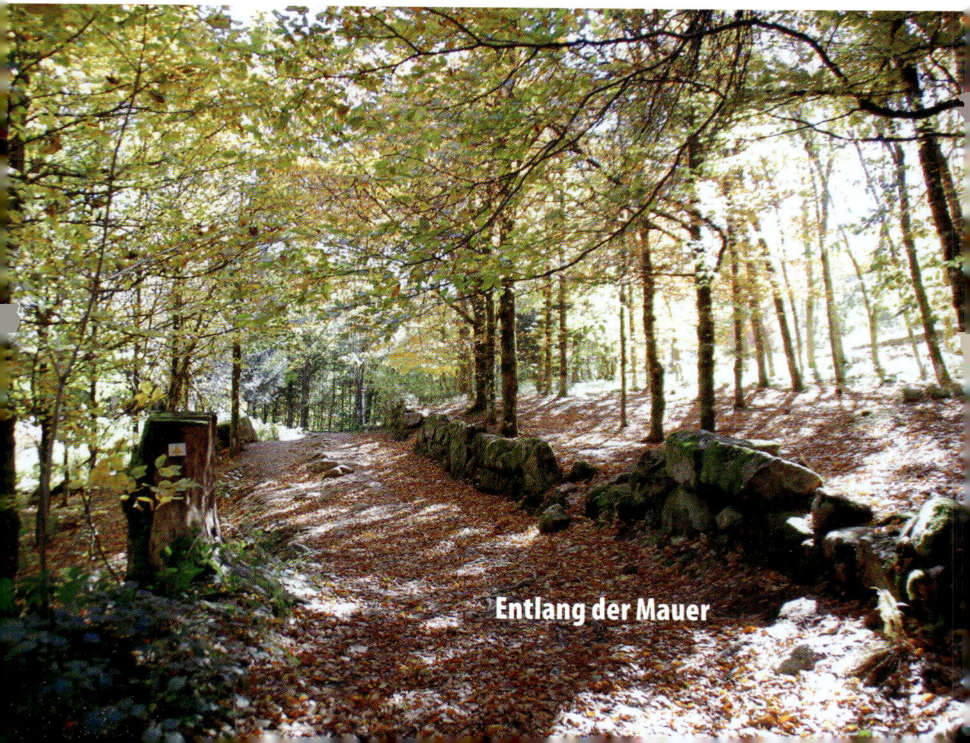

Entlang der Mauer

wir an eine Lichtung mit einem kleinen Teich. Einige Libellen schwirren umher. Der Weg schlängelt sich weiter nach oben – vorbei an einem Holzlagerplatz. An der nächsten Kreuzung geht es für uns nach links **(grüner Kreis).** Der Weg führt nun wieder etwas steiler bergauf. Wir gehen über die asphaltierte Straße und ignorieren die folgenden Abzweigungen nach links und rechts.

Schließlich erreichen wir einen Parkplatz und einen felsigen Pfad, der hinauf zum hölzernen Aussichtsturm **Observatoire de Mérelle** ⑤ führt. Dort sehen wir mehrere wartende Menschen. Der Grund: Der Aussichtsturm ist sehr beliebt, auch mit dem Auto zu erreichen, und es dürfen nur vier Leute gleichzeitig hinauf. Als wir an der Reihe sind, steigen wir die schmale Wendeltreppe hinauf. Dabei sollte man übrigens gut auf seinen Kopf aufpassen. Oben ist klar: Die Wartezeit hat sich gelohnt. Von hier haben wir einen fantastischen Blick auf den **Lac de Gérardmer.** Wir genießen den Moment. Allerdings bleiben wir nicht zu lange. Schließlich möchten auch noch andere nach uns in den Genuss kommen.

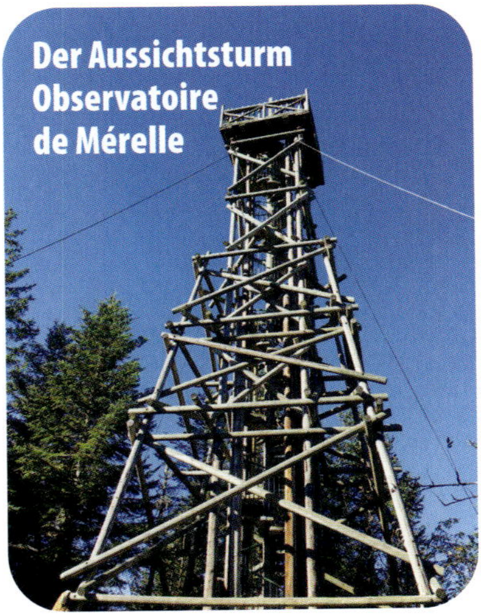

Nach dem Besuch steigen wir wieder Richtung Parkplatz hinab, biegen kurz zuvor aber links ab **(grüner Kreis, Ramberchamp).** Nun beginnt der Abstieg – wie auf der anderen Seite über Felsen und Baumwurzeln. Wir passieren einige Abzweigungen sowie einen beeindruckenden, rund 20 Meter langen Baumstamm, der hier wohl schon viele Jahre liegt. Dann biegen wir dort links ab, wo auf einem Felsen im Boden die Zahlen 168 markiert sind. Kurz darauf überqueren wir einen Feldweg und steigen weiter hinab. Nun ist unbedingt Vorsicht geboten. Die folgende rund 100 Meter lange Passage ist steil und besteht aus teils lockeren Gesteinsbrocken und rutschigen Baumwurzeln. Danach halten wir uns links. Zwischen den Bäumen hindurch sind der See und die Häuser von **Gérardmer** zu sehen.

Schließlich erreichen wir wieder den Parkplatz in der Nähe des Sportplatzes, wechseln die Straßenseite und gehen in Richtung unseres Autos. Nun gäbe es noch die Möglichkeit, weiter am See entlangzugehen. Ganz in der Nähe befindet sich ein Steg. Auf diesem kann man flanieren, den Ausblick auf den See genießen und Wasservögel beobachten. Zudem gibt es um den See verteilt mehrere Bademöglichkeiten. Viel Spaß macht auch eine Tour mit dem Tretboot über den See.

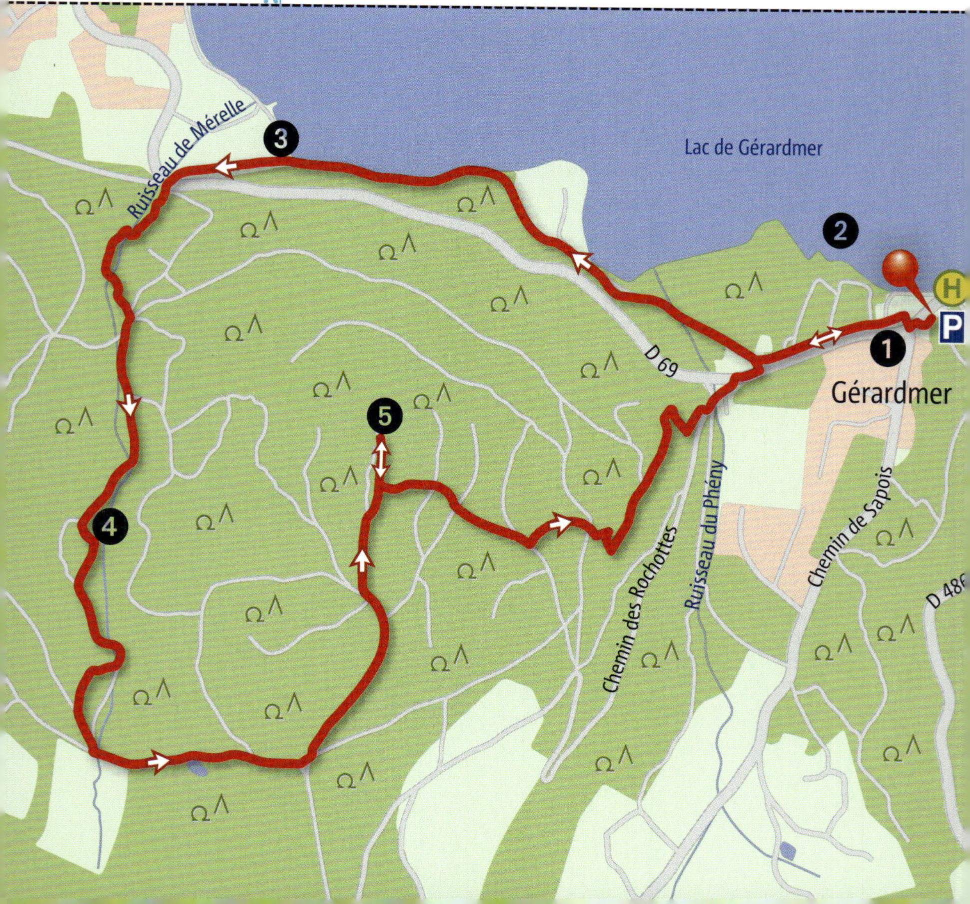

Alles auf einen Blick

WIE & WANN:

Am See überwiegend Wege über rutschige Felsen und Baumwurzeln. Auf- und Abstieg steil mit alpinem Gelände. Dazwischen leicht begehbare Wanderwege. Beste Wanderzeit: Frühling bis Herbst. Möglichst bei trockener Witterung gehen.

HIN & WEG:

Auto: Parkplatz neben der Straße Faubourg de Ramberchamp,
88400 Gérardmer (GPS: 48.06522, 6.85671)
ÖPNV: Bus 1C ab Gare de Munster, Haltestelle Boulevard d'Alsace Gérardmer, von dort ca. 1,5 Kilometer bis zum See und Ausgangspunkt der Wanderung

ESSEN & ENTSPANNEN:

L'Écho du Lac ❶ 4 Chemin de Sapois, 98 Rue du Nideck,
88400 Gérardmer, Tel. +33 (3) 29 63 02 27, www.echodulac.fr
Lido ❸ 130 Chemin de Tour du Lac, 88400 Gérardmer,
Tel. +33 (3) 29 63 67 32, www.lido-gerardmer.fr

ENTDECKEN & ERLEBEN:

Lac de Gérardmer ❷
Cascade de Mérelle ❹
Observatoire de Mérelle ❺

Entspannung ✱✱✱✱✱ (3 von 5)
Genuss ✱✱✱✱✱ (4 von 5)
Romantik ✱✱✱✱✱ (5 von 5)

Die GPS-Daten zu jeder Tour gibt es auf
www.droste-verlag.de

Konzeption/Satz: Droste Verlag, Düsseldorf
Einbandgestaltung: Britta Rungwerth, Düsseldorf, unter Verwendung von Bildern von © Fotolia.com: Andrey Kuzmin, undrey, dabost, niroworld; © piola666/iStockphoto.com
Fotos: Laetitia und Stephan Petersen
Textlektorat: Christoph Nettersheim, Nürnberg
Karten: Thorsten David, Bochum
Druck und Bindung: LUC GmbH, Greven

ISBN 978-3-7700-2351-6
www.droste-verlag.de